Campeones de la NBA: Los Toronto Raptors

El ala pívot Vince Carter

El escolta Doug Christie

CAMPEONES DE LA NBA

LOS TORONTO RAPTORS

JOE TISCHLER

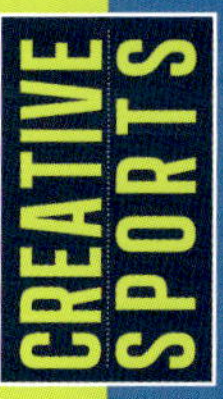

CREATIVE EDUCATION / CREATIVE PAPERBACKS

El centro Jonas Valanciunas

Publicado por Creative Education y Creative Paperbacks
P.O. Box 227 Box 227, Mankato, Minnesota 56002
Creative Education y Creative Paperbacks son sellos de
The Creative Company
www.thecreativecompany.us

Dirección artística de Tom Morgan
Producción de libros de Graham Morgan
Editado por Grace Cain

Imágenes de Chris Keane/Reuters, 4; Fred Thornhill/Reuters, 16; Getty Images/Andy Hayt, 7, 10, Barry Gossage, portada, 1, Cole Burston, 19, Fernando Medina, 15, Gary Dineen, 5, Jed Jacobsohn, 24, Mark Blinch, portada, 20; Lipofsky.com/Steve Lipofsky, 12; Newscom/Albert Pena/Icon SMI, 3; Rebecca Cook/Reuters, 6; Unsplash/mwangi gatheca, 9; US PRESSWIRE, 2

Library of Congress Cataloging-in-Publication Data
Names: Tischler, Joe, author.
Title: Los Toronto Raptors / by Joe Tischler.
Other titles: Toronto Raptors. English
Description: Mankato, Minnesota : Creative Education and Creative Paperbacks, [2025] | Series: Creative sports. Campeones de la NBA | Audience: Ages 7-10 years | Audience: Grades 2-3 | Summary: "Elementary-level text translated into North American Spanish and dynamic sports photos highlight the NBA championship win of the Toronto Raptors, plus sensational players associated with the professional basketball team such as Scottie Barnes"-- Provided by publisher.
Identifiers: LCCN 2024023445 (print) | LCCN 2024023446 (ebook) | ISBN 9798889898283 (lib. bdg.) | ISBN 9781682778876 (paperback) | ISBN 9798889898481 (ebook)
Subjects: LCSH: Toronto Raptors (Basketball team)--Juvenile literature. | Basketball--Ontario--Toronto--History--Juvenile literature.
Classification: LCC GV885.52.T67 T5718 2025 (print) | LCC GV885.52.T67 (ebook) | DDC 796.332/6409713541--dc23/eng/20240712

Impreso en China

El ala pívot Chris Bosh

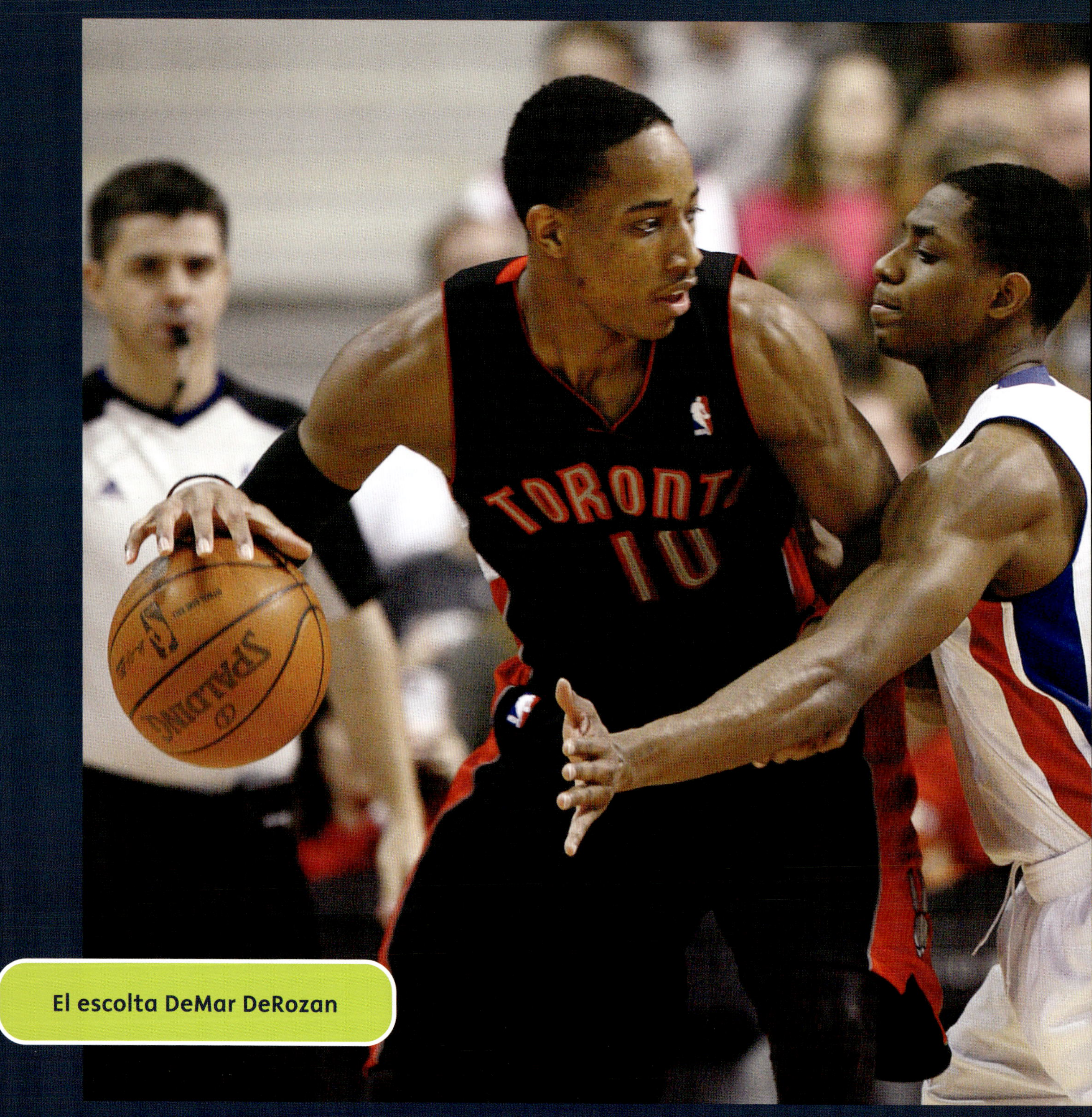

El escolta DeMar DeRozan

ÍNDICE

Hogar de los Raptors

Toronto es la ciudad más grande de Canadá. Está situada cerca del lago Ontario. La ciudad alberga un **estadio** llamado Scotiabank Arena. Allí juega el equipo de baloncesto los Raptors. Son el único equipo de la Asociación Nacional de Baloncesto (NBA) que juega sus partidos como local fuera de Estados Unidos.

WESTIN

El escolta Tracy McGrady

Los Toronto Raptors compiten en la División Atlántica. Forma parte de la Conferencia Este. Sus **rivales** son los Brooklyn Nets y los New York Knicks. Todos los equipos de la NBA quieren ganar las Finales de la NBA y proclamarse campeones.

El escolta Willie Anderson

Nombrando a los Raptors

Toronto obtuvo un equipo de la NBA en 1993. Se organizó un concurso para bautizar al equipo. Los Raptors fue elegido de entre una lista de finalistas. La influencia para el nombre vino de la popularidad de la película de 1993 *Jurassic Park*. Los primeros uniformes del equipo llevaban un gran dinosaurio en la parte delantera de la camiseta.

Historia de los Raptors

Los Raptors empezaron a jugar en 1995. El base Damon Stoudamire fue la primera elección del equipo del Draft de la NBA. Fue una buena elección. Fue nombrado Novato del Año de la NBA. Pero el equipo no llegó a las eliminatorias en sus cuatro primeras temporadas.

El alero de altos vuelos Vince Carter llegó en 1998. Era conocido por sus espectaculares **mates**. También era capaz de anotar muchos puntos. También fue nombrado Novato del Año de la NBA. Participó en cinco partidos All-Star como Raptor. Llevó a Toronto a sus tres primeras apariciones en las eliminatorias.

El ala pívot Vince Carter

El base Kyle Lowry

Toronto tuvo muchas temporadas perdedoras. El base Kyle Lowry les ayudó a ganar más partidos. Llegó en 2012. Jugó en seis partidos All-Star. Toronto llegó a las finales de conferencia en 2016. Perdieron ante los Cleveland Cavaliers.

Los Raptors hicieron un gran intercambio antes de la temporada 2018-19. Adquirieron al alero Kawhi Leonard. Anteriormente ganó un **título** con los San Antonio Spurs. En 2019, Leonard llevó a Toronto a su primera aparición en las Finales de la NBA. Vencieron a los Golden State Warriors en seis partidos. ¡Los Raptors fueron campeones por primera vez!

Otras estrellas de los Raptors

Los Raptors han tenido muchas otras grandes estrellas. El centro Chris Bosh fue jugador **All-Star** durante cinco temporadas como Raptor. Fue un gran anotador y **reboteador**. El escolta DeMar DeRozan jugó nueve grandes temporadas con los Raptors.

El ala pívot Pascal Siakam fue un jugador clave en el equipo campeón de 2019. Fue nombrado Jugador Más Mejorado de la NBA ese año. El base Fred VanVleet fue un gran pasador. Dio muchas **asistencias**.

El ala pívot Pascal Siakam

El escolta Scottie Barnes

cottie Barnes llegó al partido All-Star en 2024. R. J. Barrett puede anotar puntos. Los aficionados de los Raptors esperan que pronto puedan ayudar a traer otro campeonato a Toronto.

Acerca de los Raptors

Primera temporada: 1995-96

Conferencia/división: Conferencia Este, División Atlántica

Colores del equipo: rojo, negro, morado, dorado y blanco

Estadio local: Scotiabank Arena

CAMPEONATOS DE LA NBA:

2019, 4 partidos a 2 sobre los Golden State Warriors

PÁGINA WEB DEL EQUIPO:

https://www.nba.com/raptors/

Glosario

All-Star—jugador elegido para jugar en el partido All-Star, en el que participan las principales estrellas de la temporada

asistencia—un pase de baloncesto que conduce a una canasta

estadio—un edificio grande con asientos para espectadores, donde se celebran partidos deportivos y eventos de entretenimiento

mate—un tiro de baloncesto que es empujado a través del aro

reboteador—un jugador que atrapa y controla el balón después de un tiro fallado

rival—un equipo que juega más duro contra otro equipo

título—otra palabra para campeonato

El escolta DeMar DeRozan

Índice

BAYERISCHE AKADEMIE DER WISSENSCHAFTEN

BAYERISCH-ÖSTERREICHISCHES WÖRTERBUCH

II. Bayern

BAYERISCHES WÖRTERBUCH (BWB)

Herausgegeben
von der
Kommission für Mundartforschung
Bearbeitet von Josef Denz, Edith Funk,
Anthony R. Rowley, Andrea Schamberger-Hirt
und Michael Schnabel.

Heft 23 (6. Heft des 3. Bandes)
[*Rot*]*dacher* – *tamig*

DE GRUYTER
AKADEMIE FORSCHUNG

[**Rot**]**d.** Taube mit roten Flügeln, °NB, °OP, °MF vereinz.: °*Routdocha* Marching KEH.

[**Schwarz**]**d.** Taube mit schwarzen Flügeln, °OP, °MF vereinz.: °*du Sepp, i kauf ma a paar Schwarzdacha* Wiefelsdf BUL. M.S.

Dacher(er)
M., (alter) Hut, °MF mehrf., OB, OP vereinz.: *Doocher* alter Hut Eysölden HIP; „Hut ... *Da:hârâ*" CHRISTL Aichacher Wb. 101.

Etym.: Abl. von →*Dach*; WBÖ IV,47. Bei Formen mit *-erer* z.T. auch →*Dachauer*[1] möglich.

WBÖ IV,47. M.S.

Dächerei, -a-
F. **1** Dach.– **1a** Dach, Dächer eines Anwesens, Bedachung allg., °OB, °NB vielf., °MF, °SCH vereinz.: °*du glabsd nit, wia dö Dacherei toir kimb* Fischbachau MB; *auf enkern* [eurem] *Anwesn feihts weit in der Dahcherei* Passau; *an ebenerdigs Häusl mit-a-r-a neuchn Dacherei* HALLER Dismas 98; „*Die Dáchərey*, Dachwerk" SCHMELLER I,481.– **1b** †: „auf die außenseite der ... sparren kam nun die eigentliche dachdecke oder die *dácherei* zu ligen" BzAnthr. 9 (1891) 45. **2** Gesamtheit der Gebäude eines Anwesens, °OB, °NB vereinz.: °*de Dacherei, de wo der hat!* „Anwesen mit vielen Nebengebäuden" Halfing RO.

SCHMELLER I,481.– WBÖ IV,47.

Komp.: [**Über**]**d.**: °*Überdacherei* Dachvorsprung Metten DEG. M.S.

dächicht, -a-, -dächig
Adj., eine sich vom Rumpf unterscheidende Flügelfarbe aufweisend (von Tauben), °OB, °NB, °OP, °SCH vereinz.: °*a dachade Daum* Tandern AIC.

SCHMELLER I,481.– WBÖ IV,46.

Komp.: [**blau**]**d.** mit blauen Flügeln (von Tauben), °OB, °NB mehrf., °OP, °MF vereinz.: °*schau, die blaudacherte Taubn!* Hohenpeißenbg SOG; *blâwdachet* SCHMELLER I,481.

SCHMELLER I,481.– WBÖ IV,46.

[**rot**]**d.** mit roten Flügeln (von Tauben), °OB, °NB, °OP mehrf., °MF, °SCH vereinz.: °*a rotdachate Taub* Endlhsn WOR; *dö Råutochatn* Aicha PA; *rôtdachet* SCHMELLER ebd.

SCHMELLER I,481.– WBÖ IV,46. M.S.

tachieren, gestikulieren, →*täckieren*.

Tachinierer
M.: *Dáchinirer* „gerissener Betrüger" HEIGENHAUSER Reiterwinkerisch 7.

Etym.: Abl. von österr. *tachinieren* 'stehlen', wohl tschech. Herkunft; WBÖ IV,48.

WBÖ IV,48f. A.S.H.

-dächlicht
Adj., nur im Komp.: [**blau**]**d.** mit blauen Flügeln (von Tauben): °*blaudachlert* Aidenbach VOF. M.S.

Dachs
M. **1** Dachs, °Gesamtgeb. vereinz.: *da gibts Dachsn* Pfaffenbg MAL; *en Dågsn fånga* Derching FDB; °*Oaschichti' lebm wia-r-a grantiger alter Dachs* HALLER Dismas 97; *das ... Dáchsl·* SCHMELLER I,482; *Taxus ... dachs* Frsg 8./9.Jh. StSG. I,782,25f.; *wenne der dachs ein hol hat gemacht* KONRADvM BdN 189,16f.; *Der Dachs sol ... mit hetzen vnd Fallen ... gefangen ... werden* Landr.1616 784.– Phras.: *frech (als) wie ein D.* sehr frech, unverschämt, OB, NB, OP, MF vereinz.: *frech as wi a Dachs* Mainburg; *Frech wie ein ... Dachs* VOGT Sechsämter 38.– *Faul wie ein D.* sehr faul, °OB, NB, OP vereinz.: *der is fai wia a Daks* Wasserburg.– *Håuar wia a Dax* „graugemischte Haare" Griesbach TIR.– *Stinken wie ein D.* u.ä. stark stinken, °OB, °NB, °OP, °MF vereinz.: °*der stinkt wöi a Dachs* Dietfurt RID;– °*stinga wia a Dax* „stinkfaul sein" Halfing RO.– *Schlafen wie ein D.* tief u. lange schlafen, °OB, NB, °MF vereinz.: *schlåuffa wi a Dachs* Mittich GRI; *Schlaffa wia a ... Dachs* WAGNER Zuwanderung 5.– *Schnarchen wie ein D.* °OB, °NB, °OP, MF vereinz.: °*der schnarcht wei a Dax* Schwandf.– *Daherzwazln wiara Dachs* „x-beinig daherkommen" Hengersbg DEG, ähnlich °SAD.– °*Rumrenna wia da Daks in sein Bau* „unruhig auf- und abgehen" Ingolstadt.– †: *Sich wie ein Dachs weren* „sich auf's Äußerste wehren" SCHMELLER I,482.– Wetterregel: „Zu Lichtmeß geht der ... *Dachs* ... aus dem Bau; sieht er seinen *Schein* (Schatten), dann geht er nochmal 40 Tage zum Winterschlaf in seine Höhle" BAUERNFEIND Nordopf. 39, ähnlich OB, NB, °OP vereinz.
2 von Menschen.– **2a** junger, unerfahrener Mensch: *wos wöist mid söcha Dachsn afanga?* Ettling LAN; *Damals war i no a junga Dachs*

Altb.Heimatp. 5 (1953) Nr.32,10.– **2b** frecher, ungezogener Mensch: *frecher Dachs* M'lstetten FFB.– **2c** †wohl brummiger Mensch: *da Häusl* [PN] *der dachs der alt lachät von herzen* Stubenbg PAN 1796 PH. LENGLACHNER, Gesänger Buch I, München 2014, 133.

3: *du måußt åba r aa dein Dåks iberoll drin håm!* „deinen Kopf" Sossau SR.

4: °*Daxl* „kurze Traghölzer, auf die Pfette aufgesetzt, oben für den Strebebalken eingekerbt" (Ef.) Dachau.

Etym.: Ahd., mhd. *dahs* stm., germ. Wort unklarer Herkunft; KLUGE-SEEBOLD 177.

SCHMELLER I,482.– WBÖ IV,49-51.

Abl.: *Dächsel, dächseln, dachsen, Dächser, Dächsin, Dächsler.*

Komp.: **[Spitz-pudel]d.** Hundebastard, °OB, °NB, °OP, °MF, °SCH vereinz.: °*a reinrassiga Spitzpudldachs* Haselbach BUL.

[Frech]d. wie →*D.*2b, MF vielf., °OB, NB, OP vereinz.: *a junger Frechdachs* Röckenhfn HIP.

WBÖ IV,51.

[Neid]d.: *Neiddachs* Neidhammel Ringsee IN.

†**[Streif]d. 1** krummbeinige Person: *Straəf·dachs* SCHMELLER I,482.– **2**: *Der Straifdachs* „Person, die faul und unbehülflich einhergeht" ebd. II, 811.

SCHMELLER I,482, II,811. M.S.

Dächsach, -e(re)t

N. **1** (grüne) Nadelbaumzweige, -äste, OB vereinz.: *Daxat hackn* Fdmoching M; „gingen nun Rosse und Wagen über all das *Dächsach* wie geflügelt dahin" LEOPRECHTING Lechrain 126; *daß Taxach an den Pamen zu dem Einstreien abzuschlagen* Mchn 1551 Inn-Oberld 21 (1936) 68 (Forstordnung).

2 Nadelbaumgehölz, in heutiger Mda. nur in Fln.: *Dácksə, Dácksət* SCHMELLER I,483.– Als Fln. °M.

3 Nadeln von Tannen od. Fichten, °OB vereinz.: °*tennas, feichtas Taxat* Ramsau BGD.

SCHMELLER I,483.– WBÖ IV,51f. J.D.

Dächse, Dachs, Däs, -a-

F., N., M. **1** außer westl.OB, SCH meist Pl., v.a. grüner Nadelbaumzweig, -ast, grünes Nadelbaumreisig, °OB vielf., °NB mehrf., °OP, °MF, °SCH vereinz.: „der Heuschober wird mit *Doos* (Tannenbaumzweigen) bedeckt" Peiting SOG; *Dax zua Stra hoka* Asenkfn MAL; °*föichdane Daxn* „als Winterschutz im Garten, zum Brandlöschen" Hohenburg AM; „Unterschlupfe für die Fische ... Im oberen [Ammer-]See ... Weiden- und Erlenäste ... *Dox*, Verkleinerung: *Däxla* ... Herrsching ... *Dex* ... Am Untersee ... Reisigbündel ... *Doos* (Mehrzahl *Deeser*)" Bayerld 37 (1926) 378; *vmb 8 fuetter dägsn zu der Archen* [Wasserverbauung] 1553 Stadtarch. Rosenhm GRE 1, 101 (Rechnung); *Daß* „Zweige von Nadelbäumen" Geogr.Stat.-Topogr.Lex. III,668.– Phras.: *er ziagt Daxn zsamm* er schnarcht Evenhsn WS, ähnlich °OB vereinz.– °*Müassz Daxn ad Weich* (Palmenweihe) *drong, ha!* „scherzhafter Zuruf an die Mägde, die mit dem Hacken der Äste bis zum Palmsonntag fertig sein mußten" Grafing EBE, ähnlich °AIB.– Vkde: „Am Martinstag (11. November) u. am Clementstag (23. November) gebrochene *Dachsen blatteln* (reissen) *nicht ab* ... weshalb man ... [sie] zum Binden von Stallbesen benutzt" HELM Mda.Bgdn.Ld 47; „*Daxen* ... sollen im wachsenden Mond geschnitten werden, weil dann die Nadeln lange an den Zweigen bleiben" TÖL HdA VIII,666.

2 Baum, Strauch mit Nadeln.– **2a** (kleiner) Nadelbaum allg., OB, NB vereinz.: *Daxn* kleine Nadelbäumchen Pfaffenbg MAL; *rar, wia drob'n am Berg die Taxen* STEMPLINGER Ovid 6.– **2b** Edeltanne (Abies alba): *a'n Dax'n ... Dea reg'lmaßi umaddum ... und g'wax'n grad* LAUTENBACHER Ged. 76.– **2c** Fichte (Picea abies), OB vereinz.: *Dagsn* Achbg TS; „das Lied von der *greana Dax* (grüne Fichte)" M'nwd GAP nach 1800 BRONNER Sitt' 75.– **2d** Eibe (Taxus baccata), OB vereinz.: *Dax* O'alting STA.– **2e** Wacholder (Juniperus communis), NB, SCH vereinz.: *da Daks* Ehekchn ND; *Dexala* „Wacholderstaude" WÖLZMÜLLER Lechrainer 101.

3 Nadeln, v.a. von Tannen od. Fichten, °OB vielf., °NB, °SCH mehrf., °OP vereinz.: °*a feichtas, a dannas Dax* Kohlgrub GAP; *Täxa* Mering FDB; *Dácks·n* „Baumnadeln" SCHMELLER I,482f.– Phras.: °*Taksn* (Nadeln) *macha an Acka blind, Groosad* (Äste, Zweige) *macht an Acka oanauk* (einäugig) Hfkchn ED.

Etym.: Wohl gallorom. Herkunft; WBÖ IV,52.

Ltg: *dąkś* OB (dazu DGF, KEH, LA, MAI, MAL), *dękś* (SOG), *dąkśn* (LF), ferner (wohl analog aus Pl., vgl. WBÖ IV,52) *dokś* u.ä. (FFB, LL, SOG), auch *dǭs* u.ä. SCH (dazu SOG; KÖZ; CHA), *dǭs* u.ä. SCH (dazu GAP, LL, SOG, WM), vgl. Lg. § 33e4.– Pl. *dąkś* OB, *-n* OB, NB, OP, SCH (dazu EIH), *dǫkśn* (FFB), *dokśə*

(FDB), *dękʃ* (STA, WM), *dękʃn*, *dękʃə* (WM; FDB), ferner Sg. *dōs*, Pl. *dēsər* (WM).

Delling I,110f.; Schmeller I,482f.– WBÖ IV,52-55.

Abl.: *Dächsach, -dächseln, -dächsen, Dächserin, dächsig.*

Komp.: [**Becken**]**d.** Keulenbärlapp (Lycopodium clavatum): °*Bäckadoos* Burggen SOG.

[**Brom-beer**]**d.** wie→*D.*2e, °NB vereinz.: °*Browadaxn* „kleine Wacholdersträucher" Laaberbg ROL; *Bramerdax* Fdkchn FS DWA II,36.

[**Kran-beer**]**d. 1** dass., OB, NB vereinz.: *Kro(n)bordax* Ohlstadt GAP; *Krowadachs* Ascholtshsn MAL DWA II,36.– **2** Wacholderzweig: °*Kroberdaxn* Wolfsbach LA; „Um den Geruch zu vertreiben, wurden … *Grobirdax'n* … im Herd verbrannt" Altb.Heimatp. 50 (1998) Nr.46,12.

[**Krane-wit-beer**]**d.** wie →*D.*2e: *Kramabirdaxn* Euernbach PAF; *Gramabedaxn* Baar IN DWA II,36.

[**Pflanz**]**d.** über ein Saatbeet gelegtes Nadelbaumreisig: „mit *Pflanzdax – dessöll is a tännans Dax* (von der Weißtanne) – zugedeckt" Bauer Oldinger Jahr 72.

[**Tannen**]**d. 1** grüner Tannenzweig, -ast, °OB, NB vereinz.: °*Dannadaxn* Moosburg FS.– **2** Tannennadeln, °OB, °NB vereinz.: °*Tanataxn* O'empfenbach MAI.

WBÖ IV,55.

[**Deck**]**d.**: *Deckdaxn* „Nadeläste zum Darüberlegen" O'audf RO.

[**Eiblein**]**d.** wie →*D.*2d: *Eibidax* beerentragende Eibe Bayrischzell MB.

WBÖ IV,55.

[**Ficht(en)**]**d.**, [**Feucht(en)**]**-** **1** grüner Fichtenzweig, -ast, °OB, °NB vereinz.: *Fichtdaxn stümmin* Fichtenäste vom Baum hacken O'audf RO.– **2** Fichtennadeln, °OB, °NB, °SCH vereinz.: °*Feichtntaxn* Ried FDB.

WBÖ IV,55.

[**Grammel**]**d.**: *Gramadaxn* Spreu beim Flachs Altomünster AIC.– Zu →*Grammel* 'Flachsbreche'.

[**Kehr**]**d.** zum Kehren verwendete Nadelbaumzweige, -äste, Kehrbesen, OB vereinz.: *Kehrdaxn* Staudach (Achental) TS; *Die Kerdächsen* „Nadelzweige, als Besen verwendet" Schmeller I,482.

Schmeller I,482.– WBÖ IV,55.

[**Kran(en)**]**d. 1** wie →*D.*2e: *Kronadax* Walkertshfn MAI; *Kra(n)dex* Schongau Marzell Pfln. II,1084.– **2** †wie →[*Kran-beer*]*d.*2: „mit eichenlaub und wacholderzweigen (*krà˜dácks·n*)" Landau Panzer Sagen II,40; *wie sy aineßmals vmb khrontäxn ausgangen* Frsg 1590 MHStA Hexenakten 9a,fol.327r.– **3** Wacholdernadeln, OB, °NB vereinz.: °*s Grodaxn rächan is koa schene Arbat* Buch a.Erlbach LA.

[**Lärch**]**d.** Lärchenzweig: „Bei einem merklich großen Stein versteckt er die *Lärchdaxn*" Angerer Göll 29.

WBÖ IV,55.

[**Scherm**]**d. 1** Nadelbaum, unter dem das weidende Vieh Schutz sucht: *a Schermdax* „zum Unterstehen des Almviehs" O'audf RO; *Scheermdax'n* Sojer Ruhpoldinger Mda. 35.– **2**: °*Schermdax* „behelfsmäßige Schutzwand aus Fichten- oder Tannenästen" Hagnbg MB.– Auch: °*Scheämdachsn* „einfache Hütte, an einer Seite offen, aus Brettern oder Weidenästen" Ergolding LA.

WBÖ IV,56.

[**Span**]**d.** wie →*D.*3: °*Spodaxn* Traunstein.

[**Streif**]**d.**: °*Stroafdaxn* „zottelige Fichtenäste, die man mit dem *Daxnkrei* [Haumesser] abstreifte" Finsterwd MB.

[**Streu**]**d.** als Streu verwendetes Nadelbaumreisig, OB vereinz.: *Strahdaxn* Kiefersfdn RO.

WBÖ IV,56.

[**Wisch**]**d. 1** zum Kehren, Wischen verwendete Nadelbaumzweige, °OB vereinz.: *a Ofawisch aus Wischtaxn* Valley MB.– **2**: „*Daxnzweig* dienten als Schuhabwischer vor der Tür … *Wischdaxn*" Höfer Bair.gredt II,67.

WBÖ IV,56.

[**Krane-wit(s)**]**d. 1** wie →*D.*2e, OB, NB vereinz.: *Kronawitsdaxn* Kchdf FS; *Kromadaxen* Singenbach SOB Marzell Pfln. II,1084.– **2** wie →[*Kran-beer*]*d.*2, OB, NB vereinz.: *Krowödaxn* Mengkfn DGF.

WBÖ IV,56. J.D.

Dächsel

M. **1** Dachshund, Dackel, OB, NB, OP vereinz.: *Daxl* Etzenricht NEW; *Der Herr Assessor mit sein G'wehr Und mit sei'm Dachsl* EBERL Kräutl 105.– Phras.: *dea kimt daher wia a Daxl* Mensch mit kurzen Beinen O'diendf PA.
2 von Menschen.– **2a** †krummbeiniger Mensch: „Der ... *Dáchsl* ... Person, die mit einwärtsgebogenen Beinen, wie ein solcher Hund, einhergeht" SCHMELLER I,482.– **2b** Dim.: °*dös is a netta Dachsei* „ulkiger, spaßiger Mensch" Lenggries TÖL.

SCHMELLER I,482.– WBÖ IV,56f.

Komp.: [**Krummer**]**d.**: °*der Krumbadaxl* „hinkender, lahmender Mann" Tandern AIC.– Zu →*Krummer* 'Hinkender'.

[**Such**]**d.**: °*Suachdaxl* „Bub, der viel Unsinn anstellt" Piding BGD. M.S.

dächseln

Vb. **1** Dachse jagen: *dachsln* „auf Dachsjagd gehen" O'audf RO; *ist ... däxln gangen, auch wie er nit laugnen kan ainen gfangen* 1747 StA Mchn Hofmark Amerang Pr.17 (3.10.1747).
2 sich fortbewegen.– **2a** krummbeinig gehen, °OB, °NB, °OP, °SCH vereinz.: *der dächslt* Türkenfd FFB; *Wenn er ned so daxln daat* MM 16./17.6.2001, J2; *dáchs·ln* SCHMELLER I,482.– Auch: °*dachsln* „krummbeinig radfahren" Malching GRI.– **2b** mit kurzen, schnellen Schritten gehen, OB, NB, OP, MF vereinz.: *daxln* Metten DEG.

SCHMELLER I,482.– WBÖ IV,57.

Komp.: [**abhin**]**d.**: °*des håms eam håid åwidaxld* „gestohlen" Ebersbg.

[**da-her**]**d.** wie →*d.* 2a, °OB, °NB, °OP, °MF, °SCH vereinz.: °*n Wastl kennt ma scho vo Weitn, der dackslt a so daher* Wiefelsdf BUL.

WBÖ IV,57. M.S.

-dächseln

Vb., nur im Komp.: [**ab**]**d. 1** nadeln: °*ådaxln* Ampfing MÜ.– **2** vernichten, ums Leben bringen.– **2a**: °*odachsln* „zugrunde richten" Polling WM.– **2b** (ein Haustier) schlachten, °OB, °SCH mehrf., °OP vereinz.: °*houst döi Henna schou odachslt?* Eslarn VOH; *o'daxln* SCHILLING Paargauer Wb. 61.– **2c** töten, °OB, SCH vereinz.: °*der daxlt sei Olti scho no o* Kohlgrub GAP.

SCHMELLER I,483.– WBÖ IV,57. J.D.

dachsen

Vb. **1** einkuscheln, liegen, schlafen.– **1a** refl., sich einkuscheln, °OB, °NB, °OP, °MF, °SCH vereinz.: °*der daxt se ins Bett* Schnaittenbach AM.– **1b** refl., behaglich liegen: °*der dachst si in da Sunna* Rott WS.– **1c** auch refl., (tief u. lange) schlafen, °OB, °NB vereinz.: °*jetz werd i aba daxn* „schlafen wie ein Dachs" Reichersbeuern TÖL; *tak'sən* Eichstätt WEBER Eichstätt 63.
2 refl., sich vor der Arbeit drücken, °OB vereinz.: °*daxn* Mettenham TS; *dea dàxt se* SOJER Ruhpoldinger Mda. 9.

WBÖ IV,57.

Komp.: [**ein**]**d. 1**: °*eidaksn* „einschlafen" Ingolstadt.– **2** hereinfallen, in eine Falle geraten, NB, OP vereinz.: *dea is eidåxt* „getäuscht worden" Reisbach DGF.

WBÖ IV,58.

[**einhin**]**d.** refl., wie →*d.* 1a, °OB vereinz.: °*wi a Dax daxt er si eine* sich wohlig ins Bett legen Inzell TS.

WBÖ IV,58.

[**hin**]**d.** refl., sich zur Ruhe, zum Schlafen legen, °OB, °OP vereinz.: °*jetz dax i mi a Stund hi!* Autenzell SOB. M.S.

dächsen

Vb., nur im Komp.: [**ab**]**d. 1**: *abdaxn* „den gefallten Baum entasten" Mchn.– **2** nadeln, °OB vereinz.: °*der Bam duat scho otaxn* Thanning WOR.– **3**: °*odaxn* „den Schmuck vom Christbaum entfernen" St.Leonhard LF.– **4** zerlegen, ausschlachten: °*odaxn* Weildf LF; °*odaxn* Spr. Rupertiwinkel 67.

SCHMELLER I,483. J.D.

Dächser

M.: °*dös is a netta Taxa!* „pfiffiger, lustiger Mensch" Reichersbeuern TÖL. M.S.

Dächserin

F., Tannengrünhändlerin: „Auch das haubige Polsterlmoos bieten die *Dachserinnen* feil" Mchn.Stadtanz. 17 (1961) Nr.48,5. J.D.

dächsig

Adj.: „aus Tannenreisig ... *dękſi wina* ... Binderuten der Schiffsruder" Schweizer Dießner Wb. 199. J.D.

Dächsin
F., Dächsin, °OB, NB, OP vereinz.: °*die Daxön* Fischbachau MB.– Schnaderhüpfel: *beim Wirt sein Gartn geht a Dachs aus und ei, do muaß do beim Teifi a Dachsin drin sei* Haag WS, ähnlich DGF.
WBÖ IV,58. M.S.

Dächsler
M., krummbeiniger Mann, °OB, °NB, °OP, °SCH vereinz.: °*dös is a Dachsler* Fronau ROD. M.S.

Dacht →*Docht*.

-dacht[1]
Subst., nur in Komp.– Ahd. *-dâht*, mhd. *dâht* stf. 'Denken', Abl. zur Wz. von →*denken*; Et.Wb.Ahd. I,220 (anadâht).

Abl.: *Dachtel, dachteln, dächtig, -dächtigen, -dächtlerin, -dächtlich, Dächtnis*.

Komp.: [**An**]**d.** F. **1** innere Sammlung vor, Besinnung auf Gott, OB, NB, °OP vereinz.: °*heint howi iwahaapts koi Åndåcht zåmmabråcht* Windischeschenbach NEW; *werst ihr scho verzeihn ... daß sie gar koa Andacht findt* P. Schallweg, Die Meistersinger von Miesbach, Rosenheim 1979, 8; *wer den paternoster mit andacht // spricht* JohannesvI Fürstenlehren 17,465.– Phras. *gute A.* u.ä. Gruß auf dem Weg zur Kirche, OB, NB vereinz.: *guate Andacht!* Wasserburg; *i wünsch recht guate Andacht!* Peinkofer Mdadicht. 36.– **2** kurzer Gottesdienst, OB, NB, OP vereinz.: *Andacht zo unsan Häan san bittran Län und Schtöam* Zandt KÖZ; *teat's nur weiter mit Eurer Andacht!* Poddel Schnurrenb. 30; *Alda verprachten unsere vorfodern ... ir pet, gotsdienst und andacht* Aventin V,17,6f. (Chron.).– Auch †private Andachtsübung, Privatgebet: *dortten den 14. 15. die andacht in der heyl. Capellen verrichtet* 1736 Hierl-Deronco Lust zu bauen 66f.– **3** Aufmerksamkeit, Konzentration: *aus da Åndåcht bringa* Achbg TS; *O:daachd* Christl Aichacher Wb. 114.– **4** †Absicht, Streben: *Ih han gesundot ... in unrehtere anadahti* 11.Jh. SKD 143,26-28 (Wessobrunner Beichte); *darüber er ihme ein Andacht geschöpfft/ vnd sich zu S. Benno ... versprochen* 1604 Wunderwerck (Benno) 205.– **5** †Achtung, Verehrung: *di andaht ... gein got/ vnd gein vnser frowen/ vnd gein dem Gotshavs ze Ratenhaslach* Straubing 1295 Corp.Urk. III, 298,41f.
Schmeller I,485.– WBÖ IV,60-62.

Mehrfachkomp.: [**Öl-berg-an**]**d.** Ölbergandacht, z.T. als Ölbergspiel, OB, NB, SCH vereinz.: *d Ölböärandacht* „Andacht zu Christus am Ölberg" Zandt KÖZ; *„Ölbergandacht* an den sechs Donnerstagen der Fastenzeit" Berching BEI Fähnrich Brauchtum Opf. 64.
WBÖ IV,62.

– [**Pfingst-an**]**d.** Pfingstandacht: *Pfingstandacht* „findet 8 Tage vor und 8 Tage nach Pfingsten in manchen Häusern statt" Erding.

– [**Heilig-geist-an**]**d.** Heiliggeistandacht, OB, OP vereinz.: *Heili Geist Andachtn* „in der Oktav vor Pfingsten" Griesbach TIR.
WBÖ IV,62.

– [**Heilig(en)-grab-an**]**d.** Andacht vor dem Hl. Grab, OB, NB, OP vereinz.: *Heiöngraåndåcht* „am Karfreitag abends 6 Uhr" Rattenbg BOG.
WBÖ IV,62.

– [**Ant-laß-an**]**d.** Andacht vor od. in der Oktav nach Fronleichnam (→[*Ant*]*laß*), OB, NB vereinz.: *am Miga voan Andlas is a Andlasandacht* Simssee RO.

– [**Mai-an**]**d.** Maiandacht, OB, NB mehrf., OP, SCH vereinz.: *zwischn Åustan und Pfingstn d'Maiandachtn* Simbach PAN; *Meuandacht* „auch vor einer Kapelle oder einem Feldkreuz" Herrnthann R; *i'geh auf's Jahr doch wieder mit dir in d'Maiandacht* Meier Werke I,365.
WBÖ IV,62.

– [**Kreuz-weg-an**]**d.** Kreuzwegandacht, OB mehrf., NB, SCH vereinz.: *Kreizwögandacht* Ascholding WOR; „in der volkstümlichen *Kreuzwegandacht* der Fastenzeit" Gerauer Bauerntisch 77.
WBÖ IV,63.

[**Be**]**d.** M., †N. **1** †Bedenkzeit: *Ein gemaine geistlikait soll und werde ... kaines bedachz begeren* Rgbg 1525 Chron.dt.St. XV,63,16-18.– **2** Bedenken, Überdenken: *es leit alles an der üebung und an dem bedacht* Aventin IV,305,25f. (Chron.).
Schmeller I,485.– WBÖ IV,63.

[Ver]d. M., Verdacht, OB, NB, OP, SCH vereinz.: *den hani an Vadacht* Kirn PAN; *An Vadacht hon i koan* THOMA Werke VI,377 (Wittiber); *daß sie bey ihrer Frau in ein groben Verdacht kommen* SELHAMER Tuba Tragica I,182.– Phras.: *da Vadacht is a Schelm* Wasserburg.

WBÖ IV,63.

†**[Ge]d.** F., (M.?). **1** Ausgedachtes: *Argumenta … cadahtin* Tegernsee MB 10./11.Jh. StSG. II,282, 21f.– **2** wie →*[Be]d.*2: *hat in di landschaft des gedacht genomen* ARNPECK Chron. 650,2f.

WBÖ IV,63f. J.D.

-dacht[2] →*denken*.

Dächte

F.(?) **1** Taube mit einer sich vom Rumpf unterscheidenden Flügelfarbe, °OB, °NB vereinz.: °*da Nåchba håd sauwane Dachtn, de dad i eihandln* Dachau.
2: °*du wirst amoi a so a Dachtn sei!* „aus der Art geschlagene Person" Hohenpeißenbg SOG.

Etym.: Subst. aus Part.Prät. von →*dachen*,Bed.3.

Abl.: *Dächtel*. M.S.

Dachtel

F., (leichte) Ohrfeige, Schlag, °OB, °NB, °OP vielf., °Restgeb. vereinz.: *jezahd griagsch ma oba scho boi a bor Dachdln!* Glonn EBE; *då håst a Dåchtl, schådt da nöt* Neukchn BOG; °*den ho i a gscheide Daouchtl gem* Sulzbach-Rosenbg; *Sonst laß i Dir an ettle Dacht'ln schaua!* LAUTENBACHER Ged. 15; *worauff sie ihme … ein bahr Dachtel gegeben* Wunsiedel 1675 SINGER Schacht 113.– Auch Kopfnuß, °OB, °OP vereinz.: °*Dachtln gebn* Haselbach BUL.

Ltg. *dǫχtl* u.ä., auch *-ǫu-* (BUL, TIR, WEN), ferner wohl aus Pl. *-ẹi-* (KEM).

DELLING I,111; HÄSSLEIN Nürnbg.Id. 55; PRASCH 17; SCHMELLER I,486; WESTENRIEDER Gloss. 95; ZAUPSER 20.– WBÖ IV,64f.

Abl.: *dachteln*.

Komp.: **[Hirn]d.** wohl Schnippen an die Stirn: *Hirndachtl* Buchbach MÜ. J.D.

Dächtel, -a-

F., Taube mit einer sich vom Rumpf unterscheidenden Flügelfarbe, °OB, °OP vereinz.: °*die Dochdl* Parsbg MB. M.S.

dachteln

Vb., ohrfeigen, schlagen, °OB, °NB, °OP, °OF vereinz.: °*hoits Mai, sonst werst dachtlt* Ziegelbg RO; *Da Leiwe* [PN] *kriagg an Grandd und sagg, er werd eahm ge* [sicher] *glei dachtln* Mchn.Turmschr. 61.– Phras. *jmdm eine d.* eine Ohrfeige, einen Schlag geben, °OB, °NB, °OP vereinz.: *oin oine douchtln* Weiden.

SCHMELLER I,486.– WBÖ IV,65.

Komp.: **[ab]d. 1** dass., °MF mehrf., °Restgeb. vereinz.: °*der ghert se amal gscheit odachtlt für sei Goschn* Hexenagger RID; *odachtln* „ohrfeigen" SINGER Arzbg.Wb. 48; *Abdachteln* „Maulschellen, Schläge geben" HÄSSLEIN Nürnbg.Id. 55.– **2** abschlachten, umbringen, °OB, °MF vereinz.: °*tuast die Henna abdachtln* Burggen SOG.– **3** streiten, °NB vereinz.: °*dachtlzt ma weng dera Kleinigkeit net lang ab* Simbach EG.

HÄSSLEIN Nürnbg.Id. 55.– WBÖ IV,65.

[abher]d. 1 wie →*d.*: °*den håb i gscheit obadachtlt* Passau.– Phras.: °*den hob i da oine owadachtlt* „geohrfeigt" O'viechtach.– **2** die Meinung sagen, beschimpfen: °*obadachtln* Passau.

WBÖ IV,65.

[zu-sammen]d. 1: °*zammdachtln* „niederprügeln" Aidenbach VOF.– **2** wie →*[abher]d.*2: °*den han i gscheit zamdachtlt* Simbach EG. J.D.

Tachten, Dohle, →*Tahe*.

dächtig

Adj., aufmerksam, wachsam, ä.Spr., in heutiger Mda. nur in Komp.: *bin yem ofer zstachti worn* Landshut um 1650 Jb.Schmellerges. 2012, 39,52.

Etym.: Ahd. *dâhtîg*, mhd. *dæhtic*, Abl. zur Wz. von →*denken*; Et.Wb.Ahd. II,21 (bidâhtig).

WBÖ IV,66.

Komp.: **[an]d. 1** in Andacht vor Gott, OB, NB, SCH vereinz.: *sei fei andächti!* Haag WS; *zerscht bet'ma no a andächtigs Vaterunser!* Altb. Heimatp. 47 (1995) Nr.35,5; *vmb … gemaine andechtige gebet … gebetten vnd geschickht* 1650 HAIDENBUCHER Geschichtb. 169.– **2** †wie →*d.*: *Intenti anadahtiga* Tegernsee MB 11.Jh. StSG. II,648,18.– **3** †sich einer Sache bewußt, erinnernd: *die legten im auz ir chinthait wez si andæchtig wærn* Gesta Rom. 173.– **4** †bestrebt: *idoch sint si* [die Bienen] *frey vnd habent … ein* *andæhtig gir zů gantzen trewen* KONRADvM BdN 316,18-20.– **5** †angelegentlich: *nah vnser Půrgær andahtiger bete* Passau 1299 Corp.Urk. IV,539,28.– **6** †geachtet, verehrt: *in einem sehr andächtigen vnd gezierten Betthauß* HUEBER Granat-apfel 75.

SCHMELLER I,485.– WBÖ IV,66.

[**be**]**d.** **1** ohne Hast, langsam: *in Ruah und bedachti, nit wia a Naaröscha* Berchtesgadener Anzeiger 47 (1929) Nr.24,2.– **2**: *bedächti* „vorsichtig" Passau.

WBÖ IV,66.

[**ver**]**d.** **1** verdächtig, suspekt, OB mehrf., Restgeb. vereinz.: *dö kann a nix anders als d'Leit verdachti mach'n* Haag WS; *der mit sein vardächtiga Gschau hot mir schou gei it gfalla* Mering FDB; *Dös sell waar a bissel vadächti* THOMA Werke VI,422 (Wittiber); *des zu fruehen beyschlaffs verdechtig* Auerbach ESB um 1600 HELM Konflikt 112.– Auch ein Schimpfw. verstärkend: „Sie faßt ihren Stock: *Saubuam vodächtige!*" KREIS Münchner 83.– **2** unheimlich, nicht geheuer, OB, NB vereinz.: *da is a weni vadächti* Schrobenhsn.

SCHMELLER I,485.– WBÖ IV,66f.

Mehrfachkomp.: [**gott-ver**]**d.** ein Schimpfw. verstärkend: „er kann für die Luder, die *gottverdächtigen*, nicht eigens einen Hüter einstellen" W. DIESS, Das Heimweh, München 1941, 103.

– [**kreuz-ver**]**d.** sehr tatverdächtig: „In solchem Zweifelsfall ... ist also der Verdächtige, ja sogar der *Kreuzverdächtige*, freizusprechen" SZ 13 (1957) Nr.164,4.

†[**in-ge**]**d.** wie →*[an]d.*3: *seyt ingedächtig ewers names und geslächtes* ANDREASvR 604,23f.

SCHMELLER I,485.– WBÖ IV,67.

†[**in**]**d.** dass.: *wenn ich alles nicht indechtig pin* [2]SCHILTBERGER Reiseb. 1,10.

SCHMELLER I,485.– WBÖ IV,67.

[**wüt**]**d.**, wild, habgierig, →*-ächtig.* J.D.

-dächtigen

Vb., nur im Komp.: [**ver**]**d.** verdächtigen, Gesamtgeb. vereinz.: *dua'n net verdächtign* Wasserburg; *vadęχdiŋa* nach SCHWEIZER Dießner Wb. 39.

WBÖ IV,67 J.D.

†-dächtlerin

F., nur im Komp.: [**An**]**d.** gläubige, fromme Frau: *eine lautere Andächtlerin* MOSER-RATH Predigermärlein 205. J.D.

†-dächtlich

Adj., nur im Komp.: [**ver**]**d.** **1** verdächtig, suspekt: *welcher nach abstellung der Wacht 11 tag hervmbgangen auf verdechtlich leut zesehen* 1565 Stadtarch. Rosenhm GRE 9, 119 (Rechnung).– **2** überlegt, bedacht: *daz daz gar verdåchtlich geschech* 1374 Rgbg.Urkb. II,490.

SCHMELLER I,485f.– WBÖ IV,68. J.D.

Dächtnis

F., Gedächtnis, Erinnerung, ä.Spr., in heutiger Mda. nur in Komp.: *Auch ... will ich ... all sontag fürbas ewiglich gedenken und ewige dechtniß haben* Mockersdf KEM 1437 VHO 63 (1911) 17.

Komp.: †[**Be**]**d.** dass.: *zu einer bedåchnůss gib ich in disen offen brief* 1339 Urk.Raitenhaslach 601f.

WBÖ IV,68f.

[**Ge**]**d.** auch N. **1** Erinnerungsvermögen: °*der hat a Gedächtnis wia a Spatz* „kann sich nichts merken" Mchn.– **2** wie →*D.*: *gedęχtnis* „im Gottesdienst" nach SCHWEIZER Dießner Wb. 86; *Jesus suess dein gedachtnus ist* Tegerns.Hym. 18,1; *Zu einer Gedächtniß hat dieses Kreutz machen lassen* 1628 IRLINGER-ROTH Bgdn.Bergknappen 85.– **3** †Gegenstand zur Erinnerung: *dise Gidechtnvs* [Grabplatte] *machen lassen* Frsg 1572 Sammelbl.HV.Frsg 10 (1916) 85.

WBÖ IV,69f.

Mehrfachkomp.: [**Vier-wochen-ge**]**d.**: °*Vierwochngedächtnis* „Gedenkgottesdienst vier Wochen nach einer Beerdigung" Garham PA. J.D.

Dachung

F., Dachbedeckung: °*auf meiner Schupfa hob i allerweil no a woache Dachung drobn* „weiches Strohdach" Ambg; „Gebäude mit harter *Dachung*" Die Landwirthschaft im Regierungsbezirk Oberbayern, München 1885, 494; *die Tachung, wans der Winth zerreist, eindeckhen* 1697 POSCHINGER Glashüttengut Frauenau 88.

Etym.: Mhd. *dachunge* stf., Abl. von →*Dach*; WBÖ IV,70.

WBÖ IV,70. M.S.

Tacke, -ä-
F. **1** †geflochtene Decke, Matte: *Daken* „stroherne Decken" DELLING I,112; *Matta tacha* Tegernsee MB 11.Jh. StSG. II,728,17; *Ain Dakken … mer ain tacken* 1495 Stadtarch. Rgbg Inv.Aman, fol.23ʳ.
2 wohl Kalmus (Acorus Calamus): *dą̄ka* „Pl." Frauenchiemsee RO.

Etym.: Ahd. *tacha*, mhd. *tacke* swf., Herkunft unklar; WBÖ IV,70.

DELLING I,112; SCHMELLER I,584.– WBÖ IV,70-72. J.D.

Dackel
M. **1** Dackel, Hund, °Gesamtgeb. vielf.: *mei Daggl foigt aufs Woat; wann i såg, gest hea-r-oda net, då geta-r-a hea oda net* Ingolstadt; °*dös is a Raß zwischn an Windhund und an Dackl* Pattendf ROL; *der Dritt' … Schiaßt ma' grad auf meine Dack'ln!* DREHER Schußzeit 13.– Phras.: *Füße wie ein D.* u.ä. krumme Beine od. O-Beine, °OB, °OP vereinz.: °*der hat a Gehwerk wia a Dackl* „kommt breitbeinig daher" Marquartstein TS; *Er hat Fiaß wia-r-a Dáckl* WAGNER Zuwanderung 6;– *dahergehen / -kommen wie ein D.* u.ä. krummbeinig dahergehen, °OB, °NB, °OP, °SCH vereinz.: °*der kummt daher wia a Dackl* Rechtmehring WS.– *Der schiaklt* (schielt) *wia-r-a Dáckl* „schaut spitzbübisch" WAGNER ebd.;– °*der blinzlt's scho a so a wia a Tacki, wenn d' Sunn scheint* einem Mädchen schöne Augen machen Ismaning M.– *Der is frech wia a Daggl* Mirskfn LA, ähnlich NB, OP vereinz.– *Dackl und Luschn* „schlechtes Blatt beim Kartenspiel" GÖTTLER Dachauerisch 20.
2 abwertend von Menschen.– **2a** allg. abwertend od. Schimpfw., °NB, °OP vereinz.: °*a so a junger Dackl* Leiblfing SR.– **2b** Mensch mit krummen Beinen, °OB, °OF, °MF vereinz.: °*dös is halt sur a Dackl* Thiershm WUN; *Dackl* „watschelnd gehender Mensch (evtl. mit krummen Beinen)" BERTHOLD Fürther Wb. 34.– Auch Mensch mit kurzen Beinen, OB, OP, MF vereinz.: *a Dackl* Emhf BUL.– **2c** jmd, der sich ausnützen läßt, °OB, °MF, °SCH vereinz.: °*dir mach i koan Dackl* Dachau; *An Dack'l mách'n* „ohne hinreichende Gegenleistung bedienen" BRAUN Gr.Wb. 80.

Etym.: Kurzf. von →*[Dachs]hund*; KLUGE-SEEBOLD 177. Uml. -*ą*- unter Einfluß des Dim.; vgl. WBÖ IV,57 (Dächsel).

WBÖ IV,72f.

Abl.: *dackeln*, *-dackler(er)*.

Komp.: **[Bier]d.** **1** Dackel.– **1a**: °*Bierdackl* „Dackelart mit langen Läufen" Endlhsn WOR.– **1b**: °*Böiadackl* „dicker Dackel" Weiden.– **1c**: °*Bierdackl* „Dackel, der mit seinem Herrn ins Wirtshaus geht" Baumburg TS.– **2** Dackelbastard, °OB, °NB vereinz.: °*a Biadackl* Pfarrkchn.– **3**: °*Bierdackl* „Biertrinker" Lenggries TÖL.

[Spitz-pudel]d. Hundebastard, °OP mehrf., °OB, °MF vereinz.: °*Spitzbuldackl* Sulzbach-Rosenbg.

[Floh]d. Gamasche, °OB, °NB vereinz.: °*Flohdackel* Wurmannsquick EG.– Spielform von →*[Floh]deckel*.

[Hunds]d. **1** wie →*D.*1: *Hundsdackl* Wiefelsdf BUL.– **2** Schwimmbewegungen wie die eines Hunds, °OP vereinz.: °*als ersts howe an Hundsdaggl glernt* Pertolzhfn OVI; *den Hundsdackl schwimmen* WINKLER Heimatspr. 91.

[Narren]d.: °*Nårrndackl* „Streitsüchtiger" Wiesau TIR. J.D.

Täckel, Dackel
M. **1** (alter) ungeschickter, unbeholfener Mensch, v.a. Mann, °OB, °OP, °MF, °SCH vereinz.: °*dö isch a Dackl, Halbdackl* Landsbg; *Dákl* „Mannsbild, das man … zu nichts brauchen kann" ANGRÜNER Abbach 21; *Der Táck·l* „alter Mann, der sich noch immer fortbemüht (im Gehen, Arbeiten etc.)" SCHMELLER I,583.
2: *Dackl* „nennt man einen … alten Herrn, der stets griesgrämig und grantig ist" LUSTICUS Mchn.Fremdw. 7.

Etym.: Abl. von →*täckeln*[1]; WBÖ IV,73.

SCHMELLER I,583.– WBÖ IV,73. J.D.

-täckel
M., nur im Komp.: **[Nuß]t.**: *Nussdaggl* „Nußhäher, Eichelhäher" Fürstenfeldbruck.– Spielform von *[Nuß]gäckel* (→*-jakob*) unter Einfluß von →*täckeln*[2]. J.D.

dackeln
Vb. **1** krummbeinig, schief od. gemächlich dahergehen, °Gesamtgeb. vereinz.: *dagglṇ* „von Betrunkenen" Schmidmühlen BUL; *dagglṇ* CHRISTL Aichacher Wb. 248.
2 rasch gehen, laufen: °*binn i aber dagät, auffedagäd* Grafing EBE; *dagglṇ* „Hinterher oder umherlaufen" CHRISTL ebd.

3 wie ein Dackel schwimmen, °NB, °OP vereinz.: °*dackln* Eining KEH.

Komp.: [**ab**]**d.**: °*dem hob i's Richtige gsogt, der is odacklt* „beschämt davongegangen" Hartpenning MB.

[**da-her**]**d.** wie →*d.*1, °OB, °NB vielf., °OP mehrf., °MF vereinz.: °*an Daherdackln nach is as scho, mei Mo* Ziegelbg RO; °*schau ner, wöia daheadagglt* O'wildenau NEW.

[**hunds**]**d.**: °*hundsdackln* „Schwimmbewegungen wie ein Hund machen" Rottendf NAB.

[**mops**]**ge-dackelt** in Phras. *m.er* →[*Wind*]*hund* 'Hundebastard'.

[**nachhin**]**d.** (wie ein Dackel) nachlaufen, °NB vereinz.: *an Hund locka, daß a nachödacköt* Hengersbg DEG. J.D.

täckeln[1]

Vb. **1** beschmieren, beschmutzen, in heutiger Mda. nur in Komp.: *Dageln, Dackeln* „besudeln" Delling I,112.
2 nachlässig schreiben, schmieren, °OB, °NB vereinz.: °*heit hast im Schuiheft wieda bees dagglt* Lenggries TÖL; *dägln* „schlecht, unreinlich schreiben" Passau SbMchn 1887,2.Tl 413.
3: °*dággln* „Speisen verschütten" Fischbachau MB.
4 betrügen, hintergehen, °OB vereinz.: °*den hab i schön dacklt* Feichten AÖ.
5 fehlerhaft sprechen: *takln* SEL Braun Gr.Wb. 640.

Etym.: Abl. von österr. *tacken* 'stottern, planschen', onomat.; WBÖ IV,73.

Delling I,112; Schmeller I,583, 596.– WBÖ IV,73.

Abl.: *Täckel, Täckl*(*er*)*et.*

Komp.: [**an**]**t.** wie →*t.*1, °OB, °NB vereinz.: °*odaggln* „voll Dreck machen" Rottach-Egern MB.
WBÖ IV,73f.

[**be**]**t.** wie →*t.*4, °OB, °NB mehrf., °OP, °SCH vereinz.: °*do hot sö oana wieda bedackln lossn* Ruhstorf GRI; *be-dąkln* „beschwindeln, betrügen" Unterer Bay.Wald nach Kollmer II,315.
WBÖ IV,74.

[**der**]**t.** wie →*t.*1: °*d Mauern und d Wänd dadagln* Fürstenstein PA.
WBÖ IV,74.

[**ver**]**t.** **1** dass.: °*dö Kinder vadagln dös schene Heft* Passau.– **2** wie →*t.*4: *den ham ma wieda sauba vodacklt* Weilhm.– **3** wie →*t.*5: °*verdacklt* „wenn jemand etwas ungeschickt oder verdreht sagt" O'viechtach.– **4**: *vodaggln* „unvorteilhaft verändern, vertun" Spr.Rupertiwinkel 93.
WBÖ IV,74.

[**hin**]**t.** **1** nachlässig hinschreiben, hinschmieren, °OB, °NB vereinz.: °*des hat der hidaglt* Thanning WOR.– **2** flüchtig, gedankenlos niederschreiben: °*der hat a so Zeig hidaglt* Aicha PA.
WBÖ IV,74.

[**ver-war**]**t.**, verunstalten, verderben, →[*ver*]*honackeln.* J.D.

täckeln[2]

Vb. **1**: *taakln* „schlagen" Singer Arzbg.Wb. 233.
2 herunterschlagen, herunterholen: °*dackl ma a paar Nuß!* Heilbrunn TÖL.
3 durch Schlagen anzeigen (von der Uhr): „*'Achte,' tacklt* die alte Kirchturmuhr" Strobl Feiertäg 83.
4 (ein Haustier) schlachten: °*tackln* „abstechen, schlachten" Hagnbg MB.– Auch °„das Fleisch des geschlachteten Tiers auseinandertrennen" ebd.

Etym.: Abl. von österr. *tacken* 'klopfen', onomat.; WBÖ IV,74.

WBÖ IV,74.

Komp. [**ab**]**t.** **1** ohrfeigen, schlagen, °OB, °NB, °OP, MF vereinz.: °*dea is richti odacklt worn* Burggriesbach BEI; *ǫdąkln* „einem zuerst aufpassen und ihn dann durchprügeln" Adelschlag EIH nach Weber Eichstätt 172.– **2** ums Leben bringen, vernichten.– **2a** (ein Haustier) schlachten, °OB, °NB, °OP vielf., °Restgeb. mehrf.: °*dö vorig Woch hamma insa Kaiwi ådacklt* O'au BGD; °*heit dacklma an Hosn o* O'viechtach; *odackln … wia an Gockl* Graf schimpflich 34.– **2b** töten, °OB, °NB, °OP, °SCH mehrf., °Restgeb. vereinz.: °*dem trau i alls zou, der dagglt ja glei oan ab* Wettstetten IN; °*da Hund hat a Henna odacklt* Griesbach DGF; „Bis der … Einen nur *abtackelt*" 1870 Bayerld 26 (1914/1915) 70.– **2c**: °*odakln* „etwas Minderwertiges kaputt schlagen oder zerreißen" Frasdf RO.– **3**: °*dacklts dös ab!* „räumt das ab" Grafenau.
WBÖ IV,74.

[**abher**]**t.** wie →*t.*2, °OB, °NB, °OP vereinz.: °*Äpfe obadackln* Feichten AÖ.

[**ein**]**t.**: *an Hasn eidackln* „in Stücke zerhauen und in Beize legen" Klinglbach BOG. J.D.

täckeln³

Vb.: °*daglan* „alles herumreden, nicht schweigen können" Neurandsbg BOG.

Etym.: Abl. von →*täcken*.

Komp.: [**ab**]**t.** auch refl., streiten, °NB vereinz.: °*de ham se gestern wegn an Grenzstoa ådacklt* Straßkchn SR. J.D.

-täckeln → *-takeln*.

täcken

Vb. **1** durch Reden provozieren, °OB, °NB vereinz.: °*daggn* Moosburg FS.
2 streiten, diskutieren, °NB vereinz.: °*geh, dackts net allerwei!* „zu sich streitenden Kindern" Pfarrkchn; *Si hàbm lang 'táckt mi'nannə'* OP SCHMELLER I,583.

Etym.: Onomat.; WBÖ IV,77.

SCHMELLER I,583.– WBÖ IV,76f.

Abl.: *täckeln*³, *Täckerei*, *täckieren*.

Komp.: [**ab**]**t.** auch refl., wie →*t.*2, °NB vereinz.: °*dua di do net allwei ådagga* Ergolding LA; *ǫdạka* „streiten, hauptsächlich mit Worten" nach KOLLMER II,213.

WBÖ IV,77.

[**abher**]**t.** dass.: *ǫwadạka* „laut streiten" nach ebd. 219.

WBÖ IV,77.

[**ein**]**t.** eindringlich auf jmdn einreden, zureden: °*eidackn* Stamsrd ROD.

[**hin**]**t.** **1** wie →*t.*1, °NB, °OP vereinz.: °*du muaßt aa dauernd hidackn* Moosthenning DGF.– **2** wie →[*ein*]*t.*, °NB, °OP vereinz.: °*des Hidackn bringt nix* Attenhsn LA. J.D.

Täckerei

F.: °*hörts net bald auf mit eurer Dackerei!* „Streiten" Stamsrd ROD. J.D.

-täckern

Vb., nur in Komp.: [**ab**]**t.**: °*otackern* „beim Schussern abgewinnen" Schwandf.– Gleicher Herkunft wie →*täckeln*².

[**an**]**t.**: °*åtackern* „die Schusser der Mitspieler an- und dadurch wegschießen" ebd.

[**be**]**t.** Part.Prät.: °*er is bedackat* „nicht recht bei Verstand" Troschenrth TIR. J.D.

tackicht

Adj. **1**: °*is der scho dackat* „alt, gebrechlich" Edelshsn SOB.
2: °*er is für de Arbad zu dacket* ungeschickt Abens FS.
3: °*daggad* „albern, lästig" Moosburg FS.
4: °*dågads* Ding „seltsames Mädchen" O'nrd CHA.

Etym.: Gleicher Herkunft wie →*täckeln*¹; WBÖ IV,72.

WBÖ IV,72. J.D.

täckieren, täch-

Vb. **1**: *dạkian* „mit vielen Gesten reden" nach DENZ Windisch-Eschenbach 266.
2: *dachchian* „Faxen machen" KONRAD nördl. Opf. 8.

WBÖ IV,78.

Komp.: [**ab**]**t.** streiten: °*dö dachiern wieder o* Eschlkam KÖZ; *ǫdạkian* „streiten mit Worten, zuweilen auch handgreiflich" nach KOLLMER II,213. J.D.

-dackler(er)

M., nur im Komp.: [**Hunds**]**d.** Schwimmbewegungen wie die eines Hunds, °OP vereinz.: °*Hundsdacklara* Atzmannsricht AM. J.D.

Täckl(er)et

N., schlechte Schrift, Geschreibsel, °NB vereinz.: °*des Daglat ka neamat lesn* Ruhmannsdf WEG.

WBÖ IV,78 (Täcklach). J.D.

Täcks, -a-, Täcksen, Täckst

M., meist Pl., Täcks, °Gesamtgeb. vielf.: °*Taksn* „Holznägel beim Schuster" Todtenweis AIC; °*jaz hanama an Dex eidren* Schönanger GRA; °*Däkstla* „kleine Eisennägel zum Aufnageln der

Schuhsohle“ Schönwd REH; *dàx* „kurzer, dünner Nagel ohne Kopf ... meist von Schustern verwendet“ KILGERT Gloss.Ratisbonense 161.

Etym.: Aus engl. *tacks* Pl.; DUDEN Wb. 3841.

Ltg, Formen: *dękſ* u.ä., vereinz. *-n* (BOG, KEH; R), ferner *dękſt* u.ä. (STA, TS; KÖZ; NEW, WEN), nach der engl. Beschriftung der Packung *dąkſ* u.ä. (IN, SOG; KEH; AM, R, SUL).– Pl. wie Sg. *dękſ(n)*, auch *dąkſ* (IN; KEH; SUL), sonst als Pl. bel. *dękſn* OP (dazu M; DEG, EG, LA, MAL, SR), *-ą-* (AIC).– Dim. *dękſl* u.ä., vereinz. *-ſai* (TS), *-ſtl* (ESB, NEW; REH), *dąkſl* (VOH, WEN), *-li* (ND), auch als M. (VOH).

WBÖ IV,1279.

Abl.: *-täcksel, täckseln, täcksen, Täckser.*

Komp.: [**Eisen**]**t.** Täcks aus Eisen, °OB, °NB, °OP, °SCH vereinz.: °*an Schouch mit Eisndacks nogln* Aicha SUL.

[**Holz**]**t.** Täcks aus Holz, °Gesamtgeb. vereinz.: °*bei die Hulzdäxtla mou mit da Ahl fiagschtochn wern, bei die Stahldäxtla niat* Kchndemenrth NEW.

[**Schuh**]**t.** wie →*T.*, °OB, °NB, °OP, °MF vereinz.: °*Schuahdächsl* „zum Festnageln der Sohle“ Regen.

[**Schuster**]**t.** dass., °OB, °NB, °OP, °SCH vereinz.: *da Schuastadäcks* „Holz- oder Metallnägelchen“ Altenbuch LAN.

WBÖ IV,1279. J.D.

-täcksel

M., nur im Komp.: [**Dorn**]**t.** Neuntöter: *doaradękſl* „Dorndreher (Vogel)“ nach SCHWEIZER Dießner Wb. 202. J.D.

täckseln

Vb.: *dechseln* „kleine Nägel in die Schuhe schlagen“ Buchdf DON.

WBÖ IV,1279.

Komp.: [**an**]**t.** mit Täcksen befestigen: °*ådächsln* „die Sohlen mit einem Holzstift festnageln“ Tirschenrth.

[**auf**]**t.** dass., °OB, °OP vereinz.: °*Sohln aufdecksln* Thanning WOR.

[**ein**]**t.**: *eidechsln* „Schrauben eindrehen“ Mittbach WS. J.D.

täcksen

Vb., (Schuhe) benageln, °OB, °NB, °MF vereinz.: °*d'Schuah wern däckst* „mit kleinen Nägeln“ Irlbach SR.

WBÖ IV,1279.

Komp.: [**auf**]**t.** mit Täcksen befestigen, °OB, °OP, °SCH vereinz.: °„Fahrradmäntel auf Hausschuhe *aufdäcksn*“ Monhm DON. J.D.

Täckser

M. **1** Täcks, °OB vereinz.: °*da Däcksa* Pöcking STA.

2: °*Daaxa* „schwere dicke Eisennägel für Nagelbergschuhe“ Rosenhm. J.D.

Taconari

(Genus?), in Phras.: *Daganari spieln* „Geschlechtsverkehr haben“ Neustadt KEH.

Etym.: Wohl aus gleichbed. oberit. *taconàr* (G. CAVALLIN, Dizionario della lingua veneta, Padova 2010, 1972). A.R.R.

Dada

M., ungehobelter, ungebildeter Mensch: „*Dada* ... ein Mensch ohne gewandte, städtische Umgangsformen, ein Hinterwäldler“ HuV 12 (1934) 302.

Etym.: Herkunft unklar; vgl. AMAN Schimpfwb. 29. Anders WBÖ IV,79.

Komp.: [**Bauern**]**d. 1** ungehobelter, ungebildeter Bauer, °OB, NB, OP vereinz.: *Bauandada* Beilngries; *Mit dir wachs i z'samm, du Bauerndada ... du ausg'schamta* THOMA Werke II,492 (Brautschau).– **2** wie →*D.*, OB, °NB vereinz.: °*Bauandada* Simbach PAN; *Bauerndàtà* „höhnisches Schimpfwort ... dümmlicher ungeschickter Mensch, Trottel“ [4]ZEHETNER Bair.Dt. 63.

SCHMELLER I,475.– WBÖ IV,78f. J.D.

dada →*da*[1].

dada(da)

Interj., v.a. kindersprl. **1**: *Dá-dá* „Ausruf der Kinder bey dem, was ihnen gefällt“ SCHMELLER I,475.– Als Adj. schön, °OB, °NB vereinz.: °*dei Gleidal is owa daa-daa* Simbach PAN; *da-daa* „(Kleinkindersprache) schön, in Ordnung“ SCHILLING Paargauer Wb. 90.– Als Subst.: etwas Schönes: *Das ist ein schönes Dádá, Dádá-l,*

Dádádə-l SCHMELLER I,475.– °*Dada* „Spielsachen" Mühldf.
2 in Phras.: *d. gehen* spazierengehen, °OB, °NB, °OP, MF vereinz.: °*dada gehen* Königstein SUL.– °*Dada gehen* „schlafen gehen" Bayersoien SOG.– °*Dada sagen* „auf Wiedersehen sagen, winken" Pleinting VOF.
3: „Hunde lockt man ... mit: *dada!*" SCHWÄBL Altbayer.Mda. 90.– Als M. (kleiner) Hund, NB, °OP, MF vereinz.: *Dada* „kleiner Hund, mit dem man spielen darf" Reisbach DGF; „bei Kindern *də' Dada, ə˜ Dadalė* ... Hund" SCHWÄBL ebd.
4: *m'da-da-da* Lockruf für Hühner Nabburg.

Etym.: Kindersprl. Verdoppelung von → *da*[1]; Schwäb. Wb. II,12.

DELLING I,111; SCHMELLER I,475.– WBÖ IV,7. J.D.

Tadel
M. **1** Tadel, mißbilligende Äußerung, °OB vielf., °Restgeb. mehrf.: *Schimpf, Todl* Rieden WS; *der hat sein Toudl kröigt* Böhmischbruck VOH; *über a jede hats an 'Dal'ghabt* ANGERER Göll 101.
2 Fehler, Makel, °OB, °NB, °OP mehrf., °Restgeb. vereinz.: °*an den Rooß, da kon i koan Dådl fina* Kchmatting SR; °*der hat gnouch Toudl* Waidhs VOH; *d Taou(d)l* „Fehler" SINGER Arzbg.Wb. 234; *daz sie ein tætelîn an dem lîbe hât* BERTHOLDVR I,415,24; *Zwên ... tädel verderben uns: überfluß ... und ... geitikait* AVENTIN IV,340,24-26 (Chron.).– Phras.: °*niat an andan an Tadl aasschtelln* „nicht beim anderen den Fehler suchen" Wdsassen TIR.

Etym.: Mhd. *tadel* stm./n., nd. Herkunft, *-*â*- entspr. ahd. *zâdal*, mhd. *zâdel*; KLUGE-SEEBOLD 903.

Ltg.: *dǭ(d)l*, *-ō-*, daneben *-ǫu-* mittl., nördl.OP, OF, vereinz. *dǫi* (KÖZ), ferner *dą̄(d)l* u.ä. (FFB, LF, MB; GRA, KEH, KÖZ, PA; NM, R; EIH, SC).– Pl. wie Sg., vereinz. Sg. *dǭdl*, Pl. *-ą̄-* (M).

SCHMELLER I,584.– WBÖ IV,79.

Abl.: *tadeln, tädlig*.

Komp.: [**Voller**]**t.**: *Vollertadl* „einer, der überall Fehler macht" Berchtesgaden.

[**Un**]**t.** wie → *T.*2: „kleiner Makel ... *Dös Kiind haout koa U(n)taaderl* ... eine völlig reine Haut" SINGER Arzbg.Wb. 247. J.D.

tadeln
Vb., tadeln, °OB, °OP mehrf., °Restgeb. vereinz.: *dean muaß i do(d)ln* Dasing FDB; *tåucht·ln* Altmühltal DMA (FROMMANN) 7 (1877) 394; *tadlen, getadlet* BRAUN Handb. 217.– Phras.: *Es ist leichter tadeln, als besser machen* Baier.Sprw. II,125.– *Wer tåu(d)lt wer(d'n wüll, mou(ß heia(r)n ... wer g'lobt wer(d'n wüll, mou(ß ster(b'm* BRAUN Gr.Wb. 648.

Etym.: Mhd. *tadelen*, Abl. von → *Tadel*; WBÖ IV,80.

SCHMELLER I,584.– WBÖ IV,80.

Komp.: [**ab**]**t.** dass., OB vereinz.: *dö ko nix ais wia d'Leit adatla* Peiting SOG; „Die Vorbeygehenden ... *à'tà'ln* ... sie mustern, durch die Hechel ziehn" SCHMELLER I,584.

SCHMELLER I,584.

[**aus**]**t.** dass.: *ausdodln* O'diendf PA.

WBÖ IV,80.

[**be**]**t.** dass., °OP vereinz.: °*der mou alles bedoudln* „kritisieren" Falkenbg TIR.

WBÖ IV,80f.

[**ver**]**t.** über etwas abfällig reden: *vadåln* „über Handeln oder Eigentum des andern" Bischofsmais REG; *dea hǫbma mą̄ gwånta aso vadold* „verunglimpft" nach KOLLMER II,415.

WBÖ IV,81. J.D.

dadl → *da*[1].

tädlig, -a-
Adj. **1** mit Gebrechen behaftet, krank, geschwächt, °OB mehrf., °NB vereinz.: °*da Schmied Berndl seele hot von Kriag an daalegn Oam ghobt* Weildf LF; °*dö ham aa a dalös Kind* „krüppelhaft" Ergolding LA; *a Kuah ... Werd do nöd dali sei?* Seeon TS Heimatb.TS III,44.
2 schadhaft, verdorben, °OB, °SCH mehrf., °NB vereinz.: °*rührs net o, is eh scho dalig* Baumburg TS; °„der Apfel ist *dalig*" Ried ND; „*ein dalliges Obst* ... teigiges Obst" Berchtesgaden Bergheimat 8 (1928) 30.

WBÖ IV,81.

Komp.: [**an**]**t.** wie → *t.*1: °*adaaleg* „nicht voll gesund" Tittmoning LF.

[**halb**]**t.**: *hoibdalig* „benommen" Spr.Rupertiwinkel 47.

[**haxen**]**t.**: *haxndaaleg* „schlecht zu Fuß" ebd. 41. J.D.

Tafel[1], **-er**

F. **1** Tafel zum Schreiben, Malen, Gesamtgeb. mehrf.: *du kriagst nix mear, håst scho zvui auf da Tåfi* „Zechschulden“ Fürstenfeldbruck; *an Fåhra* (rasche Bewegung) *auf da Dåufa måucha* Mittich GRI; *I Depp hob an d'Tafl miassn* L. FICHTLSCHERER, Lausbubengesch. aus Regensburg, Regenstauf 2014, 22; *Pugillarem taualun* Wessobrunn WM 9.Jh. StSG. IV,225,4; *Zwo taffel* Rgbg 1519 ZBLG 51 (1988) 781,405.– Phras. *schwarze T.* Wirtshaustafel mit Zechschulden, OB, NB, OP vereinz.: *d schwoaz Dåfl* Fürnrd SUL;– „Schulden … *Er steht immer auf der schwarzen Tafel*“ Bair.Sprw. II,104.
2 Tafelbild, Wandbild, °OB, °NB, OP, MF, °SCH vereinz.: *an oide Tofi* „altes Gemälde“ Wasserburg; °*in da Kapelln hängen a Haufa Tafaln* „Votivtafeln“ Pfarrkchn; *Tafln* (Hinterglasbilder) … *links und rechts … in Herrgottswinkl* KÖZ BJV 1952,32; *Herzog Heinrich, als er abkunterfêt ist zu Landshuet im prediger closter in ainer tafel* AVENTIN V,540,7f. (Chron.); „Gemählde … *Tafela*“ HÄSSLEIN Nürnbg.Id. 131.– †Auch: Reliefplatte: *ain hellfen paynen Tafell mit vnser frawen pild* Rgbg 1525 MHStA HL Regensburg 116,fol.91[r].– Altarretabel: *fur die Tafel … auf unser Frawen Altar* 1490 Frsg. Dom-Custos-Rechnungen I,615.
3 breites, dünnes Holzbrett, OB, NB vereinz.: *Tove* „Totenbrett“ Otterskchn VOF; „am Wagen, damit das Heu nicht herunterfällt … *dōven*“ Bichl TÖL SOB V,324; *schiezzen auf der tafel, pozzen oder scheiben mit den chugeln* 1378 Rgbg.Urkb. II,466; *hat Vnß geschnitten auf den gang bei der … orgl 4 … Taflen* Wessobrunn WM 1621 Lech-Isar-Ld (1970) 67.
4 Gegenstand aus Brettern.– **4a** Festtafel, °NB vereinz.: „an einer *Dåfi* sitzen die Hochzeitsgäste mit den Brautleuten“ Vilstal; *am Sunnta is A guate Tof'l gween* SCHUEGRAF Wäldler 30; *An der Daffl sein gsessn 12 Persohnen* Sachrang RO 1687 JAHN Handwerkskunst 393.– **4b** Arbeitstisch zum Teigkneten u. Brotformen, °OB, NB, OP vereinz.: *Tofö, wos Brout und Semmön ausgmacht und gfuamt wean* Hengersbg DEG.– Auch Deckel des Backtrogs: *Tofl* Partenkchn GAP; *1 Pachtrog sammt der Tafel* Grafenau 1679 BJV 1956,12 (Inv.).– **4c** Holzkästchen mit langem Stiel zum Einsammeln der Kollekte, °OB, °NB vereinz.: °*da Mesna geht mit da Tåfi* Mettenham TS; „Während der Opferung sind die zwei Zechpröpste … mit der *Tafel* zum Sammeln gekommen“ LETTL Brauch 85; *waz man in den stok, awf die tauell … geit* [gibt] 1412 Burghauser Urk.b., hg. von J. DORNER, Burghausen 2006, I,284.
5 tafelähnliche Platte.– **5a** Bienenwachsplatte (mit Honigwaben), OP vereinz.: *Dafala, Wabbn* Söllitz NAB.– **5b** †Fensterscheibe: *Sinst haod ma Scheibmfenza ghatt … Aitza haod ma latta ganze Tofl, jeidas Dirl zwoa Dafala* Bärnau TIR SCHÖNWERTH Leseb. 73.– **5c**: *Dofö* „blecherne Servierplatte“ U'höft EG.– **5d** plattenförmiges Stück: °*a Tåfl Schockalad houts höichstns an Gebuatsdoch gem* Windischeschenbach NEW; *Zwen tafel lezelten aufn antlaßtag* [Gründonnerstag] Berchtesgaden 1596 BJV 1957,73.– **5e** in Phras.: °*Birkensteiner Tafeln* „nicht aufgehende Kücheln“ Parsbg MB.
6 Bildsäule: *s Taferl* „geweihte Säule am Weg“ Passau; *A stoana's Taferl steht am Roa* DINGLER bair.Herz 28.
7 Schild mit Aufschrift, OB, °NB vereinz.: °*jedö Kuah håt afra Tåfö an Nåm ghåt* Wimm PAN; *des Taferl und d'Hausnummer hat er vergessen* Altb.Heimatp. 6 (1954) Nr.25,3; *daß an denen graͤnitzen sonderbahre taflen auffgesezt* Mchn 1726 WÜST Policey 597.
8 †Gesetzestafel: *Die ersten zwo tafeln seinn durch gottes werch gemacht* BERTHOLDvCh Theologey 432.
9 †wohl Register, Verzeichnis: *dewͤ puͤch vnd waz dazuͤ gehoͤrt … ayn gar guͤtewͤ tåͤfel* PIENDL Hab und Gut 205.
10 †durch Baumstämme gebildete Abteilung eines Floßes: „12 oder 13 … *Tafeln* … In diese wurde das Scheiterholz eingespannt“ Ampertal NEWEKLOWSKY Schiffahrt III,542.
11 Körperteil.– **11a** Gesicht, °OB, °NB vereinz.: °*in da Friah wosch i mei Dafal mit koidn Wossa aus* Stammham AÖ.– Phras. *jmdm die T.* (*ein*)*waschen* / *wischen* u.ä. eine Ohrfeige geben, °OB, °NB vereinz.: °*an Kare howe d'Tofe eigwaschn* Wildenroth FFB;– im Wortspiel mit Bed.1: *den håri s Dafal liniert!* Ruhstorf GRI, ähnlich °NB vereinz.– **11b** Dim.Pl., abstehende Ohren: °*der schtäid seine Daferl awa heint!* Wettstetten IN.

Etym.: Ahd. *tavala* swf., mhd. *tavel*(*e*) st/swf., aus dem Rom.; KLUGE-SEEBOLD 903.

Ltg: *dōvl* u.ä. OP, SCH (dazu FFB, WM; BOG, KEH, MAL, ROL, SR), *-ǭ-* (GAP, TÖL), wegen alter Dreisilbigkeit, vgl. Lg. § 3f2, *dǭvl* nördl.OP, OF, MF od. *-ǫ-* u.ä. MF (dazu ND), ferner *dōve* OB, NB, *-ǭ-* OB, NB, SCH, *-ou-* (GRI, PA), *dǭva* u.ä. SCH (dazu AIC, DAH, FS, SOB, STA), *dāvl* (FFB, LL, SOG, WM; A, FDB), vgl. Lg. ebd., *douva* (GRI). Daneben v.a. in Bed.1 ugs. *dåvl* u.ä.– Dim. *dạ̄val* OB, NB, OP, *-vala* (BEI; EIH), *-vai* OB, *-vę* (MB, TÖL, WOR), *dēvala* (FFB, GAP, SOG), *dǭval* (RID).

SCHMELLER I,586f.– WBÖ IV,82-84.

Abl.: *Täfel, täfeln, Täfer, täferln, täfern, Täferung.*

Komp.: [**Bach**]**t.** wie →*T.*4b, OB, OP vereinz.: *Bachtofö* O'audf RO.
WBÖ IV,84.

†[**Band**]**t.**: *Bandtâfel* „Sohle von Holz ... mit einem ... Leder ... den Fuß durchzustecken" nördl.OP SCHMELLER I,587.
SCHMELLER I,587.

[**Blattern**]**t.** Hausschild mit einer Warnung vor Pocken: *dö vüin Blodantofln, dö wos eigsammlt habm, wöi d'Krankat voloschn is gwen* Cham.

[**Brot**]**t.** **1** wie →*T.*4b: *d Brouttåfö* östl.OB.– **2** †wohl Verkaufsstand des Bäckers: *nöben der Prottafel vnd dem Prothauß* Landshut 1506 MHStA GL Landshut 60,fol.22v.
WBÖ IV,84.

[**Dank**]**t.** Votivtafel, °NB, °MF vereinz.: °*Danktafl* Aich VIB.

[**Eck**]**t.** Heiligenbild für die Stubenecke: „eine sogenannte *Ecktafel* für den Herrgottswinkel" KÖZ Oberpfälzer Leben, hg. von E. u. A.J. EICHENSEER, Grafenau 2009, 326.

[**Votiv**]**t.** wie →[*Dank*]*t.*, °OB mehrf., °NB, °OP, °MF, °SCH vereinz.: °*Votivtåfe* Pörnbach PAF; *Das Votiv-táfə'l* „kleines Gemälde, ex voto aufgehängt" SCHMELLER I,587; *mit ... wächßern Opfer und einem Votiv-Taferl hieher verlobet* 1736 Mirakelb. Aunkfn 52.
SCHMELLER I,587.

[**Frau(en)**]**t.** Madonnenbild: *a Frauatafi, die „tragn" werd, wenn d'Lichtämter im Advent eigenga* Miesbach HuV 13 (1935) 309.

[**Frei**]**t.** gespendetes Mahl: *Freidåfl* „wenn Braut und Bräutigam das Hochzeitsmahl bezahlen" Meßnerschlag BUL; *Der H. Bischoff Gerardus hielt armen Leuten gar offt ein Frey-Tafel* SELHAMER Tuba Rustica II,263.
WBÖ IV,85.

[**Glas**]**t.** Hinterglasbild: „Im Herrgottswinkel ... hängen *Glostofln*, die auf Glas gemalten Heiligenbilder" SIEBZEHNRIEBL Grenzwaldheimat 112; *altes Glaß Täferl* Bodenmais REG 1753 VHN 99 (1973) 55.
WBÖ IV,85.

†[**Gold**]**t.** Goldblättchen: *Ain gollt tafel* 1495 Stadtarch. Rgbg Inv.Schirlinger, fol.6r.

[**Grenz**]**t.** Grenzschild: *Grenztofö* Hengersbg DEG; „eigens aufgestellte *Gränztafeln* zu erhalten" CJB 67.

[**Heiligen**]**t.** Heiligenbild: *a Kruzifix mit zwoa Heiligntofen* Valley MB; *Heiligentaferln* STA 1861 OA 121 (1997) 104.

†[**Heiltum**]**t.** dass.: *hat geben 15 fl zue des h. sant Bennonis hältum taffel* 1602 Dok.Mchn. Familiengesch. 220.

[**Honig**]**t.**, [**Hönig**]- wie →*T.*5a, NB, OP vereinz.: *a Henödåfö außadoa* Mittich GRI.
WBÖ IV,85.

[**Kirchen**]**t.** Anschlagtafel in der Kirche: *Da stirbt a guada Garchinga weg ... Der steht dann in da Kirchatafe ganz gwiß* BILLER Garchinger G'schichtn 16.

†[**Land**]**t.** **1** Landkarte: *Die Erst Landtafel Begreifft in sich Stett ... Clöster ... Schlösser vnd Sitz* PH. APIAN, Bair. Landtaflen. XXIIII, Ingolstadt 1568[, 5].– **2** Matrikel über die Eigentumsverhältnisse eines Landes: *Doch sol ... vber sex oder zehen jar solh landtafel wider verneut werden* 1524 Gelehrte Anzeigen (München) 26 (1848) 136.
SCHMELLER I,587, 1485.– WBÖ IV,85.

[**Laß**]**t.** Tafel mit den für den Aderlaß geeigneten Tagen, OB, NB vereinz.: *Laßtafln* O'audf RO; *Vmb ain Lasstafl aufs Rathaus 7 dl.* 1571 Stadtarch. Rosenhm GRE 14, 155.
WBÖ IV,85.

Mehrfachkomp.: [**Ader-laß**]**t.** dass., OB vereinz.: *Odalaßdofä* Hundham MB; *Aderlaßtafel* 1784 HÖFLER Volksmed. 185.

[**Leb**]**t.** Lebkuchen, MF vereinz.: *a Ledafala* Preith EIH.

†[**Ver-lob**]**t.** wie →[*Dank*]*t.*: *dises verLobdäffel Alhero* Sossau SR 1677 JberHVS (1966) 69.

[**Ver-löbnis**]**t.** dass.: °*Volöbnißtofö* Metten DEG; *die schon zahlreich aufgehenckte Verlobnuß-Taflen* Gnadenblum 32.

[Ge-löbnis]t. dass., °OB vereinz.: °*Gelöbniståfö* Pöcking STA.

†**[Ge-lübde]t.** dass.: *Darfst nur die Glübd-Tafflen sehen* Frsg 1751 Frigisinga 5 (1928) 57.

[Mehl]t. wie →*T.*4b, °OB, °NB vereinz.: °*Mehltafel* „Arbeitstisch in der Bäckerei" Ziegelbg RO.

[Ge-meinde]t. Anschlagtafel der Gemeinde: *an da Gmoatafi* Finsing ED; *Etla Wochan drauf is d'Musterung schon auf der Gmoa-Tafö gstandn* HALLER Dismas 50.

[Opfer]t. wie →*T.*4c, °OB, °NB, °OP vereinz.: °*Opfadofi* Ruhstorf GRI.

[Ort(s)]t. **1** Ortstafel, OB, NB, OP vereinz.: *d'Ortsdåfl* Wildenrth NEW; „Instruction zur Errichtung von ... *Ortstafeln*" Mchn 1830 Amperld 51 (2015) 467.– **2** Holzbrett als Abschluß (→*Ort*): *die Schäffler sollen machen ainen Padzuber mit acht Orth Taflen* 1603 Satzgn Landsbg 23.
WBÖ IV,86.

[Ortschafts]t. wie →[*Ort(s)*]*t.*1, OB, NB vereinz.: *Åartschåftsdofö* Schönau VIT.

[Rausch]t. Tafel mit Name u. Zahlungswert von Rauscharten: °*Rauschtafel* Wasserburg; „am Ehrenplatz ... hängt die bayerische *Rauschtafel*" SCHLICHT Bayer.Ld 417.

[Reisp]t. Steinplatte als Unterlage für das Spanlicht: °*Räuschdaafal* Wasserburg; „Der Spanhalter ... stand auf der blechbeschlagenen ... *Räuschtafel*" HAGER-HEYN Dorf 39.– Zu →*Reispe* 'Abgezupftes, verbrannter Rest des Lichtspans'.

†**[Reit]t.** Rechnungsverzeichnis: *schullen, als man sy in meiner raittavel geschriben vindet* 1375 Rgbg.Urkb. II,423.– Zu →*reiten* 'rechnen'.
WBÖ IV,86.

[Samm]t. wie →*T.*4c, °OB vereinz.: °*d'Såmdåfe* Weildf LF.
WBÖ IV,86.

[Sammel]t. dass., °OB, °NB vereinz.: °*Sammeltafel* Simbach PAN; „Zuletzt ist der Mesner mit der *Sammeltafel* angerückt" LETTL Brauch 85.

[Sammer]t. dass.: *Sammadafä* Kiefersfdn RO.
WBÖ IV,86.

[Mond-schein]t. rundes, breites Gesicht: *Maschaitåfö* „Vollmondsgesicht" Krinning WEG.

[Schenk]t. **1** Tafel, auf der Zechschulden vermerkt werden: *Schenktåfl* Kochel TÖL.– **2** †Schanktisch: *Ain lange schenck tafel* 1495 Stadtarch. Rgbg Inv.Aman, fol.22[v].

[Schiefer]t. Schiefertafel, °Gesamtgeb. mehrf.: *a Schiefatafl* Haag WS; *die vöiat Klaaß'haout aaf ihran Schiefataf'ln g'rächnat* Wir am Steinwald 3 (1995) 139.
WBÖ IV,86.

†**[Schieß]t.** Spielbrett für Schusserspiele: *1 lannge schieß dafel mit altem grien duech yberczogen* Lichtenbg LL 1604 SbMchn 1910, 5.Abhandlung, 26 (Inv.).

[Ge-schirr]t.: *Gschirrtaferl* die runden Messingscheiben am Pferdegeschirr Hohengebraching R.

[Schreib]t. Schreibtafel: *Schreibtofö* Hengersbg DEG; *ain zwartze zwifache schreib tafel* 1495 Stadtarch. Rgbg. Inv.Aman, fol.3[v].
WBÖ IV,86.

[Schul(er)]t. **1** Schreibtafel des Schulkinds, °Gesamtgeb. mehrf.: *Schölltofl* Neustadt.– **2** große Wandtafel im Unterrichtsraum, °OB, NB vereinz.: °*Schuidåfi* Ebersbg.
WBÖ IV,86.

[Seelen]t. Bild mit den armen Seelen, °OB vereinz.: °*Sejndåfi* O'audf RO; *Seelataferl* CHA Oberpfälzer Leben, hg. von E. u. A.J. EICHENSEER, Grafenau 2009, 326.

Mehrfachkomp.: **[Aller-seelen]t.** **1** dass., °OB, °NB mehrf., °OP vereinz.: °*Oiasejndafel* Münsing WOR; *a Allerseelntafl ghert aa dazua, is ba der Tier int ba'n Weihbrunn* [Weihwasserkessel] *ghängt* KÖZ BJV 1952,32.– Sachl. vgl. Oberpfälzer Leben ebd. 326f.– **2** Erinnerungstafel für Verstorbene: °*Allerseelentafel* „Blechtafel im Wald" Garching AÖ; *dou is a Kreizweechschdazion raafgwen und a Allasöjndafala* Pollanten BEI BÖCK Sitzweil 51.

– **[Armen-seelen]t.** Dim. **1** wie →[*Seelen*]*t.*: °*s Armaseelndaferl überm Weihwasserkessel* Lohbg

KÖZ; „dem Weihwasserkessel ... nebst einem *Armenseelentaferl*" um Wambach ED Bayerld 4 (1893) 393.– **2** wie →[*Aller-seelen*]*t.*2: *Armeseelentaferl* Passau.– **3** wie →[*Mond-schein*]*t.*: *a vopfuschz Armasejntafal* „Mondscheingesicht" Wettzell VIT.

[**Ver-spruch**]**t.** wie →[*Dank*]*t.*: °*a Verspruchtaferl* Söldenau VOF.

[**Stift**]**t.** Dim., dass., °OB, °OP vereinz.: °*Stifttaferl* O'viechtach.

[**Straßen**]**t.** Verkehrszeichen, OB vereinz.: *d' Straßntåfi* Fürstenfeldbruck.
WBÖ IV,86.

[**Back-stuben**]**t.** wie →*T.*4b, OB, NB vereinz.: *Bachstubmtåfö* östl.NB.
WBÖ IV,86.

†[**Uhr**]**t.** Uhrblatt: *Umb daß Er die Neue Vhrtafl sambt dem Zaiger auf das Schloß gemahlen* 1669 JAHN Handwerkskunst 447.

†[**Wachs**]**t.** wächserne Schreibtafel: *II tuzeyt wachsztafel* Lererb. 240.

[**Wand**]**t.** **1**: °*Wandtafel* „Hinterglasbild an der Wand" Vilsbiburg.– **2** wie →[*Schul*(*er*)]*t.*2, OB, NB, SCH vereinz.: *Wånddofel* Derching FDB.
WBÖ IV,86.

[**Bahn-wärter**(**s**)]**t.** **1** Tafel eines Bahnwärters, in Phras.: °*der hat Ohrwaschln wia Bahnwärtertaferln* „große abstehende Ohren" Schwandf.– **2** Pl., übertr. wie →*T.*11b, °OB, °OP vereinz.: *Bahnwärtertaferln* Brunnenrth IN.

[**Weg**]**t.** wie →[*Straßen*]*t.*, OB, NB, OP vereinz.: *Weechdafl* Floß NEW.

[**Wunder**]**t.** wie →[*Dank*]*t.*: °*Wundertaferl* Nittenau ROD.

[**Zahl**]**t.** **1** †Brett zum Zählen: „*Zahltafeln* ... die 100 Bohrungen aufweisen" HALLER Geschundenes Glas 154.– **2** wie →*T.*4c: *Zoitafel* zum Einsammeln der Almosen in der Kirche Tettenweis GRI.

[**Zech**]**t.** **1** wie →[*Schenk*]*t.*1, OB, NB, °OP vereinz.: *af da Zächtåfl a Gstråifts* [Senkrechtstrich] „Bierbestellung" Naabdemenrth NEW; „*Zechtafel* ausgebessert" Kollnburg VIT 1850 BJV 2007,139; „vom Gebrauch der Kreide bei der *Zechtafel*" BUCHER Jagdlust 104.– **2** wie →*T.*4c, °OB, °NB vereinz.: „der *Zehrpropst* sammelt mit der *Zehrtafel*" Marktl AÖ; „auf die *Zötafö* gelegt" Bayerwald 24 (1926) 206.

[**Hoch-zeit**(**s**)]**t.** (Festtafel mit) Hochzeitsmahl, OB, NB, OP vereinz.: *gehma zu da Houzatafö!* „Aufruf des Laders an die Gäste" Triftern PAN.
WBÖ IV,86f.

[**Ziegel**]**t.** Dim., Ziegelplatte als Bodenbelag: *s Pflasta is aus vieröckadö Ziagltafal* Hengersbg DEG. A.R.R.

Tafel[2], hölzerner Behälter, →*Taufel.*

Täfel, [Ge]Täfel

N. **1** Holztäfelung der Wand od. Decke, °OB, °NB vereinz.: °*in da Stubm hamma a neus Tafi griagt* Arzbach TÖL; *nagel zü dem Täfel* Donaustauf R 1387 Stadtarch. Rgbg FZA-Donaustauf 1387, fol.12[r].– †Wohl auch einzelnes Wandpaneel: *6 Türckische döpich iber khlaine däfel* Lichtenbg LL 1603 SbMchn 1910, 5.Abhandlung, 6 (Inv.).
2 †Reliefplatte, verziertes Holzbrett: *zw dem Corallen Crucifix das zw Sannd Sigmund ... stet hab ich lassen machen ain Täfel den Schreiner* 1482 Frsg.Dom-Custos-Rechnungen I,438.

Etym.: Mhd. (*ge*)*tevel* stn., Abl. zu →*Tafel*[1]; vgl. WBÖ IV,87.
WBÖ IV,87. A.R.R.

täfeln, -b-, -tafeln

Vb. **1** vertäfeln: °*a taflte Stum* Halfing RO; *täfln* SCHMELLER I,587; *die kirchen ... oben von neuen däfflen vnnd pflastern lassen* 1612 HAIDENBUCHER Geschichtb. 27.
2: °*der braucht vo Zeit zu Zeit richti taben* „tadeln, zurechtweisen" Thanning WOR.

Etym.: Ahd. *tavalôn*, mhd. *tevelen*, Abl. von →*Tafel*[1]; PFEIFER Et.Wb. 1406.
SCHMELLER I,587.– WBÖ IV,88.

Komp.: [**ab**]**t.** **1** schlechtmachen, °OB, °NB, °OP vereinz.: °*der hat mi åtoufit* Griesbach; „Einen *abtæfeln* ... ihn schildern (in schlimmem Sinne)" SCHMELLER I,587; *Ab-täfeln* „Jemands schlimme Seite schildern" HÄSSLEIN Nürnbg. Id. 131.– **2** schlagen, verprügeln, °NB vereinz.:

°*ådafön* verhauen Erling PAN; *Einen atafeln* „auf ihn losschlagen" DELLING I,10; *Abtaafeln* ZAUPSER 10.– **3**: °*otafän* „im Versteckspiel abschlagen" Grafing EBE.– **4** †: *Abtäfeln* „wol zerschlagen" PRASCH 16.

DELLING I,10; HÄSSLEIN Nürnbg.Id. 131; PRASCH 16; SCHMELLER I,587; ZAUPSER 10.– WBÖ IV,88.

[**aus**]**t. 1** wie →*t.*1, °OB, °NB vereinz.: °*de Stum is ausdafäd* Tuntenhsn AIB; *austæfeln* SCHMELLER I,587.– **2** ausschmücken, dekorieren, °OB, °NB vereinz.: °*austafln* N'bergkchn MÜ.

SCHMELLER I,587.– WBÖ IV,88.

[**ver**]**t.** wie →*t.*1, °OB, °NB, °OP, SCH vereinz.: °*dö Wirtsstubn is ganz nei vataafit* Wettstetten IN; *vadęfln* „Wand oder Decke" nach SCHWEIZER Dießner Wb. 39.

SCHMELLER I,587. A.R.R.

Täfer, [Ge]Täfer

N. **1** Holztäfelung der Wand od. Decke, °OB, °NB, °OP vereinz.: °*er hot si a lärchas Täfa in sei Stum eibaun låssn* Kreuth MB; „mit schön geschnitztem *Täfer*" LEOPRECHTING Lechrain 130; *Unb die Fensterstöckh, Rahmen ... Täffer Und dergleichen* 1676 JAHN Handwerkskunst 388.

2 untere Verschalung des Vordachs, °OB vereinz.: °*Tafa* Prutting RO.

WBÖ IV,89.

Komp.: [**Brust**]**t.** brusthohe Holztäfelung: °*Brusttäfer* Bayrischzell MB; *vmb Nögl zum PrustTäfer in die Rhatstuben* 1647 Stadtarch. Rosenhm GRE 67, fol.62ᵛ (Rechnung). A.R.R.

täferln

Vb., vertäfeln: *a tafaltö Flötz* „Gang" Hengersbg DEG.

Komp.: [**aus**]**t.**: °*austaferln* „ausschmücken" Hohenschäftlarn WOR. A.R.R.

Tafern → *Taverne*.

täfern, -b-

Vb. **1** vertäfeln: °*de Wirtsstum is ganz nei täfert* Schrobenhsn; *damit die Kisstler Stuben ainßmahls getäfert* 1690 JAHN Handwerkskunst 397.

2 †auf ein Holzstück schlagen: *darnach tafert man mit der tafl vmb den creüzgang* Tegernsee MB nach 1519 Cgm 1148,fol.16ʳ.

SCHMELLER I,587.– WBÖ IV,89.

Komp.: [**aus**]**t. 1** wie →*t.*1, °OB, °NB vereinz.: °*schean håms ausdäfat* Dachau; *vmb das Er die vorder Rhatstuben ... außtäffert* 1645 Stadtarch. Rosenhm Abt. GRE 65, fol.60ᵛ (Rechnung).– **2** ausschmücken, dekorieren, °OB, °NB, °OP vereinz.: °*ausdafan* Reit i.W. TS.– **3**: °*ausdafan* „mit Bildern behängen" Tandern AIC.– **4** mit Ziegelplatten auspflastern: °*ausdäfan* Ried FDB. A.R.R.

Täferung

F., Holztäfelung, °OB vereinz.: °*a schöne Täferung hast in dein Stübei* Rosenhm. A.R.R.

Taffe(n)t, Taft, †Taffeta

M., Taft, NB, OP vereinz.: *da Daffat* Zandt KÖZ; „in Persan, *Tafent* und Seide" 1837 EISCH Klingenbrunn-O'kreuzbg 19; *13 taffyta ze 7 ½ Tukat* 1383 Runtingerb. II,48; *der obere Mandl von blaugwöserten Daffet* Eichstätt 1669 MITTERWIESER Weihnachtskrippen I,20.

Etym.: Aus it. *taffetà*, pers. Herkunft; KLUGE-SEEBOLD 903f.

WBÖ IV,91.

Abl.: *taffet(en)*.

Komp.: †[**Doppel**]**t.** dichter, starker Taft: *ainen weissen doppl daffet* 1609 HAIDENBUCHER Geschichtb. 19f.

WBÖ IV,91.

†[**Schiegel**]**t.** schillernder Taft: *Schiəggltaffəd* SCHMELLER II,369.– Zu →*schiegeln* 'schillern'.

SCHMELLER II,369. A.R.R.

taffet(en), tafent

Adj., taften: *daffat* Zandt KÖZ; „Eine blau und weis *tafent* gut gestickte Fahne" Straubing 1812 JberHVS (1923) 57; *nit allein tafete und sammete Kleider der Hof-Leuth* SELHAMER Tuba Rustica II,99.

WBÖ IV,91.

Komp.: †[**doppel**]**t.** aus →[*Doppel*]*taffe(n)t*: *1 schwartztuchen Ehrmantel mit doppeltaffetem Kragen* Wunsiedel 1678 SINGER Hochzeit 33.

WBÖ IV,91.

†[**schiegel**]**t.** aus schillerndem Taft: „kornblaue Röcke und *schaigldaffete … Fürtücher*“ Rötz WÜM SCHÖNWERTH Leseb. 54.– Zu →*schiegeln* ‘schillern’. A.R.R.

Tag

M. **1** Zeitraum von Sonnenaufgang bis Sonnenuntergang, °OB, °NB mehrf., °Restgeb. vereinz.: °*ums Dog ograun* Elbach MB; *bon Dag hoamkemma* Simbach PAN; *auf den Doch zou* „in der Morgendämmerung“ Fürnrd SUL; *Weihnachtln tuats, dö Tag hand jetzt kurz* LETTL Brauch 177; *Den Tag anläuten … anblasen* SCHMELLER I,592; *was uierzog taga unte uierzog nahta* 12.Jh. SKD 339,12 (Benediktbeurer Glaube u. Beichte I); *Rit oder fůr ein gast pei tag ainem ůber seinen achker* 1340 Stadtr.Mchn (DIRR) 328,15f.; *wann yecz dy nacht dem tag sein schein het gar uerschniten* FÜETRER Persibein 139,518.– Phras.: *guten T.* Gruß von Vormittag bis Nachmittag, MF, OF mehrf., Restgeb. vereinz., meist ugs.: „*guata Marga!*, seit neuerem *guata Dag!*“ Gruß am Mittag Peiting SOG; *guun Doch!* „Gruß während des Tages“ Sulzbach; *kuadn … tǭg* nach WITTMANN Mchn 94.– *Die kurzen / langen T.e* u.ä. Zeit um die Winter- / Sommersonnenwende: *wenn ös sö in dö kurz'n Dog nöt auswödat, in dö langa Dog auswedan muaß!* Bay.Wald HuV 10 (1932) 22; *in disen khurzen tegen* 1683 POSCHINGER Glashüttengut Frauenau 65.– *Ea arbat üba Tog* „über der Erdoberfläche, bergmannssprachlich“ Ascholding WOR.– *Es wird / ist T.* hell durch Tageslicht, °Gesamtgeb. vereinz.: *es weard scho Dog* Derching FDB; *im Summer is lang tooch* SINGER Arzbg.Wb. 238; *Wie es Tag worden* SELHAMER Tuba Rustica I,252;– übertr.: *jetzt wird es T.!* Ausruf des Verstehens, der Überraschung od. Bestürzung, °OB, °MF, SCH vielf., NB, °OP mehrf., OF vereinz.: °*iatz wird's Doch, iatz kummts assa!* Trausnitz NAB; *Jå, jez weads Dåg! Scho håds an Liabsdn, des Deandl!* ENDE Goggolori 35;– *Öitza mouß's doch bål(d Tooch wer(d'n* „die Arbeit bald geschafft sein“ BRAUN Gr.Wb. 660.– *An den T. kommen* bekannt, öffentlich werden, OB, NB, OP vereinz.: *ös kimmt an Tag, warts nua* Hengersbg DEG; *an Tag kommen* „Offenbar werden“ SCHÖNSLEDER Prompt. Hh7r;– †*am T. sein / liegen* bekannt, öffentlich sein: *Do solchs herzog Thessel ie nit wol laugnen kunt, es war am tag* AVENTIN V,114,8f. (Chron.);– †*an den T. bringen / geben* bekannt machen, offen zeigen: *Wann dir einer oder der andere beym Tisch zuwider ist, so gib es nicht an Tag* SCHREGER Speiß-Meister 28.– *T. und Nacht* ständig, immer, OB, °OP, MF, SCH vereinz.: *dör wualt Dog und Nacht* Derching FDB; *as'n Wassadruag, in dean latta laffads Wassa lafft, Dog und Nacht* Bärnau TIR SCHÖNWERTH Leseb. 86; *daz er alle tôtsünde fliehen sol tac unde naht* BERTHOLDvR I,554,23; *dö lign mir tag vnd nacht im veldt* Landshut um 1650 Jb.Schmellerges. 2012, 34,50.– *Wie T. und Nacht* u.ä. völlig gegensätzlich: *dees iis a Untaschied wöi Tooch uu Nåå̊cht* BRAUN ebd.; *dö andern Buemb wärn gögn aem, krad wie dä Tag und d nacht* Stubenbg PAN 1796 P. LENGLACHNER, Gesänger Buch I, München 2014, 136.– (*Den*) *T. läuten* morgens zum Angelus läuten, OB (v.a. LF, TS) mehrf.: *iaz tans an Tag läutn* Wasserburg; *Dogleitn* Wb.Krün 12.– *Jmdm den T. anläuten* u.ä. jmdn aufwecken: °*dem Langschläfer wird i den Tag anläutn* Rieden AM;– die Meinung sagen, zurechtweisen, °OB, °NB mehrf., °OP vereinz.: °*dia leide owa an Dog a* Schönanger GRA.– *Jmd redet viel, wenn / wie / solang der T. lang ist* u.ä. auf seine Worte kann man nicht viel geben, °OB, °NB, °OP, °SCH vielf., °MF vereinz.: °*der rödt so vui, wej da Dog lang is* M'rfels BOG; *d' Weibsbilder sogn viel, wenn der Tog lang is* O.M. GRAF, Die Chron. von Flechting, München 1975, 39;– *man redet lang inn tag hinein* „fabula decantata“ SCHÖNSLEDER Prompt. t2v.– °*Dog wern immer kürzer und d Unterhosn oiwei länger* „es herbstelt“ Grafing EBE.– *Zwischn Dǫg und Nǫchd is kõa Zãu* „antwortet einer auf die Frage, warum er so lange nach Feierabend noch arbeite“ nach KAPS Welt d.Bauern 20.– °*Wart no do a Breckl* [ein bisschen], *es is doch net alle Tag Nacht* „es kann sich noch viel ändern“ Wettstetten IN, ähnlich °MB.– †: *günt ainer dem andern nit, das in der tag anscheint* [es ihm gut geht] AVENTIN IV,8,21f. (Chron.).

2 Zeitraum von Mitternacht bis Mitternacht, °Gesamtgeb. vielf.: °*oa Doog schehna wia da anda* Wasserburg; °*dö hot an roasadn Dog* „geht ständig herum“ Iggensbach DEG; °*heit regnt's n gonzn Toch* Auerbach ESB; *Der Hejtbou hot-n To(g) 4 Widl … spinna mejssn* KÖZ, VIT BJV 1954,198; *Der tragt alltag sein Buschen hoam* STIELER Ged. 103; *fona tage drittin* 8./9.Jh. StSG. I,24,25; *swenne ir zwêne tage geturnieret, sô liget ir den dritten tac stille* BERTHOLDvR I,176,28f.; *daß er inner* [innerhalb] *… Tägen all sein Weeg vnd Steg wider gehen können* Wunderwerck (Benno) 173.– Phras.: *T. für T.* täglich, °OB, NB, OP, SCH vereinz.: °*do moußt di Doch* *für Doch obschindn und hoscht kaum an Nutzn!* Wettstetten IN;– *Tag las* [für] *Tag im Wirtshaus hockn* BAUER Oldinger Jahr 13.– *Für alle T.e* für Werktage, OB, OP vereinz.: *a Gwanta für ålö Doch* Stadlern OVI.– (*Von*) *T. zu T.* stetig, tagtäglich, OB, NB, OP, SCH vereinz.: *unsa Kloana nimt vo Tåg zu Tåg zua* Pfarrkchn; *'s gäiht ma va Tooch za Tooch bessa(r!* BRAUN Gr.Wb. 660; *Tàgəztàg* „von Tag zu Tage" SCHMELLER I,592; *die tiuvel … habent … von tage ze tage ie mêr und ie mêr liste gelernet* BERTHOLDvR I,474,15-19; *der schmerzen ist von dag zu dag mercklich … vergangen* 1757/1758 Mirakelb. Aunkfn 185.– †: *er hoffte daz Hute oder zu tagen* (… nach einigen Tagen) *mit luten zu erweisen* Ambg 1439 MB XXIV,640.– *Eines / einstens T.es* irgendwann einmal, an irgendeinem Tag, ä.Spr.: *das der eins tags einträchtig wurde* Ingolstadt 1392 FREYBERG Slg II,102; *hab ich mich … von hie erhebt und ainstens tags nach Liechtenberg begeben* Lichtenbg LL 1603 SbMchn 1910, 5.Abhandlung, 11 (Inv.).– *Seinen T. haben* schlecht gelaunt sein, NB, OP, MF vereinz.: *hai*ⁿ*d håds sain Dåg wida* Aicha PA; *der håut heint sein Tooch!* BRAUN ebd.;– *(s)einen guten / schlechten T. haben* u.ä. gut / schlecht gelaunt sein, °OB, °NB, °OP, MF vereinz.: *si håt heit ihran schlechtn Tåg* Kraiburg MÜ; *heut hat er aber an guadn Dag* „ironisch: ist schlecht gelaunt" Lichtenhaag VIB; *Ma hat aa seine schlechten Täg* DINGLER bair. Herz 22.– *Sich einen guten / schönen T. an- / auftun / machen* u.ä. es sich an einem Tag gut gehen lassen, °OB, °NB, °OP, °SCH vielf., °MF vereinz.: °*tua da an guatn Tag o!* Geburts- oder Namenstagwunsch Laberweinting MAL; °*heint dou a ma owa amol an schen Doch af* Nittenau ROD; *sich a påår schäi(n'Taach måch'n* BRAUN ebd. 639;– *heind is sa To* „zum Saufen, Blaumachen, Aufbegehren" Naabdemenrth NEW, ähnlich °AIC, PAN.– °*Va denan gits schou bol wieda r an groußn Doch* „kommt Nachwuchs" Kchnthumbach ESB.– *Den gestrigen T. suchen* zerstreut sein: °*der sucht den gestrign Tag* Thanning WOR; *An gestringa Tooch souch'n* BRAUN ebd. 660.– *In den T. einhin leben* u.ä. sorglos dahinleben: °*er lebt an Dog eine* Fraunbg ED; *Er lebt in Tag hinein* Baier.Sprw. II, Nachlese [226].– *Dem Herrgott den T. abstehlen* u.ä. faulenzen, °OB, NB, OP, MF vereinz.: *der stiehlt unsam Herrgot in Doch o* Abenbg SC; *An lie(b'm Gott an Tooch stölln* BRAUN ebd.– *Morgen ist auch noch ein T.* das eilt nicht: °*mang is a nu a Toch* Sulzbach-Rosenbg; „Zu einem Hastigen … *Morgen ist auch noch ein Tag!*" SCHLAPPINGER Niederbayer II,44;– °*san no vui Taag hintam heilin Bärg* „es hat keine Eile" Benediktbeuern TÖL.– *Kommt der T., bringt der T.* eine (finanzielle) Hilfe wird sich schon finden, OB, NB, OP vereinz.: *kummt da Doch, bringt da Doch* Weiden; *Kimd da Dog bringt da Dog* BRUNNER Heimatb.CHA 164; *Also gehet es … den Soldaten … kommt der Tag, so bringt der Tag* Bayer.Barockpr. 235 (Clemens von Burghausen).– °*Für den hot d'Wocha acht Doch* von einem eingebildeten Menschen O'viechtach.– „hat einen Heißhunger … *Deà frissd àn Dǫg aus dà Wochà*" KAPS Welt d.Bauern 14.– *Oa Tag länger hand siebn Plag mehrer!* HALLER Waldlersprüch 76.– „Kraftmeierische Androhung von Schlägen … *I schdegg dà-r-õàne, dàss-d dràì Dǫg nimmà-r-auf-schdẹsd!* KAPS ebd. 137f.;– *ich stecke dir eine Ohrfeige, daß dir drei Tage vom Teufel träumt* SCHLAPPINGER ebd. 18, ähnlich KAPS ebd.– „Aufbauernährung [nach dem Aderlaß] … *Am erschda Daag mäßi, am zwoadda Daag gfräßi, am dridda Daag doll und voll*" WÖLZMÜLLER Lechrainer 41.

3 best. Kalendertag, Fest-, Gedenktag.– **3a** mit Poss.pron.– **3aα** Namens- od. Geburtstag, °OB, °OP, SCH vereinz.: *heint isn Vodan sa Doch* „Namenstag" Stadlern OVI; „Namenstag … *bring' fein dein Tag gut zu*" DELLING I,112; *g'schriem hot a … oamal in Johr zua da Muaddarn sein Dog* Chiemgau HuV 9 (1931) 357.– Phras.: *zweimal in der Woche seinen T. haben* u.ä. eingebildet sein, °OB, °NB, °OP, °SCH vereinz.: °*der hout zwomal in da Wocha sein Doch* O'wildenau NEW; *Dèn is sei˜ Tàg zwaəmàl i˜ aənə' Wóchə˜* SCHMELLER I,592.– Reime: „aus Kindermund: *I winsch da vui … Glück zu dein Dog, boisd ma wos schengga mogsd – do is mei Sog*" MM 11.11.1993, 3.– *Morgen is dei Dåg, då kemman drei Bauan und scheißen da-r-ön Såg* „Spruch zum Namenstag" Reisbach DGF.– *I winsch dir vüi Glick zu dain Tog, daß di neamd wüi und neamd mog, daß di neamd mog und neamd wüi und i a net recht vüi* „im Spaß" Wasserburg.– **3aβ** Todestag, OB, NB vereinz.: *fiar an niadn khimt sai Dåg amoö* Aicha PA; *bis daß sein Tag kam* HOFMILLER Helmbrecht 65.– **3b** in Phras. *heiliger T.*– **3bα** (hoher) kirchlicher Feiertag, °OB, °NB vereinz.: *an den heilinga Deg* Unteres Rottal; *Semmeln hats bloß an de heiligen Tag gebn* Roider Jackl 193; *An dem heiligen tac ze ostern sol man ovch spentten* Pfründe Geisenfd 422.– **3bβ** erster Weihnachtstag, 25. Dezember: *dr heilig Dog* Derching

FDB; „Fleisch … gab es lediglich an Kirchweih, am *Heiligen Tag* … und Ostertag“ Leizachtal 217; *ist daz der heilig tac geuellt an den sunntac* Pfründe Geisenfd 416; *an dem heiligen tage trug er di kron auf seinem haubt* ARNPECK Chron. 522,20f.– **3bγ** Tag in der Zeit der Rauhnächte: *Bsundas de Hexn san an de heiliga Täg am giftigstn* STROBL Feiertäg 89.– **3c** Dreikönigstag, 6. Januar, in Phras. *oberster T.*: „Im bäuerlichen Volksmund ist das Fest der hl. drei Könige … der *obriste Tag*“ BRONNER Sitt' 65; *an dem nähsten phintztag nach dem obersten tag* Mchn 1331 Urk.Schäftlarn 127; *Des nächsten Montag nach dem Obersten Tag* Kastl NM 2.H.16.Jh. VHO 89 (1939) 171.– **3d** best. Montag, in Phras. †*guter T.*– **3dα** arbeitsfreier Montag: *Die prudere mugen ezzen fleisch an deme guten tage auzerhalp couentes* Benediktbeuern TÖL 13./14.Jh. Clm 4620,fol.105r.– **3dβ** Rosenmontag, in heutiger Mda. nur in Komp.: *der gute Tag* OB BzAnthr. 13 (1899) 83.– **3e** †Pl., die vier Tage vor Invokavit, in Phras. *die vier T.e* (*in der Fasten*): *des freytages in den vir tagen in der vasten* 1353 Rgbg.Urkb. II,31; *sol den clager souil er bestannden auf die Vier Tag befriedigen* 1597 Stadtarch. Rosenhm Abt. B/C Nr.139, 20.– **3f** Tag in der Karwoche, in Phras.– **3fα**: „die *drei finstern Tage* (vom Gründonnerstag bis zum Karsamstag, wo die Kirchenfenster schwarz verhängt sind)“ HuV 16 (1938) 126.– **3fβ** Karfreitag: *schwarzer Tag* „wegen dem schwarzen Behang in der Kirche“ Tegernsee MB.– **3g** Weißer Sonntag, in Phras.: *da weiße Dåg* „Sonntag nach Ostern, an dem die Kinder die Erstkommunion erhalten“ Glonn EBE.– **3h** Tag (nach) der Hochzeit.– **3hα** Tag, an dem die Hochzeit stattfindet, in Phras. †*goldener T.*, in heutiger Mda. nur in Komp.: „heißt man im Hochgebirge eine Hochzeit *den goldenen Tag*“ PEETZ Volkswiss.Stud. 245.– **3hβ** festlich begangener Tag nach der Hochzeit, in Phras.: *goldener T.* u.ä. °OB (v.a. S) mehrf.: °*dr gulda Dog mit dem guldan Dogamt* „danach im Gasthaus auf Kosten des Brautpaars gefeiert“ Kohlgrub GAP; „Am … *goldenen Tag* … an dem das junge Paar und die nächsten Verwandten teilnehmen“ HAGER-HEYN Liab 63; *Wais von Gassteiger Gulden Tag haim sind* Irschenbg MB 1841 QUERI Bauernerotik 116; „Der Vater gab der Katharina 1000 fl. Heurathgut, 900 fl. zahlte er *am Goldenen Tag*“ 1787 SCHELLE Bauernleben 116;– *da sülwane Dåg* „mit der Zusammenkunft der nächsten Verwandten“ Baiern EBE.– Auch: °*der goldene Tag* „meist 2 Tage vor der Hochzeit, wenn der Kammerwagen kommt“ Bayrischzell MB.– °*Die drei guldenen Tage* „drei Sonntage nach Eheschließung“ Pfarrkchn.– **3i** Tag des Jüngsten Gerichts, in Phras. *Jüngster T.*: *ön jingstn Tåg get d'Wejd unta* „am Tag des Jüngsten Gerichts“ Aicha PA; *ih glouba daz er uns noh chumftic ist an demo iungisten taga* 12.Jh. SKD 139,3f. (Wessobrunner Glauben I); *es bolt der jüngst tag komen* ARNPECK Chron. 489,26; *so schlaffe er fort/ und wache nicht mehr auff/ biß an Jüngsten-Tag* SELHAMER Tuba Rustica I,435;– erweitert: *bis zum Jüngsten T.* bis in alle Ewigkeit, °NB vereinz.: °*wöttma, daß der s Göid bis zom jüngstn Tog nöd zruckzoit* Wimm PAN.– **3j** Tag, an dem nach dem Volksglauben ein Unglück geschieht, in Phras. *verworfener T.*: *a vawoarfiga Dag* „am 1. April soll man nichts anbauen, ein an diesem Tag geborenes Kalb gedeiht nicht“ Gallenbach AIC; „Der 11. Januar ist ein sogenannter *Verworfener Tag*“ SCHEINGRABER Sternsingen 2; *Diß sindt verworffene Tage* Ende 17.Jh. POSCHINGER Glashüttengut Frauenau 108.– **3k** mit vorangestelltem Gen., Tag eines kirchlichen Festes (v.a. als früher übliche Datumsangabe), z.B. *unser Frauen T.* 'Festtag zu Ehren Marias' (→[*Frau(en)*]*t.*), *der Kindlein T.* '28. Dezember' (→[*Kindlein(s)*]*t.*), *der Heiligen Drei Könige T.* '6. Januar' (→[(*Heilig-*)*Dreikönig(s)*]*t.*), *des heiligen Kreuzes T.* '3. Mai, 14. September' (→[*Kreuz(lein)*]*t.*), *Sankt Margareten T.* '20. Juli' (→[(*Sankt-*)*Marga(re)ten*]*t.*), *Sankt Michaels T.* '29. September' (→[(*Sankt-*) *Mich(a)el(s)*]*t.*).

4 Pl., Zeit, die jmd durchlebt, NB, °OF vereinz.: *er hot bessere Täg ghabt* Passau; *v(ü'll bäiß Taach gsea(h hoo(b'm* BRAUN Gr.Wb. 639; *hat ein mv̊l von vns alein zesinen tagen* Passau 1281 Corp.Urk. I,398,42; *ire lesste Teg hie auf Erdterich* 1502 DORNER Herzogin Hedwig 202.– Phras.: (*all*) *meine T.e* immer, für alle Zeiten: °*scha all mei Dooch* „schon immer“ Selb; „in alle Zukunft … *Mei(n'tooch wird's in Wirtshaus luste zougäih(n'!*“ BRAUN ebd. 396; *Hob i mein Tog* [zeit meines Lebens] *koan Guet nöt thon* ZAUPSER 102.– *Er kummt auf d'Tag* „wird alt“ Passau.– „ein Dämmerschoppen … wär grad das Richtige *für die älteren Tag* [das höhere Alter]“ ROHRER Alt-Mchn 61.– *Auf seine alten T.e* / *in seinen alten T.en* u.ä. in seinem hohen Alter, OB, °NB, OP vereinz.: *macht dea in saine åitn Teg no dö Dumhait und heirat* Ingolstadt; *Daaßti du öitza aaf dei altn Taach mit dean Zeich nu aalaoua moußt* SCHEMM Neie Deas-Gsch. 120; *Simeon … in dein alten tagen, das du den wahren gottes Sohn, auf den armen* *tragen* Stubenbg PAN 1796 PH. LENGLACHNER, Gesänger Buch I, München 2014, 302;– *in seinen jungen T.en* in seiner Jugend: *er iis in sein gunga Taag'n a Luftigus gween!* BRAUN ebd. 659; *er starb in seinen jungen tagen* ARNPECK Chron. 528,9f.– †*Zu seinen T.en kommen* u.ä. mündig, volljährig werden: *daz er des selben chindes tail · inne haben sol · vnz* [bis] *daz ez zu sinen tagen chume* Passau 1294 Corp.Urk. III,163,43; *die sollen in solcher Vormundschafft bleiben/ biß die Kinder zu jhren Tagen kommen* Landr.1616 225.– †*Zu seinen T.en / über seine T.e kommen* u.ä. ein höheres Alter erreichen: *Ueber seine Tage kommen* „das sechzigste Jahr vollendet haben" WESTENRIEDER Gloss. 575; *zacharias vnd … Elspet … si … waren beidiv chomen ze ir tagen* O'altaich DEG 13./14.Jh. Cgm 66,fol.40[v].

5 †Tag, an dem jmd Dienst hat, soldatensprl.: „Es hat allezeit 1. General Lieutenant, 1. General Major, und 1. Brigade-Major den *Tag*" Verordnung Nach welcher die Churfürstl. Bayr. Infanterie die Exercitien zu machen … hat, München 1754, 231.

6 †Gerichtstag, (Termin für eine) Verhandlung, Versammlung u.ä., ä.Spr.: *Swaz ouch gebresten vnd schaden seit des selben tags zwischen der herren ergangen ist* Rohr ROL 1290 Corp.Urk. II,554,2-4 A; *am 13. januarii ist zu Nürnberg … ein gütlicher tag zwischen dem pischoff und stat gehalten worden* Rgbg 1522 Chron.dt.St. XV,44,22-24.

7 †Frist, Aufschub: *Des wart ir tach gegeben indaz næhest lanttaidinch* Frammelsbg BOG um 1258 Corp.Urk. I,69,13f.; *das ich … tåg erlangt hab* 1518 Urk.Juden Rgbg 353f.

Etym.: Ahd. *tag*, mhd. *tac* stm., germ. Wort idg. Herkunft; KLUGE-SEEBOLD 904. Ferner ahd. *-tago*, mhd. *-tage* swm. in Komp. wie [*Dult*]*t.*, [*Siech*]-, [*Weh*]-; ebd. 976.

Ltg, Formen: *dǭg*, *-ō-* u.ä. OB, NB, SCH (dazu CHA, R, RID; EIH), *-x* u.ä. OP, OF, MF (dazu AÖ, FS, IN, PAF; DEG, KEH, LA, MAI, ROL), *dāg* u.ä. (FFB, LL, SOG, WM; A, DON, FDB), *dǭ*, *-ō* OP (dazu KÖZ, REG, WOS; ND), *dā* (FFB). Als Grundw. auch schwachtonig *-da*, daneben *-di* (NM; GUN, WUG; DON). Zur Ltg von [*Weh*]*t.* s. dort.– Pl. wie Sg., ferner mit Uml. *dą̄g* u.ä. OB, NB (dazu RID; EIH), *-x* OP (dazu FS, IN; KEH, KÖZ, MAI, ROL; WUN; EIH), *dą̄* (CHA, KÖZ), *dę̄g*, *-ē-* westl.OB, NB, SCH, *-x* (ESB, VOH; GUN, N), *dē* (LL).– Dat.Pl. *dō(g)ŋan* (TIR; BT, WUN), *dą̄ŋan* (KÖZ), *dēŋ* (TIR), *dōmen* (WUN).

KRANZMAYER Wochentage 60-66, K.11.– DELLING I,112; SCHMELLER I,17, 591f., 964; WESTENRIEDER Gloss. 170, 211, 224, 575f., 696; ZAUPSER 31.

Abl.: *-tag*, *tageinen*, *tägel*, *tägeln*[2], *tagen*, *-tagen*, *Tager(er)*, *-tagig*, *-tagisch*, *Tagler*[1], *täglich*, *tags*, *Tagung*.

Komp.: [**Feier-abend**]**t.** Werktag vor einem Sonn- od. Feiertag, °OB vereinz.: °*Feiramdtog* „jeder Samstag, 24. und 31. Dezember, 5. Januar, 1. Februar" Fischbachau MB.

[**Ägidi(en)**]**t.**, †[**Sankt-Gil(i)gen**]**-**, [**-Ilgen**]**-** Tag des hl. →*Ägidius*, 1. September, °OB, °OP vereinz.: °*Ägiditag* Stamsrd ROD; *Am Aegiditag in der Fruah bringt die jung Moasterin wieder ihr'm Mo den Kaffee* STEMPLINGER Obb.Märchen II,36; *feirtag am ersten tag des herbstmonats … haist man ietzo sant Gilgen tag* AVENTIN V,245,13-15 (Chron.).– Phras. *am Ä.* nie, °OB, °OP vereinz.: °*dös kröigst dann am Ägidientog* Schwandf;– erweitert: *am Ä., wenn die Schleifer Jahrtag haben* °OB, °NB, °OP, °SCH vereinz.: °*am Ägiditag, wenn d'Schleifa Jahrtag habm, kost wieda kemma* Taching LF;– °*am Ägiditag, wenn die Vögl Hochzeit habn* Hohenpolding ED.

SCHMELLER I,902; WESTENRIEDER Gloss. 208, 682.– WBÖ IV,145.

[**All**]**t.** Werktag, °OP vereinz.: *Ålldo* Floß NEW; *dä Alltoch* Landersdf HIP DWA XVI,K.10; *Firn Feyatog wird a bamwullas Hemd gnumma, fir … d'Alltog obar a leinas* Bärnau TIR SCHÖNWERTH Leseb. 86.

WBÖ IV,146.

[**(Sankt-)Andreas**]**t.**, [**Andre(s)**]**-**, [**Danersen**]**-** Tag des hl. →*Andreas*, 30. November, °NB, OP, °OF vereinz.: °*am Andretag* „räuchert man mit Weihrauch" Pfeffenhsn ROL; „Zu den Rauhnächten gehört auch die Nacht vor Sankt Andreas … im Volke … *Danersntag*" BAUERNFEIND Nordopf. 10; *vntz* [bis] *auf sand Andrestag* Rgbg 1291 Corp.Urk. II,605,19; *der neunt und lesst* [Jahrmarkt] *an sand Endresen tag* Rgbg 1542 VHO 84 (1934) 61.– Schnaderhüpfel: *Am Andreesitooch … dåu siah-r-i, wer i mooch; schau asse ba da Tür, a Gåa(n'sara … stäiht vür!* BRAUN Gr.Wb. 531.

WBÖ IV,146.

[**Apostel**]**t.** einem Apostel geweihter Tag, OB, NB, SCH vereinz.: *Åbouschldog* Derching FDB; *alle Aposcht'ltäg san halberte Feiertäg* THOMA Werke VI,409 (Wittiber); *Auf Alle hohe Fest- und Apostel-Tage/ So viel deren allhier in Regenspurg feyerlich begangen werden* J.L.

Mylius, Ch. Stoltzenberg, Geistliche Cantaten Auf alle Sonn- u. Fest-Täge, Regensburg 1723[, 119].

WBÖ IV,147.

Mehrfachkomp.: [**Zwölf-apostel**]**t.**, †[**-posten**]- **1** †dass.: *An aller Zwelfpostentag* Indersdf DAH 1493 HuV 17 (1939) 212.– **2** Tage von Weihnachten bis zum Dreikönigstag: *12 Apostl-Tage* Ödmiesbach OVI.

[**Arbeits**]**t.** **1** Arbeitstag: °*Årwadsdog* Grafrath FFB; *Da erste Arwatsdog hot in da Fria mim Austeiln da Kiama* [Rückentragkörbe] *begonna* Pinzl Bäuerin 157.– **2** Zeit, die mit Arbeit verbracht wird: „Vor der Arbeitszeitregelung ... *Schmelztag* ... Zeitraum der Glasschmelze und ... *Arbeitstag* ... völlige Entleerung des geschmolzenen Rohglases aus den Häfen“ Haller Glasmacherbrauch 98.

WBÖ IV,147.

[**Aschelein**]**t.**, †[**Asch**(**en**)]- Aschermittwoch: °*da Ascherltag* Lohbg KÖZ; *an den zwain tagen vor dem aschtag, daz ist an dem mæntag vnt an dem erigtag* Hochholding EG 1300 Urk.Raitenhaslach 407.

Schmeller I,166; Westenrieder Gloss. 25, 135.– WBÖ IV,147.

†[**Ascher**]**t.** dass.: *Stoß die fidel in den sack morgen ist der aschertag* Raitenbuch WUG 1446 Clm 12296,fol.218ᵛ.

Schmeller I,166.– WBÖ IV,147.

[**Klaub-auf**]**t.** 5. od. 6. Dezember: *am Glauwaufdog* Waakchn MB; *Klaubauftag* Haltmair Hartpenning 87.– Zu →[*Klaub*]*auf* ‘Schreckgestalt, wilder Begleiter des hl. Nikolaus’.

WBÖ IV,147f.

[**Aufer**]**t.** →[*Auf-fahrt*(*s*)]*t.*

[**Azi**]**t.**: *d’Azitog* „die drei Tage der Eisheiligen vom 12. bis 14. Mai“ Maximilian MÜ.– Zu →*Azi*(*us*) ‘Eisheilige’.

[**Bächel**(**s**)]**t.**, [**Bächelein**]- **1** Heiligabend, 24. Dezember, °östl.OB mehrf.: °*Bachitog* Asten LF; *Bache(s)dog* Ramsau BGD Bergheimat 10 (1930) 39; *Bacheltag* „Christabend im Gebirge“ Koch-Sternfeld Salzb.u.Bgdn II,347.– Auch: °*Bachltag* „Heiligabend, Aschermittwoch und Karfreitag, an denen es mittags *Bachlnudl* (Schmalznudeln) gibt“ Garching AÖ.– **2** Tag, an dem gebacken wird, °OB vereinz.: °*heut is Bacherltag, heut gibts Bacherl* „Semmeln“ Mühlrd SOB.– **3**: °*Bachltag* „Tag, an dem der Sauerteig (*Bachl*) fürs Brotbacken hergerichet wird“ Langquaid ROL.– **4** Tag, an dem ein Bad genommen wird, °NB (PA, VOF) mehrf.: °*Bachldog* Vilshfn.– **5** Tag, an dem ein Schwein geschlachtet u. abgebrüht (→*bächeln*²,Bed.3) wird, °OB, °NB vereinz.: °*Bachitag* Feichten AÖ.– **6** Tag, an dem die Dienstboten ihren Dienst wechseln: °*Bachltoch* Pertolzhfn OVI.

Schmeller I,271.– WBÖ IV,148.

[**Back**]**t.**, [**Bach**]- wie →[*Bächel*(*s*)]*t.*2, °OB, °OP, °MF vereinz.: *Båchdåg* „nicht am Samstag und an den Kartagen“ Kchasch ED; „Als glückbringende *Backtage* galten einst der Montag, der Donnerstag und der Samstag“ Hager-Heyn Drudenhax 254; *Die Beobachtung der Bachtäge* 1778 Satzgn Landsbg 26.

Schmeller I,194.– WBÖ IV,148.

[**Palm**(**en**)]**t.**, [**Palmelein**]- **1** Palmsonntag, °OB, NB mehrf., OP, SCH vereinz.: *Boindog* Haimhsn DAH; *afn Boimdåg frain sö Buam* Schönau EG; *Am Palmtag früh um Achte* Müller Lieder 21; *An dem palmtag reht alsam* Pfründe Geisenfd 422; *welhes jars wir zu dem heiligen Pallentag in der vassten ... komen* Burghsn AÖ 1481 J. Dorner, Burghauser Urk.b. 1025-1503, Burghausen 2006, II,277; „am Nachmittag vor dem *Palmentag*, und diesem selbst ... die Knaben ... auf einem hölzernen Esel, worauf Christus ... war, um die Pfarrkirchen herumfuhren“ Westenrieder Mchn 287.– Phras.: *Er, sie ist aufgeputzt ... wie’s Rösslein am Palmtag* Schmeller I,388.– **2** Tag, an dem man zur österlichen Beichte geht, westl.OB, SCH mehrf.: *am Greandunasdåg hobm di Vahairådn eanan Bålmdåg* Gallenbach AIC; *hosch du dein Balmdag schou ghejt?* „z.B. für ledige Weibspersonen am Sonntag vor dem Palmsonntag“ Mering FDB.– **3**: *earster Balmta* „Tag der Erstkommunion am Weißen Sonntag“ Hfhegnenbg FFB.

Schmeller I,388.– WBÖ IV,149.

[**Pämperlein**(**s**)]**t.** Tag im Fasching, an dem die Kinder auf die Schulbänke klopfen: °„die Schulkinder haben am Fasnachtdienstag ihren *Bambalasdoch*“ Kchnthumbach ESB; „Die Kinder brachten einen Holzhammer mit ... und klopften damit auf die Bänke, deshalb ...

Bamberltag“ Grafenwöhr ESB E. GRIESBACH, Truppenübungsplatz Grafenwöhr, Amberg 1985, 59.– Zu einer Abl. von →*pampern* ‘leicht klopfen’.

[(**Sankt-**)**Pankraz**(**en**)]**t.**, †[**-äzen**]-, [**-azien**]- Tag des hl. →*Pankratius*, 12. Mai: *Bográzndog* HEIGENHAUSER Reiterwinkerisch 5; *an sand Pangreczen tag* 1438 J. DORNER, Burghauser Urk.b. 1025-1503, Burghausen 2006, I,408.

WBÖ IV,149.

[(**Sankt-**)**Barbara**]**t.** Tag der hl. →*Barbara*, 4. Dezember: *wie der Barbaratag ist, so wird der Winter sein* O'audf RO; *an sant Warbratag* Lererb. 178.

WBÖ IV,150.

[(**Sankt-**)**Bartholomä**(**us**)]**t.**, [**Bartel**]- Tag des hl. →*Bartholomäus*, 24. August: *Badlmedåg* Aicha PA; *D'Batldo schi(d)ld d'Bian und d'Epfl o* Heimatkalender für die Oberpfalz 22 (1998) 130; *des pfincztags vor Partelmestag* Lererb. 23.

WBÖ IV,150.

†[**Bau**]**t.** Tag, an dem als Frondienst Feldarbeit zu leisten ist: *ain pawtag im pruderhoff* Egern MB 1480 OA 52,3 (1904) 75.

WBÖ IV,150.

[**Purzel-baum**]**t.** scherzh. Jahrestag der Geburt: *Purzlbaumtag* Kchhm LF.– Spielform von →[(*Ge-*)*Burts*]*t.*; WBÖ IV,169.

WBÖ IV,169.

[**Beicht**]**t.** Tag, an dem man zur Beichte geht, OB, NB mehrf., OP, SCH vereinz.: *Bächdå fia dö lödönga Manaläd is da Bålnsunta* Zandt KÖZ; *d Weiwa ham iaran Beichtdoch n schmerzn Freida* [Freitag vor Palmsonntag] Altfalter NAB; *Wann ich meinen Beichttag hab, 1 Halbe Meth und 4 Glasl Rosoli und 3 Tortenstückl* PEINKOFER Werke III,268.

Vkde: Die Tage für die österliche Beichte sind nach Geschlecht u. Familienstand vorgegeben u. liegen in der Karwoche od. unmittelbar davor. Ferner ist der Josefstag (19. März) der *B.* für v.a. ledige männliche Personen (TÖL, WS; FÄHNRICH M'rteich 196) u. Mariä Verkündigung (25. März) für ledige weibliche (FFB, TÖL, WS). S.a. [*Bock-sonn*]*t.*, [*Roß-dieb-sonn*]*t.*– Mit dem *B.* verbunden sind best. Speisen wie →[*Beicht*]*bauge*, →[*Beicht*]*breze*, →[*Beicht*]*prügel*, auch ißt man u.a. Würste u. Eierspeisen (→[*Eier*]*polster*).

WBÖ IV,151f.

[**Bercht**(**en**)]**t.**, [**Brech**(**en**)]- **1** †wie →[*Bächel*(*s*)]*t.*1: „So groß war die Bedeutung der *Frau Bercht*, daß man ... den *Hl. Abendtag* den *Hl. Berchttag* genannt hat“ Prien RO Mitte 19.Jh. HAGER-HEYN Drudenhax 62.– **2** Tag vor dem Dreikönigsfest, 5. Januar, °OB vereinz.: °„die *Rauhnächt* dauern vom *Bachltag* (Heiligabend) bis zum *Berchtag*“ Wald AÖ; *dö Berscht ... is ... alle Jahr kema, vor heiling Dreikini, am hl. Berschttag* Greimharting RO HAGER-HEYN ebd. 100.– **3** wie →*T.*3c: „6. Januar ... *Berchta*“ Winklarn OVI nach ADV K.66; *einen tach* [Versammlung] ... *an der Mitichen* [Mittwoch] *nach dem Perhttag* Mühldf 1291 Corp.Urk. II,662,43f.; *zw Passaw drewczehenhundert im ainsvndvierczigistem jare, an dem prechen tag* Burghsn AÖ 1450 J. DORNER, Burghauser Urk.b. 1025-1503, Burghausen 2006, I,512.– Zu →*Bercht*(*a*) ‘Dämonin, Brauchtumsgestalt’.

SCHMELLER I,269, 353; WESTENRIEDER Gloss. 443.– WBÖ IV,152f., 168.

[**Bet**]**t.** **1** Bittag: °*Bettag* „Montag, Dienstag und Mittwoch vor Christi Himmelfahrt“ Landau; *in den pettagen der haubtman Hainrich Nothaft gewan Geyslhering* [Geiselhöring MAL] ARNPECK Chron. 603,3f.– **2** †Tag mit einer Bittprozession allg.: *daß sie die öffentliche Creutz-Gäng und Bettäg ... nur in allerfrüh a*[*n*]*gestellet* A. STROBL, Ovum Paschale Novum, 3. Tl, Salzburg 1710, 209.

WBÖ IV,153.

[(**Sankt-**)**Peters**]**t.** **1** Tag der hl. →*Peter und Paul*, 29. Juni, °OB, NB, °OP vereinz.: *wens ön Bedasdåg sche is, gengand Böka und d Mejna* (Müller) *zon Wai* Aicha PA; „Am *Pöidersdoch* werden ... *Köichln* ... gegessen“ Friedersrth NEW FÄHNRICH Brauchtum Opf. 200; *an sant Peterstag* Lererb. 146.– **2** †Petri Stuhlfeier, 22. Februar: *zu sand Peters tág in der vassten gee er wider aws* [beende der Bär seinen Winterschlaf] 1418 AbhMchn 23 (1906) 613 (Jägerb.).

WESTENRIEDER Gloss. 420.– WBÖ IV,153f.

[**Bettel**]**t.** **1** Tag, an dem gebettelt wird: *Bettltag* „am Freitag“ Mchn; „die der Landwirthschaft so verderblichen *Müßiggangs-* und *Bettel-Täge*“ Wochenbl. des landwirthschaftlichen Vereins in Bayern 20 (1830) 625.– Kinderv.: *Haint is Keawa – Moagn is Keawa – iwamoagn is Beddeldǫǫch Danzt da Baua mid da Bairi – z'oobaschd dram am Dabnschlǫǫch* Eichstätt ZHM 4 (1903) 114.– **2** Kirchweihmontag: *Bettl-*

tag „da zahlen die Madl den Burschen die Zeche" Ampermoching DAH.

WBÖ IV,154.

[**Pfeffer(s)**]**t.**, [**Pfefferleins**]-, [**Pfefferlings**]- Tag in der Weihnachtszeit, an dem mit einer Gerte u.ä. leichte Streiche ausgeteilt (→*pfeffern*, Bed.6c) werden, MF mehrf., °OP, OF vereinz.: *heut is Pfefferstag* (26.12.), *kann ich pfeffern, wie ich mag* Langenzenn FÜ; „Der Stephanstag ist ... *Pfefferlestag* ... für die männliche Jugend ... Den Mädeln ... ist der Neujahrstag ... eingeräumt" OP Bavaria II,262; „Dreikönig ... *bvevalasdōx*" Prünst SC nach SMF V,52.

SCHMELLER I,422; WESTENRIEDER Gloss. 424.

[**Pfingst**]**t.** Pfingstfeiertag, v.a. Pfingstsonntag, OB, NB, OP vereinz.: *da easchdö Pfingschda* „Pfingstsonntag" Schrobenhsn; *weil ich ... den Heiligen Geist gar so damisch heruntersausen lasse am Pfingsttag* Regensburger Bistumsbl. 20 (1991) 15; *des naehsten eritags voͤr dem Phingsttag* 1315 Stadtr.Mchn (DIRR) 78,10f.; *Am Hl. Pfingsttag mittag Knödl* DAH 18.Jh. Altb.Heimatp. 14 (1962) Nr.1,6.– Spruch in einem Pfingstbrauch (s. *Pfingstel*,Bed.1): *Der Pfingsttag ist gekommen, da wollen wir verbrommen* (!). *Da wolln die Weiwa nix hergem, die solln am Pfingsttag nimma lem* Kemnathen PAR FÄHNRICH Brauchtum Opf. 162.

SCHMELLER I,436; WESTENRIEDER Gloss. 429.– WBÖ IV, 155.

[**Pfinz**]**t.**, [**Pfingst**]- **1** Donnerstag, °OB, °NB, °OP, SCH vielf., sö.MF vereinz.: °*s Ahrei* [Großmutter] *is seidn Pfindståg bettlagerig woan* Maria Gern BGD; °*an Pfinsda kimme hoam* Buch LA; *Da Irta oda da Pfinschta waar ma liaba!* HALTMAIR Hartpenning 83; *Pfinztə', Pfinstə', Pfinschtə'* SCHMELLER I,437; *Nû heizet er dunrestac oder phinztac* BERTHOLDvR I,58,3f.; *Die laien ... haben am suntag, erichtag, pfinztag fleisch geessen* AVENTIN V,151,6f. (Chron.); *hielten alle Montag und Pfingstag strenge Fasten* SELHAMER Tuba Rustica I,266.–Als Dim. Name für ein Kalb, das am Donnerstag geboren ist, südl.OB Dt.Gaue 41 (1949) 27.– **2** best. Donnerstag im Kalenderjahr.– **2a** letzter Donnerstag im Fasching, in Phras.: *unsinniger Pf.* °OB, °NB, °SCH vielf., °OP vereinz.: °*da usine Pfinsta* Au AIB; „das *Fassinachtlaufen* – Maskengehen – am ... *unsinnigen Pfintztag*" M'nwd GAP ANDRÉE-EYSN Volkskdl. 177; „Der *unsinnig Pfinztag* ... die Wahnsinnigen (des h. Geist-Spitales) kalt gebadet" Mchn SCHMELLER I,439.– *Närrischer* / *narrichter Pf.* °OB (v.a. ED, WS), °OP (v.a. OVI, VOH) vielf., °NB vereinz.: °*am naschn Pfinsta wird Fosinacht ausgrobn, am Aschamicha eigrobn* Winklarn OVI; *da nårad bvindsda* O'schweinbach FFB nach SBS II,546.– *Gumpichter Pf.* °OB vereinz.: °*da rua-ße Freida is da Dog nochn gumbbadn Pfinzda* G'holzhsn RO; *Gumpata Pfinzta* V.D. LATURELL, Volkskultur in München, München 1997, 172.– (*Ge*)*lumpichter Pf.* °westl.OB mehrf., °SCH vereinz.: °*da glumpad Pfinsta* Klingen AIC; *lumbəd bvinsdə* Wallerdf ND nach SBS II,253.– *Wütiger* / *-ender Pf.* °westl.OB mehrf., °SCH vereinz.: °*da wianti Pfinsta* Günzlhfn FFB; *də wiəti vindstə* Merching FDB nach ebd. 254.– *Feister Pf.* °OB (BGD) vielf.: °*da foast Pfinztog* Ramsau BGD; *Foastpfinzta* V.D. LATURELL ebd.– °*Da fette Pfinsta* Zenching KÖZ.– *Rußiger Pf.* °NB, °OP vereinz.: °*rußiger Pfinzta* Rgbg.– **2b** Gründonnerstag, in Phras. *grüner Pf.* °OB, °NB, °OP vereinz.: °*am greaner Pfinsta gibts bei uns a Kreitlsuppn* Landshut; *D'Hausmuatta suacht am greana Pfinzta ... d' Oar zsamm* Zolling FS Frigisinga 7 (1930) 96.– **2c** Donnerstag nach Mariä Lichtmeß (2. Februar), in Phras.: *da närrisch Finståg* „da laufen die Knechte maskiert herum und spielen den neuen Mägden Streiche" Innviertel.– **2d** in Phras.: „der *Klopfa* [Schreckgestalt] geht am *schlenglat Pfinsta* (Donnerstag nach Nikolaus) von Haus zu Haus" Mittbach WS.

Etym.: Ahd. **pfinzatag*, mhd. *pfinztac* über got. Vermittlung aus gr. *pémpte heméra* 'fünfter Tag'; WBÖ IV,158. *Pfingst-* wohl mit volksetym. Anschluß an →*Pfingsten*; WIESINGER Got.Lehnw. 159.

Ltg: *bvin(d)sda*, *-dǫg* u.ä. OB, NB, OP, SCH (dazu EIH, HIP, WUG), daneben *bvin(d)šda* OB (v.a. W), *vin(d)sda*, *-dǫg* OB, SCH (dazu PA, ROL, VIB; CHA, NAB, NM, R, RID; EIH), *vinšda* (FFB, STA; EIH), *vifta* (MAI), *bvindsa* nördl.OP (dazu AÖ), *bvinša* (PA), in Anlehnung an →[*Pfingst*]*t. bviŋsda*, *-dǫg* (AÖ, BGD, FFB, MÜ, TS; REG, SR, WEG; NAB, NEW, TIR, WÜM; ND), *bviŋšda* (WUG).

KRANZMAYER Kennwörter 12; ders. Wochentage 50-53, 80, K.8f.– DELLING I,72; HÄSSLEIN Nürnbg.Id. 103; SCHMELLER I,437-439; WESTENRIEDER Gloss. 429; ZAUPSER 59.– WBÖ IV,155-160.

Mehrfachkomp.: [**Alles-pfinz**]**t.** →[*Ant-laß-pfinz*]*t.*

– [**Prang(en)-pfinz**]**t.** **1** Fronleichnam: °*Brangpfinsda* N'taufkchn MÜ; *bråŋbviŋsda* Zangbg MÜ nach SOB VI,24.– **2** Donnerstag nach Fronleichnam, NB vereinz.: „am *Brangapfinsta* ist das letzte Mal das Allerheiligste ausgesetzt" Passau.– Auch in Phras.: °*kloa Prangpfinsta* N'bergkchn MÜ.– Zu →*prangen*[1] 'festlich gekleidet an einer Prozession teilnehmen'.

WBÖ IV,160.

– [**Ei-pfinz**]**t.**, [**Eier**(**lein**)-]- wie →[*Pfinz*]*t*.2b, °OB, OP vereinz.: °*Oapfinsta* G'holzshn RO; *Oarlpfinzda* Weiding OVI; „Der Gründonnerstag heißt im oberpfälzischen Schwarzachtal [WÜM] ... der *Oarpfinzta*" BRONNER Sitt' 126.– Teilw. volksetym. aus →[*Ant-laß-pfinz*]*t*. umgedeutet.

– [**Auf-fahrts-pfinz**]**t.** Christi Himmelfahrt, Feiertag: °*Auffatspfinsta* Fischbachau MB.

WBÖ IV,160.

– [**Fasten-pfinz**]**t.**: „An jedem *Fastenpfinsta*, wie das Volk ... zu den Donnerstagen in der Fastenzeit sagt, wird ... die Ölbergandacht gehalten" Dietfurt RID FÄHNRICH Brauchtum Opf. 64.

WBÖ IV,160.

– [**Fraß-pfinz**]**t.** wie →[*Pfinz*]*t*.2a: °*Fraßtpfinztag* Scheffau BGD.

– [**Grün-pfinz**]**t.** wie →[*Pfinz*]*t*.2b, °OB, °NB mehrf., °OP, SCH vereinz.: °*am grea Bfinsda soist faschn und di vorberaitn auf de heiliga Dog* Rosenhm; *Gräapfingsta* Hauzenbg WEG; *Krejmpfintsta* Erggertshfn PAR.– Bauern- u. Wetterregel: *wöi da Greanpfinsta is, so wird a da Prangertag* (Fronleichnamstag) Kötzting.

WBÖ IV,160f.

– [**Kar-pfinz**]**t.** dass., °OB vereinz.: °*heut is da Karpfinzta* Mchn.

WBÖ IV,161.

– [**Kränzlein-pfinz**]**t. 1** wie →[*Prang*(*en*)-*pfinz*]*t*.1, °OB, NB vereinz.: °*an Kranzlpfinsta is zon Pranga* Garching AÖ; „Fronleichnam ... *krantflpfinsda*" Kienbg TS nach SOB VI,24.– **2** wie →[*Prang*(*en*)-*pfinz*]*t*.2, OB vereinz.: „am *Kranzlpfinsta* ist vormittags noch eine kleine Prozession" Mettenhm MÜ.– Auch in Phras.: °*ausgehender Kranzlpfinzta* Donnerstag nach Fronleichnam Zeiling MÜ.

– [**Ant-laß-pfinz**]**t.**, [**Ent-laß**-]- **1** wie →[*Pfinz*]*t*.2b, °NB vielf., °OB, °OP, SCH mehrf.: °*Odlaspfinsta* „Gründonnerstag" Reißing SR; *ön Olaßpfinzta möissn t Manna beichtn und schpaisn* „zur Kommunion gehen" Herrnthann R; „Die am *Oarlspfinste* gelegten Eier gehören ... der Dirn" WÜM Bayerld 6 (1895) 538; *Wenn d'Henna am Odlaspfinzta völ Ojer leg'n, g'schiecht a Unglück* SIEBZEHNRIEBL Grenzwaldheimat 296; *Am Antlaßpfingstag in der Marter Wochen* 1527 MHStA Kloster Frauenchiemsee Amtsbücher und Akten 12, fol.16[r].– Bauern- u. Wetterregel: *wenns ön Ådlaspfintzta rengt, wiads Summakoan weng* Rattenbg BOG, ähnlich PA.– Vkde s. [*Ant-laß*]*ei*.– **2** Fronleichnam, Donnerstag danach od. davor.– **2a** wie → [*Prang*(*en*)-*pfinz*]*t*.1, °OB mehrf., °NB, °SCH vereinz.: °*Åntlaspfinsta* „Fronleichnam" Vilshm LA; *åntlesvindsda* Jachenau TÖL nach SOB VI,25.– **2b** wie →[*Prang*(*en*)-*pfinz*]*t*.2, °OB, NB, OP, °SCH vereinz.: *Antlaspfinsda* „mit einer Prozession rund um die Kirche" Mering FDB; „*å̃undləsbvinsdə* ... Donnerstag nach Fronleichnam" O'baar ND nach SBS II,255.– Auch in Phras. *kleiner* / *zweiter A*. OB vereinz.: *da kloa Antlaspfinsta* „8 Tage nach Fronleichnam" Miesbach.– **2c** Donnerstag vor Fronleichnam, °OB, °NB vereinz.: °*Antlaßpfinsta* Essenbach LA.– Zu →[*Ant*]*laß* 'Gründonnerstag', 'Fronleichnam'.

DELLING I,27; SCHMELLER I,439, 1507f.– WBÖ IV,161f.

– [**Fase-nachts-pfinz**]**t.** wie →[*Pfinz*]*t*.2a: *vōsənạxdsvindsdə* Eurasburg FDB nach SBS II, 546.

– [**Narren-pfinz**]**t.** dass., °NB vereinz.: °*Narrnpfinsta* Pauluszell VIB.

– [**Oster-pfinz**]**t.** Donnerstag nach Ostern, OB, NB, OP, SCH vereinz.: „am *Oustapfinsta* ist Spanferkelmarkt" Meßnerskreith BUL.

WBÖ IV,162.

– [**Schlenkel**(**s**)-**pfinz**]**t. 1** wie →[*Pfinz*]*t*.2c, °OB vereinz.: °*Schlenklpfinsta* „Tag vor dem Dienstantritt am Freitag" Fischbachau MB; „Am *Schlenkelpfinzta* findet in Grafing [EBE] und Holzkirchen [MB] ein *Schlenkelmarkt* statt" NIEDERMAIR Glonn 263.– **2**: °*Schlenglpfindsta* „arbeitsfreie Donnerstage zwischen Lichtmeß und Fastnacht" Walpertskchn ED.– Zu →*schlenkeln* 'den Dienst wechseln'.

– [**Schmalz-pfinz**]**t.** wie →[*Pfinz*]*t*.2a: „Mit dem *Nudelbacha* fing man bereits am *Unsinnigen Donnerstag* an, weswegen er auch *Schmalzpfinzta* hieß" Altb.Heimatp. 45 (1993) Nr.7,8.

– [(**Ge-)Speis-pfinz**]**t.** wie →*[Pfinz]t.*2b, °OB (v.a. O), °NB (v.a. S) vielf., OP vereinz.: „am *Kschpeispfinzda* gehen die Männer zum *Kschpeisn* (kommunizieren)“ Erding; °*da Speispfinzta* „Gründonnerstag“ Vilsbiburg; *da … Speispfinzta … wos' Entlassung kriagt ham von eanane Sünden* Zolling FS Frigisinga 7 (1930) 96f.

SCHMELLER I,439, II,687.– WBÖ IV,162.

– [**Weih-pfinz**]**t.**, [**Weihen**(**s**)-]- dass., °südl.OB (v.a. GAP, MB) vielf., NB, OP vereinz.: *Weichnpfinschta* M'nwd GAP; „Der Gründonnerstag heißt *Weichapfinsta*“ Leizachtal 224; *Am Weichen pfintztag singt man die ganz metten* 1600 MHStA Kloster Frauenchiemsee Amtsbücher und Akten 14,fol.13ᵛ.

SCHMELLER II,881.– WBÖ IV,162f.

– [**Weiß-pfinz**]**t.** wohl dass.: *als Er amWeis-Pfinstag vor 2. Jahren vf Griesstött* [Griesstätt WS] *gangen* StA Mchn Hofmark Amerang Pr.17 (22.8.1735).

[**Pfötscheleins**]**t.** wohl wie →*[Pfeffer(s)]t.*: °*Pfäitschalastog* Lauterhfn NM.– Zu →*Pfotsche* 'Pfote, Stockschlag auf die Hand'.

[**Ab-pfüet**]**t.** →*[Ab-be-hüt]t.*

[**Pimmerleins**]**t.**, [**-mp-**]- Sankt-Nimmerleins-Tag, in Phras. *am P.* nie, °NB, °OP vereinz.: „wann ist der Krieg zu Ende? *am Pimpalastog*“ Etzenricht NEW;– erweitert: °*am Pimmelestag, wenn d'Schneckn biesn* „rennen“ Kötzting;– °*kommst am Pimperlastag, wen d'Antn stiern und Gäns bockn* Winklsaß MAL.– Spielform von →*[(Sankt-)Nimmerlein(s)]t.*; WBÖ IV,328.

WBÖ IV,328.

Mehrfachkomp.: [**Ab-pimmerleins**]**t.** dass., in Phras.: *bis zum Abimmelestag, wann die Küah am Baam naufsteign* „auf unbestimmte Zeit“ TÖL.

†[**Auf-bind**]**t.** Tag, an dem als Frondienst Garben zusammenzubinden sind: *hat iij Auffpinttag* 1550 MHStA KL Baumburg 42½,fol.97ᵛ.

[**Bitt**]**t. 1** wie →*[Bet]t.*1, °OB vielf., °NB, °OP mehrf., °OF, °SCH vereinz.: *de drei Biddåg wird midn Kreiz um Bfäa* [Felder] *gånga, daß Såch guat wåxt* Kochel TÖL; *wenn … in alla Hearrgottsfröih an Bittoognan d Woldsassna aaf Kanaschraath … ganga san* HEINRICH Stiftlanda Gschichtla 12.– **2** wie →*[Bet]t.*2, °OB, °NB, °OP, °SCH vereinz.: *Bittag* „13. September, Prozession zum Pestkirchlein in Emmental“ Rdnburg.– Phras. *großer B.* Tag des hl. Markus, 25. April, °OB, °NB vereinz.: °*der große Bittag* Schierling MAL.

WBÖ IV,163f.

[(**Sankt-**)**Blasi**(**us**)]**t.**, [**Bläsel**(**s**)]-, [**Blas**(**en**)]-, [**Bläselein**]- Tag des hl. →*Blasius*, 3. Februar, OB, NB, OP, SCH vielf., MF mehrf.: „am *Blasitag* ziehen die weiblichen Dienstboten um, die männlichen am *Stefanitag*“ Maisach FFB; *Blasntog* Treidlkfn VIB; *Bläsaladag* Hörmannsbg FDB; *Wenn d Ehoidn an Plotz gwäxld hamand, na hands amö east ön Blasldog umzogn* KERSCHER Waldlerleben 94; *an sand Bläsen tag des heiligen Bischof* Straubing 1420 JberHVS 10 (1907) 28.

WBÖ IV,164f.

[**Blau**]**t.** Montag: *Blauta(g)* Rain ND.

[**Blumen**]**t. 1** †wie →*[Palm(en)]t.*1: *Blumentag* OB BzAnthr. 13 (1899) 87.– **2** Mariä Himmelfahrt, 15. August: *Blumadoch* BEI.

WBÖ IV,165.

[**Blut**(**s**)]**t.** wie →*[Prang(en)-pfinz]t.*1, in Phras. *heiliger B.* OB vereinz.: *heiliger Bluatstog* Partenkchn GAP; *de' háli' Bluətstàg* „Fronleichnamstag“ OB SCHMELLER I,333; „Ein hoher Feiertag war auch der *hl. Blutstag*“ Roth SC 16.Jh. BzbV 7 (1919) 11.

DELLING I,86; SCHMELLER I,333.– WBÖ IV,165.

[**Pömmerleins**]**t.** wie →*[Pimmerleins]t.*, in Phras.: *wen gist mä den des ämol? Am Bemäläsdoch, wen Gois boka* „nie“ Bruck ROD.– Spielform von →*[(Sankt-)Nimmerlein(s)]t.*

[**Boten**]**t.** Tag, an dem ein →*Bote*,Bed.1b Besorgungen macht: °„an den *Botentagen* sind die *Boten* und *Bötinnen* in die Stadt gekommen“ Landshut; „daß … Frachten für den nächsten *Botentag* angenommen werden“ Wochenbl. von Ingolstadt 39 (1840) 373.

WBÖ IV,166.

Mehrfachkomp.: [**Dienst-boten**]**t.** wie →*[Bächel(s)]t.*6: „Maria Lichtmeß … *Deanstbotndog*“ WILDFEUER Kchdf.Ld 7.

– †[**Zwölf-boten**]**t.** wie →[*Apostel*]*t.*: *ain jeder Müller soll sein Müll an … allen zwelf Potentagen zuvor am Abent … zuspörn* Erding um 1600 ZILS Handwerk 104.

SCHMELLER II,1177.– WBÖ IV,166f.

[**Prang**(**en**)]**t.**, [**Pramer**]- **1** wie →[*Prang*(*en*)-*pfinz*]*t.*1, °NB vielf., °OB, °OP mehrf.: „am *Prangdog* prangen die Jungfrauen mit einem Kranz auf dem Kopf" Erding; °*zon Brangadog hods a neis Gwand griagd* Buch LA; *Pramertag* „Fronleichnam" Speinshart ESB; *A g'weichts Antlaßkranzl vom Prangatog … an Troadbodn eini, daß da Blitz net zündt* Hochld-Bote 5 (1949) Nr.83,3; „*Prangtag* oder *Prangertag*" Neukchn-Balbini NEN SCHÖNWERTH Leseb. 141.– Auch in Phras. *großer* / *erster* / *neuer P.* °NB, OP vereinz.: *da gräuß Prangadåg* Schwaibach PAN; *naia Prangatoch* Bärnau TIR; *D Landler* [Flachländer] *kinnan halt a scho vorm erschtn Prangatag mitn heign ofanga* ANGERER Göll 79.– Bauern- u. Wetterregel: *wenns am Prangertag regnet, wird a schlechts Haiweda* Cham.– **2** Donnerstag, später auch Sonntag nach Fronleichnam, in Phras. *kleiner* / *zweiter* / *alter P.* u.ä. °NB mehrf., °OP vereinz.: *da kloa Prångadåg* „mit kleiner Prozession in der Kirche" Straubing; *da zwoat Brangadåch* „Sonntag nach Fronleichnam" Herrnthann R; „Acht Tage darauf ist der *alte Prangtag*, wo die Evangelien in der Kirche gelesen werden" Neukchn-Balbini NEN SCHÖNWERTH ebd.– **3** wie →[*Palm*(*en*)]*t.*1: *dö Buam eana Prangadåg* Haidmühle WOS; „Der Palmsonntag ist der *Prangatag* für die Buben" O'hatzkfn ROL HuV 6 (1928) 91.– **4** wie →[*Auf-fahrts-pfinz*]*t.*: *da Zandtna Prangdå* „feierliche Prozession um die Felder an Christi Himmelfahrt" Zandt KÖZ.– **5** Tag, an dem eine Prozession mit dem Allerheiligsten stattfindet, allg., OB, NB, OP vereinz.: *Prangateg* „der große und kleine Fronleichnamstag sowie Mariä Himmelfahrt" Ingolstadt.– Zu →*prangen*[1] 'festlich gekleidet an einer Prozession teilnehmen'.

SCHMELLER I,469; WESTENRIEDER Gloss. 441.– WBÖ IV, 167.

Mehrfachkomp.: [**Buben-prang**(**en**)]**t.** wie →[*Palm*(*en*)]*t.*1, °NB vereinz.: °*da Buamprangtog* Palmsonntag Metten DEG.

– [**Nach-prang**(**en**)]**t.** wie →[*Prang*(*en*)]*t.*2, NB, OP vereinz.: *da Nåbrangdå* „Donnerstag nach Fronleichnam mit einer kleinen Prozession samt den vier Evangelien im Friedhof" Zandt KÖZ.

– [**Alt-weiber-prang**(**en**)]**t.** dass.: *Altweiwerbrangadoch* „bei der kleineren Prozession können auch die alten Leute mitgehen" Beilngries.

[**Braten**]**t.**, [**Brätlein**]- Tag, an dem es Braten gibt: °*a Bratltag* „Faschingssonntag, abends gab es einen Schweinsbraten" Essenbach LA; *Bratentage* LENTNER Bavaria Almen 276.

WBÖ IV,167f.

[**Brech**(**en**)]**t.** →[*Bercht*(*en*)]*t.*

[**Brechel**]**t.**, †[**Brech**]- (letzter) Tag, an dem Flachs gebrochen wird: „Der *Brechtag*, das ist jener, wo das Dörren und Brechen des Flachses beendiget wird" G. MAYR, Beschreibung des Wildbades Adelholzen in Oberbayern, München 1856, 109; „Als … im Dorfe großer *Brechltag* war" ObG 14 (1925) 148.

[**Brezen**]**t.** Tag in der Fastenzeit, an dem es Brezen gibt: „der sogenannte *Bretzentag* … Jedes Kind … empfängt … vom Lehrer … eine Partie Bretzen" Oberpfalz 34 (1940) 38.

[**Brot**]**t.** **1** Tag, an dem Brot gebacken wird: *Am Broattag senn bacha woara Loab stuckara dreißg* H. HÖRNING, F. KNITTEL, Meringer semmerr, Mering 1982, 52.– **2** Pl., kurzer Zeitabschnitt, in Fügung mit Zahlw. u.ä., OB, °OP vereinz.: *moanst, weil du drei Brottog älter bist* Mchn; *Zweng de boà … Broud-dàg!* „Keine Aufregung wegen der kurzen Zeit!" KAPS Welt d.Bauern 123.

WBÖ IV,168.

[**Heu-brunzer**]**t.** scherzh. Tag des hl. Medardus (→[*Heu*]*brunzer*), 8. Juni: „*Hei:brundsâ:doog* … weil es an diesem Tag oft in das Heu regnet" CHRISTL Aichacher Wb. 34.

[**Bündel**(**s**)]**t.**, [**Bündelein**]- wie →[*Bächel*(*s*)]*t.*6: *Bünderltag* „an Mariä Lichtmeß packt man das Bündel zusammen" Engelsbg NM.– Sprüche: *Heint is Bündltag, Morgn is Liachtmeß, Mach i mei Bündl zweng Und sag, Gott pfüat enk* [euch]*!* HAGER-HEYN Drudenhax 113.– *An Bündlstag und d'Schlanklweil Hab i scho allerweil gern. Vier Täg brauch i iatzt gar nix toa, I kriag an andern Herrn* ebd. 123.

[**Pünkelein**]**t.** dass.: *Am Binkeitag* (Tag nach Lichtmeß) *scho gleich nach'm Amt ist's ganga* Bayer. Kurier 15 (1913) 58.– Zu →*Pünkel* 'Bündel, Traggepäck'.

WBÖ IV,169.

[(**Ge-**)**Burts**]**t.**, †[**Ge-burt**]- **1** wie →[*Purzel-baum*]*t.*, °NB, OP vereinz.: *in Judaßn sei Burtstog* „1. April" Cham; *Woher wissn Sie, daß i heit Geburtsdog hob?* LAUERER I glaub, i spinn 102; *an pfintztag vor vnnser lieben frawn gepurdtag* [8. September] 1492 Urk.Heiliggeistsp.Mchn 562; *seinn geburtstag halten* SCHÖNSLEDER Prompt. Z4r.– **2** Tag der Geburt, OB, NB vereinz.: *ön Gebuadsdag khoan Haidn nöt iwa d'Nåcht ön Haus khoötn* Aicha PA.

WBÖ IV,169.

[**Purzel**(**eins**)]**t.** scherzh. wie →[*Purzel-baum*]*t.*: *Purzltag* Ingolstadt; *Borzelästöch* BERTHOLD Fürther Wb. 27; *heunt ist mei Burzeltag* STIELER Ged. 57.– Spielform von →[(*Ge-*)*Burts*]*t.*; WBÖ IV,169.

WBÖ IV,169.

[**Frauen-büschel**]**t.** wie →[*Blumen*]*t.*2: °„am *Frauenbüschltag* (15. August) beginnt der *Frauendreißiger* bis Mitte September" Rgbg.

[**Kräuter-büschel**]**t.** dass.: °*Kreidabüschltag* Pipinsrd DAH; „daß dieser 15. August einst überall der *Kräuterbüschltag* genannt wurde" Altb.Heimatp. 8 (1956) Nr.33,2.

[**Wurz-büschel**]**t.** dass.: „Am *Wurzbüscheltag* ... nimmt der *Frauendreiß'ger* seinen Anfang" STROBL Feiertäg 57.

[**Christ**]**t.** **1** wie →*T.*3bβ, NB, OP vereinz.: *da Christtoo* „25. Dezember" Naabdemenrth NEW; *am Christtog untam Betläutn auf Mittog* STROBL ebd. 92; *dy wachtpütel sind gangen von Martiny vntz* [bis] *avf den christag All nacht ir fir* 1404 Stadtarch. Rgbg Cam. 6, fol.87v.– Bauern- u. Wetterregel: *Christtag hell und kloar, då gibts füars Troad a guatös Joahr* Innviertel, ähnlich TIR, MEISTER Hallertauer Hopfenbauern 57.– Als Pl. Weihnachtsfeiertage: *Christtage* FÄHNRICH M'rteich 246.– **2** zweiter Weihnachtstag, 26. Dezember, in Phras. *kleiner Ch.* °OP vereinz.: °*kleiner Christtag* Frauenbg PAR; „am Stephanstag, dem *kleinen Christtag*" SIEBZEHNRIEBL Grenzwaldheimat 181.

WBÖ IV,278f.

†[**Himmel-fahrt-Christi**]**t.** wie →[*Auf-fahrts-pfinz*]*t.*: *Am Himmelfahrt Christitag mittag Marzl* [Mehlspeise] DAH 18.Jh. Altb.Heimatp. 14 (1962) Nr.1,6.

[**Erge-tag**]**t.** Dienstag: °*Iadadog* Ainring LF.

[**Kirch-tag**]**t.**, †[**-tags**]- Kirchweihtag: „wie gut sie es hat an den *Kirtatagen*" LETTL Brauch 131f.; *nit lenger dann allein am kirchtagstag* Neuburg 1568 WÜST Policey 653.– Phras: °*der große Kirtatag* „am dritten Sonntag im Oktober, allgemein gefeiert" Ziegelbg RO.– °*Der kleine Kirtatag* „örtliches Patronatsfest" ebd.– Vers: *Gansl, Gansl gi, ga, gog, Morgn is da Kirtatog, Schneid i dir dei Gurgl o Blärst ... du nimmer gi, ga go* STROBL Feiertäg 62.

WBÖ IV,170.

[**Werk-tag**]**t.** wie →[*All*]*t.*: *Werdadoch* Bruck ROD; *Werdatoch* ROD DWA XVI,K.10.

WBÖ IV,170.

[**Danas**]**t.** →[(*Sankt-*)*Thoma*(*s*)]*t.*

[**Danersen**]**t.** →[(*Sankt-*)*Andreas*]*t.*

†[**Tänzel**]**t.** Tag der festlichen Jahresversammlung einer Handwerkervereinigung: „weil ihm ... *ausser der Kirchweih, Tänzltagen und Hochzeiten aufzuspielen verboten* war" Kemnath 1751 Heimat TIR 13 (2001) 101.– Wohl volksetym. aus →[*Dinsel*]*t.*

Mehrfachkomp.: †[**Becken-tänzel**]**t.** Tag der festlichen Jahresversammlung der Zunft der Bäcker (→*Beck*[1]): *Peckhen tänzeltag ... die tänz ... verbotten* Mchn 1599 BJV 1958,116.

[**Tauf**]**t.** **1** Tag, an dem getauft wird, OB, NB, OP vereinz.: *Tauftåg* „meist Samstag oder Sonntag" Ingolstadt; *Wenn am Tauftag a Wölkl am Himmel steht, därf ma gor koan Görgl* [Georg] *taufa* R Oberpfalz 6 (1912) 53f.; *Tauftag* „lustricus dies" SCHÖNSLEDER Prompt. Hh8r.– **2** Tag der Taufe, OB vereinz.: *Tauftag* OB; *Tafftooch* BRAUN Gr.Wb. 640.

WBÖ IV,170.

[(**Sankt-**)**Thoma**(**s**)]**t.**, [**Danas**]- **1** Tag des hl. →*Thomas* des Apostels, 21. Dezember, °OB, °NB, °OP, SCH vereinz.: °*Saudoud am Damasdog* „Schlachttag" Marktlbg BUL; *dr Dånesdog* Derching FDB; *S Bau-hoiz schlǫgd mà grǫd am*

… *Dãmàs-dǫg* „daß es dann nicht vom Holzwurm befallen wird“ KAPS Welt d.Bauern 20; *auf sant Tammanstag* Lererb. 90.– **2** †Tag des hl. Thomas Becket, Erzbischof von Canterbury, 29. Dezember: *am sand thomas tag vo(n) kandelberk* 1485 SCHMID Inschr.Rgbg 42.

WBÖ IV,179f.

[**Nach-dien**]**t.** Tag, den die Dienstboten nacharbeiten müssen: *Naudüido* Nabburg.

[**Zu-dien**]**t.** dass., OP vereinz.: *Zoudüidog* Tännesbg VOH; „Der 2. Februar … ist der Lohnauszahlungstag … Der … folgende Tag heißt der *Zudientag*, er wird noch hinzugedient“ BAUERNFEIND Nordopf. 38.

[**Diens**]**t. 1** wie →[*Erge-tag*]*t.*, MF, OF vielf., nördl.OP (v.a. TIR) mehrf., Restgeb. v.a. ugs., städt.: *am nachstn Deanstog* Mchn; *an dö Diensdoch soi ma heiradn, wej dös a Glücksdoch is* Beilngries; *All Däi(n)sta gi(b)ts va uns kochta Knia(d)la* SINGER Arzbg.Wb. 48.– Spruch: *fragns am Dienstag d'Frau Mittwoch, ob der Herr Donnerstag scho woaß, daß der Herr Freitag mit der Frau Samstag am Sonntag spazierngeht* Wettstetten IN.– **2** Faschingsdienstag, in Phras.: *der dine Dinsta* Viechtach.– Ltg: Bestimmungsw. *dīns-*, *-š-*, *dinʃ-*, *-ʃ̌-* u.ä., auch *dea(n)s-*, *-ia-*, *-š-* u.ä. OB (dazu MAL, PA, VOF; NM, R, VOH, WEN, WÜM), *dei(n)s-* u.ä. OF (dazu KEM, NEW, TIR), z.T. mit volketym. Anschluß an →*Dienst*.

KRANZMAYER Wochentage 36-39, K.2f.– SCHMELLER II, 1071; WESTENRIEDER Gloss. 52, 103.– WBÖ IV,170-172.

Mehrfachkomp.: [**Fas**(**e**)-**nacht**(**s**)-**diens**]**t.** wie →[*Diens*]*t.*2, °OB, °OP, °OF, °MF vereinz.: *Fasinachtsdeansta* Steinlohe WÜM; *In Fosnatdäinsta is voar zwölfe d Fosnat aagroobm woardn* HEINRICH Stiftlanda Gschichtla 10.

WBÖ IV,177.

–[**Kirch-weih-diens**]**t.** Dienstag nach Kirchweihsonntag: *Kirwa-Eingraben … Kirwa-Däinsta* Friedenfels TIR FÄHNRICH Brauchtum Opf. 251.

[**Dienst**]**t.** wie →[*Bächel*(*s*)]*t.*6: *am Dea*ⁿ*ståg* „haben die Dienstboten das Frühstück am alten Platz und Mittag schon am neuen“ Rottal.

WBÖ IV,170.

[(**Sankt-**)**Dimmerlein**(**s**)]**t.** wie →[*Pimmerleins*]*t.*, in Phras. *am D.* nie, °OP vereinz.: °*am Dimmerltog kåns scho werdn* M'rkrth PAR;– erweitert: *Skt. Dümelestag, wenn d' Küah am Bam steig'n* E.A. QUITZMANN, Die heidnische Religion der Baiwaren, Leipzig/Heidelberg 1860, 198.– Spielform von →[(*Sankt-*)*Nimmerlein*(*s*)]*t.*; WBÖ IV,328.

SCHMELLER I,1744.– WBÖ IV,328.

[**Dinsel**]**t.**, †[**-nz-**]**-**, [**-ms-**]**- 1** Tag einer festlichen Jahresversammlung.– **1a** †wie →[*Tänzel*]*t.*: „Am Montag nach Dreikönig war der Jahrtag der Flößer, der *Dimbseltag*“ Wolfratshsn NEWEKLOWSKY Schiffahrt II,174; „der Antrag der Schlossergesellen, *iren Dinzltag mit dem Spil* zu halten“ 1568 S. HOFMANN, Gesch. der Stadt Ingolstadt, Bd II,1, Ingolstadt 2006, 196; *bleibt außer dem Kirchweyh, und Hochzeit Festen, dann Markts und Dinzel Tägen alles Tanzen gänzlich verboten* 1781 BREIT Verbrechen u.Strafe 71.– Auch: „An ihrem Montag [der letzten Arbeitswoche vor Weihnachten] pflegen an der O.Isar die Besitzer von Bauergütern ins Wirthshaus zu gehen, um … *der Bauern Dinzeltag zu halten*“ SCHMELLER II,836.– **1b** Tag der festlichen Jahresversammlung eines Vereins: °*Dinsltog* „Jahrtag von gewissen Vereinen, z.B. *Schützndinsltog*“ Isarwinkel; *Beim Jahr und Tinzeltag sollen beede Herrn Commissarii Schützenmeister … wohl frei sein* Tölz 1664 LENTNER Bavaria Almen 41.– **2** arbeits- od. schulfreier Tag: „Feiertäglich begingen die Dienstboten ihre vier arbeitsfreien *Dünzeltage* beim Wechsel ihres Dienstverhältnisses“ Mchn. Stadtanz. 9 (1953) Nr.1,4; *es sey heute sein Dintzeltag, es haben die anndere schuelmaister solchen … auch gehalten* Landshut 1606 LURZ Mittelschulgesch. II,122.– Wohl zu ahd. *dinsan*, mhd. *dinsen* ‘ziehen, reißen, schleppen’; WBÖ IV,178. Anders Frühnhd.Wb. V,778.

SCHMELLER I,527f.; WESTENRIEDER Gloss. 106.– WBÖ IV, 177-179.

[**Donn**(**er**)**s**]**t. 1** Donnerstag, °westl.OB (v.a. LL, SOG), °nw.OP, OF, MF, SCH (DON, ND) vielf., Restgeb. v.a. ugs., städt.: *Dorschda* O'finning LL; *Doarsta nau Austan* Naabdemenrth NEW; *Waal gestern Mittwa war. Heint is nämli scha Doaschta!* SCHEMM Die allerneistn Deas-Gsch. 103; *in disen brief … der geben ist ze Regenspurg des nahsten dunstages nach dem sunnentage Misericordia* 1334 Rgbg.Urkb. I,406; *Wu*ᵉ*rde aber einer an andern ta*ᵉ*gen, dann am donnerstag und freytag … fischen* OP 1658 WÜST Policey 746.– **2** best. Donnerstag im

Kalenderjahr.– **2a** wie →[*Pfinz*]*t.*2a, in Phras.: *unsinniger D.* °OB, °NB vielf., °OP, °MF, °SCH vereinz.: °*unsinia Dunnersta* Pleinfd WUG; „wer sich am *unsinnigen Donnerstag* nicht genug ißt, der wird das ganze Jahr nicht mehr satt" SCHLICHT Bayer.Ld 88; *An dem … unsinnigen Donerstag auf Mittag Knödl* DAH 18.Jh. Altb.Heimatp. 14 (1962) Nr.1,6.– °„Am *narrschn Dannaschta* wird die Fasnacht ausgeackert, am Aschermittwoch eingeackert" Waidhs VOH.– *Da toll Donnersta* Reichenau VOH.– °*Spinnata Donnerstag* Rosenhm.– *Gumpichter D.* °OB (v.a. W), °SCH mehrf.: °*gumpiger Donnerstag* Schweinspoint DON; „der *gumpətə Daə~schtə'* (von *gumpen* = lustige Sprünge machen)" LEOPRECHTING Lechrain 160.– (*Ge*)*lumpichter D.* °OB (v.a. W), °SCH mehrf., °NB vereinz.: °*da glumpat Doschta* „halber Bauernfeiertag" Dettenschwang LL; °*lumpiger Donnerstag* Kchbg REG; „Den *g'lumpigen Donnerstag* … beachten … auch die Bauern" MILLER Lkr.WEG 60.– *Wütiger D.*: °*der wiüti Donschta* Geltendf FFB; *der wittag dornstag* Thierhaupten ND um 1500 Clm 21110,fol.7[r]; *am wiettigen Donnerstag haben die Knecht nachmitag feyrabend* Ludenhsn LL 1740 Bayerld 22 (1911) 46.– *Laufiger* / *-ender D.* °OB (SOG) vielf.: °*der loffi Dorschta* Peiting SOG; „Am … *laufigen Donnerstag*, brachten die Kinder dem Lehrer … Eier, Butter und Fleisch" HOFMANN Lkr.SOG 106.– *Geschmalzener D.* °OB vereinz.: °*gschmalzner Donnerstag* O'stimm IN.– °*Der fette Donnerstag* Guttenburg MÜ.– **2b** wie →[*Pfinz*]*t.*2b, in Phras. *grüner D.* °OB, °NB, °OP, SCH vereinz.: °*am greana Donnerstog muast des erscht Grea ausm Gartn essn* Nußdf RO; *Da greane Donnerstag* Zolling FS Frigisinga 7 (1930) 96; *Zu Haltung ainer Comedi* [Passionsspiel] *am Grienen Donnerstag* Kapfelbg KEH 1660 WAGNER Kapfelbg u. Poikam 105.

Ltg: *donasdǭg*, *donaš-*, *-dǭx* u.ä., daneben *dunas-*, *dunaš-* (LL, M; WOS; PEG; FÜ, N, SC; DON, ND), ferner *donašda*, *dånaš-*, *dounaš-* u.ä. OP (dazu HIP; PEG; EIH, N; ND), *dunašda*, *-di* OP, MF (dazu PEG; WUG; DON), *dõa(n)šda*, *dõš-*, *-di* u.ä. nördl.OP, OF, MF (dazu M; VIT), *duanš-* (KEM), *dõu(r)šda*, *dõ(r)š-* u.ä. SCH (dazu FFB, LL, SOG, WM), *donšta*, *dunš-* (FFB, SOG).

KRANZMAYER Wochentage 53-55, K.8.– SCHMELLER I,438, 516, 1001; WESTENRIEDER Gloss. 111, 219f., 224, 258, 581, 662.– WBÖ IV,180-183.

Mehrfachkomp.: [**Ascher-donners**]**t.** wie →[*Pimmerleins*]*t.*, in Phras.: °*am Ascherdonnerstag* ganz gewiß nicht U'föhring M.

– [**Grün-donn**(**er**)**s**]**t.** Gründonnerstag, °Gesamtgeb. vielf.: °*am Griadouschda fliaga d Glocka nouch Rom* „danach wird nicht mehr geläutet" Thaining LL; °*am Gröidannerschter gits immer wos Gröins zum Essn* Vilseck AM; *In Gräidoanschta hout da 'Gockl' fiar jeds a gräins Oa glegt* HEINRICH Stiftlanda Gschichtla 11; *Oan Graindanersta wird Salad, a Gmuas, geß'n* Bärnau TIR SCHÖNWERTH Leseb. 123.– Bauern- u. Wetterregeln: *da Greadunnerschtag macht in Antlastag s Weda* „bestimmt die Witterung für Fronleichnam" Cham.– *Weht am Gründonnerstag der Wind, geht er bis Fronleichnam* Lichtenhaag VIB.– S. K.1.

Vkde: Am *G.* fliegen die „Glocken … nach dem Volksglauben nach Rom" HAGER-HEYN Drudenhax 159 (s.a. oben).– In der Kirche od. am →[*Öl*]*berg* wird eine →[*Öl-berg-an*]*dacht* gehalten. Auch betet man im eigenen Garten (FFB, RO, TS; PA, PAN; R; vgl. HAGER-HEYN ebd. 161), „geht betend um die Obstbäume" Engelsbg MÜ od. schüttelt die Obstbäume (FDB), um viel Obst ernten zu können.– Der *G.* ist der →[*Beicht*]*t.* für Männer (EBE, ED, GAP; BOG, LA, MAL; BEI, NAB, PAR, RID) od. Verheiratete OB (dazu DEG, LA, PAN, SR; SUL, TIR, WEN; FDB), vereinz. auch der Tag der Erstkommunion (SUL).– Am *G.* soll man etwas Grünes (Spinat, Salat, mit frischen Kräutern zubereitete Speisen) essen, weil man „ansonsten das ganze Jahr grantig ist" (M) od. „damit das Geld nicht ausgeht" (LA, PAN).– Den am *G.* gelegten Eiern kommt besondere Bed. zu (s. [*Ant-laß*]*ei*). In TIR bekommt man am *G.* ein *grünes* →*Ei* od. →[*Hahnen-gockel*]*ei* (FÄHNRICH Brauchtum Opf. 93f.).– „Ochsen, die man einspannt oder aus dem Stall treibt, bekommen wunde Köpfe" NB.– Weiteres s. HAGER-HEYN Drudenhax 159-161.

SCHMELLER I,1001.– WBÖ IV,183-187.

– [**Ruß-donners**]**t.** wie →[*Pfinz*]*t.*2a: °*Roußdunaschta* „unsinniger Donnerstag" Sulzkchn BEI.

[**Toten**]**t.** Allerseelen, 2. November: °*Totentag* Thanning WOR; *Todten…tag* „feralia" SCHÖNSLEDER Prompt. Ii5[r]f.

[**Traupf**]**t.** Tag, an dem ein best. Tau (→*Traupf*) fällt: „Podagraleidende pflegten sich an *Drapftagen* … pudelnackt ins Gras zu legen" Chiemgau GRAF Dekameron 148.

[**Frau-dreißigst**]**t.** Tag im Zeitraum zw. 15. August u. 13. September (→[*Frauen*]*dreißiger*): *a Kchrodn wen an Fraudraischgeschtog daschlong wead und ma hengs an Schtol auf, ziachts t'Sucht ou* Jachenau.

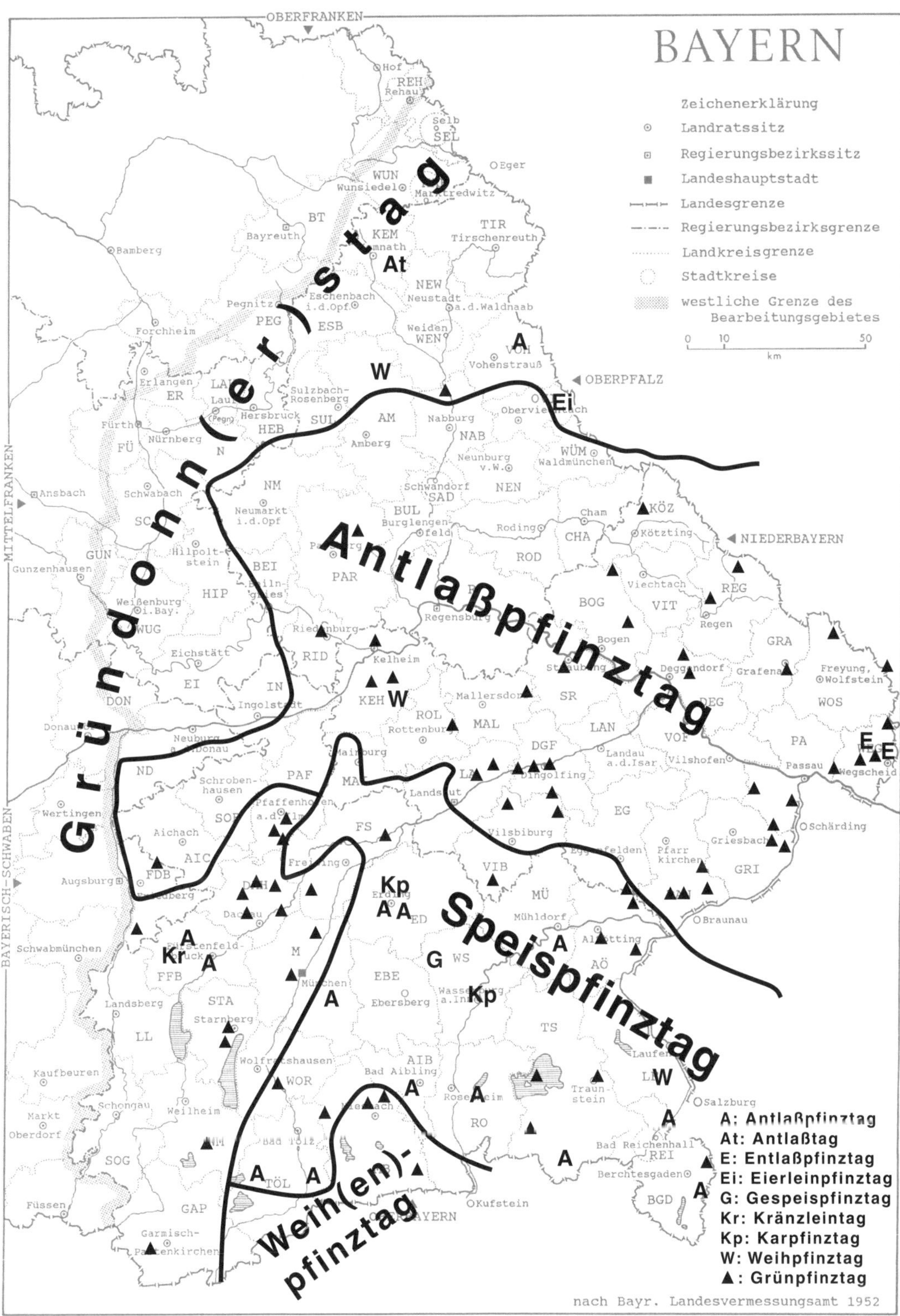

Karte 1: *Gründonnerstag* (kartiert sind nur Belege aus M-4/11 von 1928)

[**Dresch**]**t.** **1** Tag, an dem Getreide gedroschen wird: „Ein langer Pfiff *auf d'Nacht* beendet den *Dreschtag*" LETTL Brauch 120.– **2** †Tag, an dem als Frondienst Drescharbeit zu leisten ist: *für 1 Treschtag 18 … Pḡ* Indersdf DAH 1628 OA 25 (1864) 324.

Mehrfachkomp.: [**Dampf-dresch**]**t.** Tag, an dem mit der Dampfdreschmaschine gedroschen wird: *Es war der Dampfdreschtag!* LETTL ebd. 118.

†[**Dult**]**t.** Feiertag, v.a. Markttag an Kirchweih: *Neomeniarium tulditago* Rgbg 10.Jh. StSG. II,331,69; *neheina* [keine] *gotes uuiha, fastataga … andera hera dultaga* 12.Jh. SKD 143,15f. (Wessobrunner Glauben I); *daß alle Dulttäg … vor jedem Haus ein Schäffel voll Wasser ausgesetzt wirdet* 1764 Schrobenhsn.Stadtrechtsb. 84.

SCHMELLER I,502.

†[**Dung**]**t.** Tag, an dem als Frondienst das Feld des Grundherrn zu düngen ist: *die selb vogttey jaerlichen giltet … zwen tungtag, zway lember zů ǒstern* 1395 Urk.Heiliggeistsp.Mchn 278.

WBÖ IV,188.

[**Pfannen-tütsch**]**t.** wie →[*Palm*(*en*)]*t*.1: *Pfanaditschdoch* „weil es zum Mittagessen am Palmsonntag eine Art Pfannkuchen aus Mehl und Eiern gibt" Michelsfd ESB.– Zu einer Abl. von →*tütschen* 'schlagen, klopfen'.

[**Ehr**(**en**)]**t.** **1** Tag der Erstkommunion, OP vereinz.: *Ehrntag* Herrnhann R.– **2** Hochzeitstag, Tag danach.– **2a** wie →*T*.3hα, OB, NB, OP, SCH vereinz.: *da Eahrndåg* Ettal GAP; „*Der Êrtag* eines versprochenen Paares ist der Tag ihrer Hochzeit" SCHMELLER I,126; *der ehrsamme Hochzeiter … hat Gott bettn … Daß er ihm Glück und Gnad verleih … und einen friedsammen Ehrntag* DAH WESTENRIEDER Beytr. IV,414.– Auch in Phras.: *2. Ehrentag* „für die Brautleute" Neukchn VOH.– **2b** Jahrestag der Hochzeit, in Phras.: „*Da Vadda und d'Muadda ham heid suiwan Ehrdog* (Silberne Hochzeit)" BINDER Bayr. 50.– **2c** †wie →*T*.3hβ: *Ehrentag* „der Tag, welcher auf den Hochzeittag unmittelbar folgt" DELLING I,147.

DELLING I,147; HÄSSLEIN Nürnbg.Id. 59; SCHMELLER I,126; WESTENRIEDER Gloss. 121.– WBÖ IV,189f.

[**Emmaus**]**t.** Ostermontag, OB, NB vereinz.: *Ömaustag* Aicha PA; „Die Frau Wirthin … am *Emmaustage* … beschenkt … ihre treuen Gäste mit rothen Eiern" SCHLICHT Bayer.Ld 127.

WBÖ IV,189.

[**End**]**t.** wie →[*Feier-abend*]*t*., °OB, °NB vereinz.: °*Endtag* „Werktag vor einem Feiertag" Haarbach GRI.

WBÖ IV,189.

[**Erge**]**t.**, [**Er**(**ch**)]-, [**Mer**(**ch**)]-, [**Ner**(**ch**)]- **1** Dienstag, °OB, °NB, °OP, südl.OF, °östl.MF, °SCH vielf.: *Joschdog* Berchtesgaden; *d'Iata bi ö nöt dahoambt* Simbach PAN; *an Möredan* „an Dienstagen" Derching FDB; *merchtə'* M'nwd GAP SCHMELLER I,127; *haout die Schölzeit va fröih Achta bis Naamitoch Zwoa dauat. Eada und Freida suagaoua bis Vöiara* Wir am Steinwald 3 (1995) 139; *sô heizet der tac ergetac* BERTHOLDvR I,54,16; *Die Hochzeit … zů München gehalten/ am Erichtag nach Catharinæ/ Anno 1584* HUND Stammenb. II,13; „nach der Mundart des Gemeinen Manns allhier: *Erretag*" HÄSSLEIN Nürnbg.Id. 60.– **2** best. Dienstag im Kalenderjahr.– **2a** wie →[*Diens*]*t*.2, in Phras.: °*der unsinige Irda* „Faschingsdienstag" Hexenagger RID.– *Narrischer E.* °NB vereinz.: °*da nasch Iada* Arrach KÖZ; *da narrösch Örda* J. SCHLICHT, Niederbayern in Ld, Gesch. u. Volk, Regensburg 1898, 258.– „*Wia Kirwa* habe sich der *damische Irta* in der Hütte *angelassen*" Theresienthal REG HALLER Glasmacherbrauch 121.– *Dürrer E.* °NB vereinz.: °*da dia Iada* Gotzendf KÖZ.– °*Da foist Irda* Michelsneukchn ROD.– °*Da freßat Irta* Lenggries TÖL.– **2b** †Dienstag nach Pfingsten, in Phras.: „Pfingstdienstag, *blinder Irtag* … Nachfeiertag" OB BzAnthr. 13 (1899) 95.

Etym.: Ahd. **eriotag*, mhd. *ergetac*, *er*(*i*)*tac* über got. Vermittlung aus gr. *Áreos heméra* 'Tag des Kriegsgottes Ares'; WBÖ IV,192.

Ltg, Formen: *iada*, *eada*, *irda*, *-dǭg* u.ä. OB, NB, OP, SCH (dazu BT, PEG; HEB, N, WUG), daneben *iara* (LF, TS; VOF), *iarǭg* (LF), *iaxda*, *eaxda*, *irxda*, *-dǭg* u.ä. OB (dazu GRI, PA, WEG; BEI; EIH, HIP, WUG; ND), *ölxda* (ND), *iašda*, *iršda*, *-dǭg* u.ä. sö.OB, *ešda* (AIB, MB, RO), *iüda*, *ieda* u.ä. (LL, PAF, SOB; KÖZ), *iuda*, *-dǭg*, *iurǭg* (AIB, LF, TS), *iuxda*, *ioxdǭg* (BGD, LF, MB, TS), *iošdǭg*, *iuš-* (BGD, RO, TS), *örada* (ND), *irida*, *-dǭg* (AÖ, BGD, LF), *iare-*, *iuridǭg* (BGD, LF), *erkta* (IN; WUG).– Mit *m-*, *n-* durch falsche Abtrennung aus *am* / *an* / *den E.* od. Angleichung an →[*Mon*]*t*. u. →[*Mitt*]*woch* (KRANZMAYER Wochentage 35): *mörda*, *miada* u.ä. westl.OB, SCH, *mörxda* u.ä. (FFB, GAP, STA, WM), *mörada* SCH (dazu AIC,

DAH, SOB), *niada* (PAF; DEG, WOS; RID), *nerxda* (ND), *niudǭg* (LF).

KRANZMAYER Kennwörter 12; ders. Wochentage 25-36, 74-76, K.2-5.– DELLING I,157, II,2; HÄSSLEIN Nürnbg.Id. 60; SCHMELLER I,127f., 438; WESTENRIEDER Gloss. 133; ZAUPSER 23.– WBÖ IV,190-196.

Mehrfachkomp.: [**Pfingst-erge**]**t.** wie →[*Erge*]*t.*2b, NB mehrf., OB, OP, SCH vereinz.: „*da Pfingstiachda* gilt als *agschaffta Feiatåg*, an dem die Arbeit zu ruhen hat" Mittich GRI; *als sie am Pfingsterchtag des mißbreuchigen Sandtrigels* [Lebensmittelbettels] *sich gebraucht* Starnbg 1673 BJV 1952,99.

WBÖ IV,196.

– †[**Prang-erge**]**t.** wohl Dienstag nach Fronleichnam: „aus dem ganzen gestrigen *Prangörda*" J. SCHLICHT, Niederbayern in Ld, Gesch. u. Volk, Regensburg 1898, 290.

– [**Fasching(s)-erge**]**t.** wie →[*Diens*]*t.*2, °NB mehrf., °OB, °OP vereinz.: °*Faschamiaschta* Raubling RO; °*am Foschenirda backt die Bäuerin Köichl* Schorndf CHA; „Am *Faschingsirta* ... gab der Bauer seinem Knecht ... ein Glasel Schnaps" SIEBZEHNRIEBL Grenzwaldheimat 185.

WBÖ IV,196.

– [**Kreuz-erge**]**t.** Dienstag vor Christi Himmelfahrt, NB mehrf., OP vereinz.: *da Graiziada* Wdhf PAN.

WBÖ IV,196.

– [**Fas(e)-nacht(s)-erge**]**t.**, [**Fast-**]- wie →[*Diens*]*t.*2, °OP mehrf., °OB vereinz.: °*Fosadirta* Parsbg MB; °„am *Fosenachtsirda* trinkt man Schnaps, damit einen das Jahr über die *Staunzen* [Stechmücken] nicht beißen" Steinsbg ROD; „Am *Fosnatirda* ... die Stube auskehren und dem Nachbarn den Kehricht vor die Türe schütten" FÄHNRICH M'rteich 197; *Fastnachterchtag* Baier. Beytr. zur schönen u. nützlichen Litteratur 1 (1779) 1188.– Reim: *Fasnacht-Irta – aller Narren Kirta* SCHEINGRABER Sternsingen 9.

SCHMELLER I,1145.– WBÖ IV,196f.

– [**Oster-erge**]**t.** Dienstag nach Ostern, NB vielf., OB, OP mehrf., SCH vereinz.: *Åusdariadda* „Bauernfeiertag" Wassing VIB; *Oaschdrmörda* Friedbg; *ist sie am H. Ostererchtag mit einem jungen Sohn ... erfrewt worden* G. KÜPFFERLE, Histori Von der weitberühmbten vnser lieben Frawen Capell zu Alten-Oeting in Nidern Bayrn, Tl 2, München 1661, 248.

WBÖ IV,197.

– [**Schauer-erge**]**t.** wie →[*Kreuz-erge*]*t.*: *Schauerirda* „Dienstag der Bittwoche" VIT.

– [**Schlenkel-erge**]**t.** Dienstag nach Mariä Lichtmeß (2. Februar): „am *Schlenkl-Irtag*, dem beliebtesten Einstandstag" Rupertiwinkel Altb. Heimatp. 10 (1958) Nr.5,3.– Zu →*schlenkeln* 'den Dienst wechseln'.

– [**Hoch-zeit-erge**]**t.** **1** Dienstag, an dem die Hochzeit stattfindet: *Houzatiata* „bevorzugter Hochzeitstag ist der Dienstag, meist im Spätherbst" Nabburg.– **2** wie →[*Erge*]*t.*2b: *Håuzatiada* „weil Hochzeiten zu dieser Zeit möglichst auf den Pfingstdienstag gelegt werden" Aicha PA.

[**Palm-esel**]**t.** wie →[*Palm(en)*]*t.*1, OB, °OP vereinz.: *Boimesldog* Haimhsn DAH.

[**Auf-fahrt(s)**]**t.**, †[**-fährt**]- **1** wie →[*Auf-fahrts-pfinz*]*t.*, °NB mehrf., °OB, OP vereinz.: °*an Aufahrtstog tuat se da Himme auf und unsa Herr ziagt ei* Garching AÖ; *Afazto* Himmelfahrtstag O'ndf KÖZ; „Am *Auffahrtstag* ... gab es, wenn möglich *a floigerts Fleisch* (junge Krähen oder Tauben)" KREUZER Rinchnachmündt 41f.; *vor vnsers herren aufertag* Demling R 1296 Corp. Urk. III,492,4; *von dem Herrgott an dem auffertag auf zu ziehen* Ingolstadt 1520 Altb.Monatsschr. 8 (1908) 121.– Bauernregel: *Der Auffahrtstag laßt die Brems'n aus* HAGER-HEYN Drudenhax 210.– **2** wie →[*Blumen*]*t.*2: „Maria Himmelfahrt ... *Auffahrtstag unserer lieben Frau*" Altb.Heimatp. 14 (1962) Nr.32,9.– **3** wie →*T.*3aβ, in Phras.: „Daß für den Kranken *der letzte Auffahrtstag* ... angebrochen war" HAGER-HEYN Liab 131.

WBÖ IV,198f.

[**Himmel-fahrts**]**t.** wie →[*Auf-fahrts-pfinz*]*t.*, OB mehrf., NB, OP, SCH vereinz.: *Hümefadsdoch* Beilngries; *himlfartztag* SCHWEIZER Dießner Wb. 65.

WBÖ IV,199.

Mehrfachkomp.: [**Christi-Himmel-fahrts**]**t.** dass., °OB, NB, OP vereinz.: *Kristöhimmöfoatsdåg* Haidmühle WOS.

WBÖ IV,199.

– [**Maria-Himmel-fahrts**]**t.** wie →[*Blumen*]*t.*2: *Mari Himöfoachtståg* Burghsn AÖ.

WBÖ IV,199.

[**Hoch-fahrts**]**t.** wie → [*Prang(en)-pfinz*]*t.*1: „Fronleichnam ... Die Mädchen ... gingen am *Hoffartstag* im weißen Kleid“ HAGER-HEYN Drudenhax 218.

[**Vakanz**]**t.** Tag in den Schulferien, OB, NB, OP, SCH vereinz.: *Vokanztag* Dietersburg PAN; „Am ersten *Vakanztag* setzte mich die Mutter in den Zug“ HALTMAIR Hartpenning 69; „die Kinder an *Vacanz Tägen* ... in meinem Hause wohl exercirt“ Geisling R 1808 Oberpfalz 63 (1975) 299.
WBÖ IV,197.

[(**Sankt-**)**Valentin**(**s**)]**t.**, †[**-teins**]-, [**-tini**]- **1** †Tag des hl. → *Valentin* von Rätien, 7. Januar: „am *Valentinitag* den 7. Januar 1870“ Stubenbg PAN Donau-Ztg 80 (1870) Nr.2[,4].– **2** Tag des hl. → *Valentin* (Märtyrer), 14. Februar: *Valentinstag* FÄHNRICH Brauchtum Opf. 27; *des nehsten tages nach Sande valenteines tage* Passau 1296 Corp.Urk. III,461,9; *An sand Valteins tag, des heiligen marters* ARNPECK Chron. 545,31.
WBÖ IV,197f.

[**Drei-faltigkeits**]**t.** Dreifaltigkeitssonntag, OB, NB vereinz.: *Dreifoltekeidsdog* Kötzting.– Wetterregel: *regnet's am Dreifaltigkeitstag, regnet's die sieben folgenden Sonntag* Mchn.
WBÖ IV,198.

[**Fasching**(**s**)]**t.**, [**Faschen**]-, †[**Faschang**]- **1** Tag im Fasching allg., °OB, NB vereinz.: *Foschöntag* „Mehrzahl“ Kollnburg VIT; *Wer d'Faschingtäg nöt füllt sein Magn, der muaß'n 's ganz' Jahr laari tragn* MATHEIS Bauernbrot 34.– **2** wie → [*Diens*]*t.*2, °OB, °NB vereinz.: °*an Foschndog san früahra Deastbotn ausgschtana* Grafing EBE; *I möcht grad am Faschingtag sterbn!* Pellham SR SCHLICHT Bayer.Ld 90; *der Faschingstag* Rottal SHmt 42 (1953) 27; *Cläger sei am Vaschangtag khomen, den 3. Februarij* 1598 Stadtarch. Rosenhm PRO 140, 21.– Auch in Phras.: °*da grouß Faschöngsdåg* Grafenau.– *Na kimmt da heili Fåschamdåg* „scherzhaft wie von einem Heiligennamen“ Halfing RO.– *Wenn aufamal da Faschingstag aufn Aschlmigga fallt* [nie] Ruhpolding TS HAGER-HEYN Liab 81.– Schnaderhüpfel: °*heit is da Foschingsdog, do sticht da Baua d'Nosching* [Sau] *o und in Bean* [Eber] *a dazua, do hot a Fleisch gmua* Wdkchn WOS, ähnlich GRI, J.B. LASSLEBEN, Bayer. Schnadahüpfel, Kallmünz [2]1939, 25.– **3** Faschingssonntag, °OB, °NB vereinz.: °*der Faschamtag* Endf RO.– **4** wie → *T.*3dβ, in Phras.: °*da gloa Faschöngsdåg* „Rosenmontag“ Grafenau.
SCHMELLER I,770.– WBÖ IV,199f.

[**Fast**]**t.** Fasttag, Abstinenztag, °OB, °NB, OP, SCH vereinz.: *d'Freida is Fasttag* Simbach PAN; *Hl. Oubmd. Bis z Noumittooch woar strenga Fasttooch* HEINRICH Stiftlanda Gschichtla 20; *Dao kraig'ns ... oan Fastteg'n Arbes* Bärnau TIR SCHÖNWERTH Leseb. 85; *die heiligen dieteuaste* [für alle festgesetze Fastenzeit] ... *unde andere uastetage* 12.Jh. SKD 359,62-65 (Benediktbeurer Beichte III); *so sol man in bv*[e]*zen mit siwen vastagen* Eichstätt um 1250 Sammelbl.HV.Eichstätt 64 (1971) 30; *Daß man an Fasttägn Vorrath hat* BUCHER Charfreytagsprocession 148.– Phras.: °*da haaliche Aoumd is a hålwa Fåstdooch* „Tag, an dem man bis Mittag kein Fleisch essen darf“ Windischeschenbach ESB.– *A oanfacha Fåsdog* „einmalige Sättigung, mit Fleisch, Pfingstsamstag“ Frauensattling VIB.– °*Dobbeda Fasttog* „einmalige Sättigung, ohne Fleisch, 24. Dezember“ Weildf LF.– *Wer nix z'Essn hat, woaß wann Fasttag is!* KIEM Kreuther Tal 133.– Spruch: °*hait is Fåstog, hots Mai an Råstog* Frsg, ähnlich OB vereinz., LETTL Brauch 35.
WBÖ IV,200f.

Mehrfachkomp.: [**Weih-nachts-fast**]**t.** wie → [*Bächel(s)*]*t.*1: *Waihnochtsfostdog* „24. Dezember bis 12 Uhr Mittag Fasttag“ Spr.Rupertiwinkel 94.
WBÖ IV,202.

[**Feier**]**t. 1** Feiertag, Tag der Arbeitsruhe, °Gesamtgeb. vielf.: *de hod Ounringl ei an Feidan* Erding; °*i frei mi scho wida aufn Farda* Buch LA; *sie fragn di am Feischta, ob di 's Spinna net gfreut* Benediktbeuern TÖL KIEM obb.Volksl. 359; *d·Feirtə'* „vorzugsweise die zu Weihnachten, Ostern und Pfingsten“ SCHMELLER I,743; *neheina* [keine] *gotes uuiha, fastataga, firtaga ... nehan ih so geeret, so ih mit rehta scolta* 12.Jh. SKD 143,15-19 (Wessobrunner Glauben I); „Doch mag der Priester ... *wochentlichen einen vacanten oder feyrtag ... haben*“ 1424 Chron.Kiefersfdn 50; *die abgebrachten Feyertäg ... hast einen Baurn g'sehen, der in einen solchen Tag arbeitet?* BUCHER Kinderlehre 29.– Phras.: *gute* / *schöne F.e* u.ä. Gruß, Wunsch zu (hohen) Feiertagen, OB, NB, OP, SCH vereinz.: *goud Feiatog!* „zu Ostern, Pfingsten und Weihnachten“ Naabdemenrth NEW; *gsund Feiertoch!* SCHEMM Dees u.Sell 208.– *Halber F.* u.ä.

Tag, an dem die Arbeit halbtags ruht, OB, NB, °OP vereinz.: *da Karfreida is a halwada Fäadog* Cham; „Der Aschermittwoch war ein *halber Feiertag*" KREUZER Rinchnachmündt 38.– *Schlechter* / †*abgewürgter F.* u.ä. abgeschaffter Feiertag, der von der Landbevölkerung (halbtags) begangen wird: °*schlechta Faidog* „der halbe Tag ist frei" Petting LF; „daß diese abgeschafften Feiertage als *'schlechte' Feiertage* ... noch lange fortlebten" Altb.Heimatp. 8 (1956) Nr.24,19; *à'gwürgte Feirtə'* „im Scherz: *abgewürdigte Feyertage*" SCHMELLER II,999.– *Eine Nase* / *ein Gesicht wie ein F. im* (*Bauern-*)*Kalender haben* u.ä. rote Nase / rotes Gesicht, °OB, °NB, °SCH vereinz.: °*an Kare sei Gsicht is wia Feirta an Bauankalenda drin* „rot, wie die Feiertage markiert sind" Wildenroth FFB; *ə~ Gsicht, ə~ Nàs·n, wiə ə~ Feirtə i~'n Bauə'n·Calendə'* SCHMELLER I,743;– °*der hot mit sein Gsicht jedn Tog Feiertog* Endlhsn WOR.– *Auf* / *in die F.e* auf Besuch an den Feiertagen, °OB, °NB, °OP vereinz.: °*kemmts auf d'Feiertag* Halfing RO; °*in d'Feierdoch güi* Neunburg; *Nachbarn und Freind werd'n in d'Feyerteg glod'n* Bärnau TIR SCHÖNWERTH Leseb. 126.– *F. läuten* einen Feiertag am Vorabend einläuten, OB, OP vereinz.: *Feädalätn* Seligenporten NM.– *F. machen* blaumachen, OB, NB vereinz.: *Feita macha* Röhrmoos DAH;– °*bei dem is alle Tag Feiertag* „er arbeitet nie" Gögging KEH;– „*Im Himmi is allweil Feirdda* ... Entschuldigung für sein Nichtstun" ILMBERGER Fibel 61.– **2** Sonntag: °*Vaata* Hexenagger RID; *Feischdåg* HEIGENHAUSER Reiterwinkerisch 11.– **3** übertr.– **3a** Fehler, fehlerhafte Arbeit, °OB, SCH vereinz.: °*der hat an Feiertag einibracht* „wenn ein Maler ein Stück zum Weißen übersieht" Thanning WOR; *dear hodd vl Feirda dinn* „nicht gepflügte Stellen im Acker" Mering FDB.– **3b** †: „im Scherz von einem Müßiggänger: *Dés is ə rèchtə' Feirtà'*" Bay.Wald SCHMELLER I,743.

Ltg: *vaeadǭg, bv-, -dǭ(x)* u.ä., daneben *vaedǭg, -dǭx* (EBE, LF, TS, WS; PA; PAR, R; EIH), *vae(r)da* u.ä. OB, NB, SCH (dazu AM, BEI, PAR, R, RID; EIH, HEB, HIP, WUG), *vą(r)ta, vå-* u.ä. OB, NB (dazu R, RID; HEB; ND), *vę(r)da, vęa-, vör-, -dǭg, -dǭx* u.ä. westl.OB, SCH (dazu BOG, DEG, KÖZ, REG, VIT; CHA, NM, ROD, WÜM), *vęida* (NM, PAR), *vaexda* u.ä. OB (dazu GRI, LA, WEG), *vąxda* u.ä. (FS, PAF; LA, MAI), vgl. Lg. § 13i, sowie *vaešda, -dǭg* südl., sö. OB.

SCHMELLER I,743.– WBÖ IV,202-206.

Mehrfachkomp.: †[**Bann-feier**]**t.** gebotener Feiertag: *den heligen sununtach noh ander banfiertage* 11./12.Jh. SKD 336,19f. (Benediktbeurer Beichte II); *an den heyligen Sontägen, und andern gepoten Panfeirtagen* Mchn 1536 Slg der Kurpfalz-Baier. ... Landes-Verordnungen, hg. von G.K. MAYR, München 1788, IV,542.

SCHMELLER I,243.– WBÖ IV,207.

– †[**Bau-feier**]**t.** arbeitsfreier Tag im Bergbau, bergmannssprl.: *ausgenomen die Pau-Feyertag, die man recht an dem Perg feirt* Landshut 1463 LORI Bergr. 60.

WBÖ IV,207.

– [**Bauern-feier**]**t. 1** abgeschaffter Feiertag, der von der Landbevölkerung (halbtags) begangen wird, °OB, °NB, °OP, SCH vereinz.: *Baurafeirda gchejma bei ins idd* [nicht] *a* Mering FDB; *Bauernfeiertag sand die Vakanz für Deanstbotn* HALLER Dismas 59; „sogenannte *Bauernfeyertage*" Baier. Beytr. zur schönen u. nützlichen Litteratur 1 (1779) 1187.– **2** übertr.– **2a** wie →[*Feier*]*t.*3a: *hast wieder an so an Bauernfeiertag drin?* „verwickelter Draht bei Elektrikerarbeiten" Altenmarkt TS.– **2b**: *Bauanfaiadog* „Ausstemmungen an Brettern zur Verzierung" Spr.Rupertiwinkel 7.

WBÖ IV,207.

– [**Pfingst-feier**]**t.** wie →[*Pfingst*]*t.*, OB, NB vereinz.: *Pfingstfäada* „Pfingstsonntag und Pfingstmontag" Zandt KÖZ; *ains jeden jars ... an dem andern Pfingstfeyrtag* Landesord.1553 197[r].

WBÖ IV,207.

– [**Halb-feier**]**t.** wie →[*Bauern-feier*]*t.*1: „das Fest des hl. Sebastian ... ein sogenannter *Halbfeiertag*" SCHEINGRABER Sternsingen 4.

WBÖ IV,208.

– [**Jakobs-feier**]**t.** Tag des hl. →*Jakob* des Älteren, 25. Juli: *Jackaschfeischda* Elbach MB.– Auch: „Margarethentag (20. Juli), Magdalena (22. Juli), Jakobi (25. Juli), St. Anna (26. Juli), diese vier die *Jaggasfeischta* genannt" Leizachtal 219.

WBÖ IV,208.

– [**Nasen-feier**]**t.** Mariä Verkündigung, 25. März: „für die Fischer der *Nasenfeiertag*. Um diese Zeit beginnen die Nasen ... zu laichen" Chiemsee HAGER-HEYN Drudenhax 152.

– [**Oster-feier**]**t.** Osterfeiertag, OB, NB, OP vereinz.: *guadö Åusdafäda!* „Gruß zu den Oster-

feiertagen" St.Englmar BOG; *ez rait der Trainer* [PN] ... *gein lanczhůt in den oster feirtagen* 1406 Stadtarch. Rgbg Cam. 6, fol.114[r].
WBÖ IV,209.

– [**Schauer-feier**]**t.** Tag mit einer Bittprozession gegen Unwetter: *Den 2.ten Jenner – ist ein Schauerfeyertag* Ludenhsn LL 1.H.19.Jh. Bayerld 22 (1911) 65; „Fällt *Martha* [29. Juli] auf einen Freitag, so gilt dieser Tag als *Schauerfeiertag*" Scheingraber Sternsingen 29.
WBÖ IV,209.

– [**Schul-feier**]**t.** wie →[*Vakanz*]*t.*, OB, NB vereinz.: *Schuifeada* Arrach KÖZ.

– [**Seelen-feier**]**t.** wie →[*Toten*]*t.*: *'Drescherei hot da(u)rt no'-n Sejafärda'n bis gegn Wänachtn hi* KÖZ, VIT BJV 1954,198.

– [**Spitzlein-feier**]**t.** Allerheiligen, 1. November, u. Allerseelen, 2. November, OP vereinz.: *Spizn* (geflochtenes Gebäck) *in den Spizlfeiatågn* Gleiritsch OVI; „die zwei Feiertage heißen *Spitzl-Feierdeech*" Altenstadt VOH Fähnrich Brauchtum Opf. 273.

– †[**Wurm-feier**]**t.** wohl Mariä Heimsuchung, 2. Juli: „*Wurmfeiertag* ... Die Bittgänger baten, vor der *Engerlingplage* verschont zu bleiben" Tettelham LF vor 1900 Hager-Heyn Drudenhax 192.

[**Veits**]**t.** →[*Vitus*]*t.*

[**Fest**]**t.** Tag, der festlich begangen wird, OB, °NB, OP, °SCH vereinz.: *Gwanta füa pFessda* Zandt KÖZ; *Dö drei größtn Festa? Da Saustich, da Fasching und da Kirta!* Lettl Brauch 127; *Kaffeh wird bor an read'n Bauarn niad trunk'n, haychstns oan Festtog'n* Bärnau TIR Schönwerth Leseb. 100; *gebotne vest- oder feyrtag* 1571 Stadtr.Mchn (Auer) 230.
WBÖ IV,210.

[**Fetzel**]**t.** wie →[*Pfeffer(s)*]*t.*, MF (EIH, HIP) mehrf., OB vereinz.: „die Burschen *fäzln* am *Fäzltag* die Mädchen mit einer Peitsche um die Waden, bis sie eine Mass Bier erhalten" Eichstätt; „Im Eichstättischen ... *Fetzltag* ... der Unschuldige Kindlestag" Volk u. Volkstum 3 (1938) 328.– Zu →*fetzeln* 'mit einer Gerte u.ä. leichte Streiche austeilen'.

[(**Sankt-**)**Vinzenz**(**i**)]**t.**, [**Vinzentius**]- Tag des hl. →*Vinzenz*, 22. Januar: „der Holzknecht feiert den *Vinzenzertag*" Wasserburg; „früher am *Vinzenzitag* ... für die Holzarbeiter ... ein Amt" Berchtesgaden Hager-Heyn Drudenhax 107; *Diser brief ist gebn ... an sand Vincencen tag* Törring LF 1301 Urk.Raitenhaslach 411.
WBÖ IV,211.

[**Fischer**]**t. 1** Tag der festlichen Jahresversammlung der Fischer: „*Fischertag* auf der Fraueninsel – jährlich am 3. Samstag im Juli" G. u. P. Weilacher, Regionaltypische Spezialitäten aus Bayern, Aibling 2011, 122.– **2** wie →*T.*3fβ: *Fischertag* „weil die Fischer am Karfreitag das meiste Geschäft machen" Mettenbach LA.

[**Vitus**]**t.**, [(**Sankt-**)**Veits**]-, [**Veitel**]- Tag des hl. →*Vitus*, 15. Juni, OB, °NB, °OP, SCH vereinz.: °*Veichdsdog* „Tag, an dem das Kraut auf die Felder gepflanzt wird" Neufraunhfn VIB; „*Veitltag* oder *St.-Veits-Tag*" Feichtenbeiner Bauernbr. 47; *als nu herzog Fridrich von Osterreich an freitag vor sand Veichcz tag gestorben* Arnpeck Chron. 513,28f.
WBÖ IV,210.

[**Fleisch**]**t.** Fleischtag, OB, °NB, OP vereinz.: *heid is a Fleischdog, juche!* Haimhsn DAH; *Was is heut für 'Tag? ... Donnerstag ... Fleisch-Tag* W. Fanderl, Annamirl Zuckaschnürl, München 1977, 47; *jedes ... bekömmt an Fleischtägen neben dem Gemieß, ¾ Pfund Rindfleisch* Meidinger Landshut u. Straubing 212.– Phras.: *siagt a grod lata Fleischtog* „ist glücklich und frohgemut" Laaber PAR.– Auch: *Flaischtåg* „Tag, an dem Fleisch verkauft werden darf" Ingolstadt.
WBÖ IV,211.

[(**Sankt-**)**Florian**(**s**)]**t.**, [**Flori**(**ani**)]-, [**Florl**]- Tag des hl. →*Florian*, 4. Mai, NB mehrf., OB, OP vereinz.: *da Florldog* Aubing M; *da Florianitåg* „früher Feiertag der Schmiede" Passau; *Floredoch* Altfalter NAB; „An einem Samstag oder Sonntag um den 4. Mai begehen die bayerischen Feuerwehrleute ... den *Floriani-Tag*" Oberpfälzer Ostern, hg. von E. u. A.J. Eichenseer, Regensburg [2]2001, 443; *Philipp, ward geporen an sand Florians tag anno 1480* Arnpeck Chron. 555,28f.; „Am *heil. Floriani Tag* Hornvieh- ... und Schweinmarkt, auch Leutmarkt" Pfarrkchn Münchner Ztg 9.2.1785[, 1].
WBÖ IV,211f.

†[**Forst**]**t.** wohl Tag, an dem aus dem Wald Holz geholt werden darf: *da man von wegen abgebung deß Brennholtzs nit ordenliche Forsttäg gehebt* Landr.1616 736.

[**Fraß**]**t.** wie →[*Diens*]*t.*2: „Der Fastnachtsdienstag … auch *Fraßtag* … gehört zu den wenigen Fleischtagen des Jahres" Leizachtal 224.

WBÖ IV,212.

[**Frau(en)**]**t.** in ä.Spr. auch als Fügung mit vorangestelltem Gen. *unser Frauen T.* u.ä.– **1** Festtag zu Ehren Marias allg., °OB, °NB, °OP vereinz.: *a Frauatag* „irgendein Marientag im Kalender" Neustadt KEH; *Und kimmt amal a Festtag, a Frauertag daher* Zell TS Kiem obb. Volksl. 6; „Ä. Sp. *der Unser Frauen Tag*, jetzt blos *der Frauentag*, der Festtag Mariens" Schmeller I,802; *so sol man den vrowen an vnser vrowen tac gepachens gebn* Pfründe Geisenfd 422; *Weil man die Sambstag jederzeit … für unsser lieben frauentäg gehalten* Stubenbg PAN 1796 Ph. Lenglachner, Gesänger Buch I, München 2014, 346.– **2** best. Festtag zu Ehren Marias.– **2a** Mariä Lichtmeß, 2. Februar, ä.Spr., in heutiger Mda. nur in Phras.: *drew jar, di nochst einander chomment von unserer frawen tag ze lychtmesse* 1371 Runtingerb. III,13.– Phras. *kleiner F.* °OB vereinz.: °*kleiner Frauentag* Schrobenhsn.– **2b** wie →[*Nasen-feier*]*t.*, ä.Spr., in heutiger Mda. nur in Phras.: *an vnser frawen tag ze der chundung* Burghsn AÖ 1338 Urk.Osterhfn 135; *die gepar … an unser frauen tag in der vasten ein sun* Aventin V,378,4f. (Chron.).– Phras.: °*kloana Frauadog* „Mariä Verkündigung, 25. März" Steinhart WS.– **2c** wie →[*Blumen*]*t.*2, °OB, °NB, °OP, °MF, SCH vereinz.: °*der Frautåg* „Mariä Himmelfahrt" Utzenhfn NM; *D' Stallarbat is gschehgn, sinst werds net viel z'toan gebn am Frauatag* Christ Werke 567 (Rumplhanni); *Diser prief ist gegeben der næsten mittichen nach vnserr vrawen tag der ereren* [Ernte] wohl Landshut 1294 Corp.Urk. V,471,23f.; *an freytag vor Unser Frawntag* Lererb. 104.– Auch in Phras.: *großer F.* °OB, °NB, °OP, °SCH vielf., °MF vereinz.: *da grouß Frauatåg* Innviertel; °*am groußn Frauadooch wird da Kreitererbischl gweiht* Friedersrth NEW; *morgen ist der 'Groß' Frauatag', wo in der Kirch selm die Kräuter 'g'weicht' werdn* Ingolstadt HuV 14 (1936) 246.– *Hoher F.* °sö.OB vielf.: °*da houh Frauadog* Weildf LF; „*Houfraudog* … Maria Himmelfahrt (15.Aug.)" Helm Mda.Bgdn.Ld 73.– *Schöner F.* °OB, °NB vereinz.: °*da sche Frauadog* Rechtmehring WS.– †: *an unser frawn tag der ersten* 1355 Rgbg. Urkb. II,63.– **2d** Mariä Geburt, 8. September, ä.Spr., in heutiger Mda. nur in Phras.: *an vnser frauwen tag in dem habersnit* 1298 Urk.Raitenhaslach 395; *an unser frauentag in der sât, da war ein grosser jarmark* Aventin V,368,23f. (Chron.).– Phras.: *kleiner F.* °OB mehrf., °NB, °OP vereinz.: °*gloina Frauadooch* Neunburg; „*Kloafraudog* … Maria Geburt (8 Sept.)" Helm ebd.– †: *an dem nehsten suntag nach vnser frawen tag der lezter* Gnadenbg NM 1386 MB XXV,15.– †: *den nam si dez freitag vor unser frawn tag der andern* 1383 Runtingerb. II,95.– **2e** Mariä Namen, 12. September, in Phras. *kleiner F.*: °*kleiner Frauentag* Braunrd ROD; „dem Fest Mariä Namen, vom Volk *kleiner Frauentag* genannt" Rgbg Oberpfälzer Leben, hg. von E. u. A.J. Eichenseer, Grafenau 2009, 186.– **2f** Mariä Empfängnis, 8. Dezember, ä.Spr., in heutiger Mda. nur in Phras.: *Auf montag nach vnser Fraven tag Enpfengnusz* 1525 Schmid Inschr.Rgbg 55.– Phras.: *kleiner F.* °OB, °OP vereinz.: °*kleiner Frauentag* Hahnbach AM.– „Im Volk … *verhohlener Frauentag*" Scheingraber Sternsingen 47.– **2g** als Pl.– **2gα** Mariä Himmelfahrt, 15. August, u. Mariä Geburt, 8. September, °OB, NB vereinz.: *zwischen dö Frauadag miaßn d'Haim gschundn* (geackert) *sei* Mittich GRI; *Naou de Frauadaach D'Schwalm ham se furtgmacht* Schwägerl Dalust 145; *Kranwitper die zwischen paider unser frawen tagen geprochen* Windbg BOG 1505 Cgm 4543,fol.173r.– Auch in Phras.: °*groaße Frauatag* „15. August und 8. September" Günzlhfn FFB.– **2gβ** †: *Der richter sol … nicht rechtz haben … an der vier unsrer frawn tag* [2. Februar, 25. März, 15. August, 8. September] Mühldf 2.H.14.Jh. Chron. dt.St. XV,405,2-5.

Delling I,184; Schmeller I,802; Westenrieder Gloss. 163f., 219, 286.– WBÖ IV,212-215.

Mehrfachkomp.: [**Busch-frauen**]**t.** wie →[*Blumen*]*t.*2: „Am *Buschfrauatag* hat sie den Strauß zur *Kräutlweih* getragen" Inkfn MAL HuV 9 (1931) 306.

WBÖ IV,215.

– [**Büschel-frauen**]**t.** dass., °OB vereinz.: °*dr Büschlfrauetog* Kohlgrub GAP; „*Mariahimmelfahrt* … in der Holetau … *Büschelfrauentag*" Panzer Sagen II,12.

– [**Kräuter-buschen-frauen**]**t.** dass.: „Ein Hüterbub … begegnete ihm beim Morgengrauen

des sogenannten *Kräuterbuschenfrauentages*" KROHER Ache 285.
WBÖ IV,215.

– [**Heu-frauen**]**t.** wie →[*Wurm-feier*]*t.*: °*Heufrauentag* „2. Juli, Mariä Heimsuchung" Teisendf LF.

– [**Klausen-frauen**]**t.** wie →[*Frau(en)*]*t.*2f: „8. Dezember ... *glousnfrauədox*" FUNK Irgertshm 14.

– [**Kräutlein-frauen**]**t.** wie →[*Blumen*]*t.*2: „der hochfestliche *Kräutlfrauentag* mit seinem Kirchenglanze ... und Kräuterbüscheln" SCHLICHT Bayer.Ld 322.

– [**Latern-frau**]**t.** dass.: *Laternfrautag* „häufig schon Laternen an den Erntewagen angebracht ... da die Tage ... kürzer werden" SCHILLING Paargauer Wb. 76.

– [**Lieb-frauen**]**t.** wie →[*Wurm-feier*]*t.*: *regnet's am Liebfrauentag, wächst nach vierzig Tag die Plag* „Bauernregel für Mariä Heimsuchung, 2. Juli" Wasserburg.

– [**Besen-reiser-frauen**]**t.** Mariä Opferung, 21. November: *Besnraisafrauadåg* „da holen die Leute Besenreiser" Aicha PA.
WBÖ IV,215 (Pësen-reisach-).

– †[**Sommer-frauen**]**t.** wie →[*Blumen*]*t.*2: „*Ehrenreutl* [Ehrenpreis] ... am *Sommerfrauentage* in der Kirche geweiht" Falkenbg TIR SCHÖNWERTH Opf. I,137.

– [**Kräuter-weih(en)-frauen**]**t.** dass.: *graidəwaifrauədox* FUNK Irgertshm 18.
WBÖ IV,215.

[**Frei**]**t.**[1] **1** Freitag, °Gesamtgeb. vielf.: *Freidog* Berchtesgaden; *ön Freida oabat ma nöt gean* Hengersbg DEG; *Bloß z'Freitern gibts bei uns koa Fleisch ned* LAUERER Wos gibt's Neis? 90; *a Dampfnudl ... wie ma's mein Köchin 'n Freytägn aufsetzt* MÜLLER Lieder 184; *der sehste tac ... heizet ... frîtac* BERTHOLDvR II,236,31f.; *daß kindt 3 freütäg mit einer Kierchenbesuechung, gebett* 1736 Mirakelb. Aunkfn 117.– Phras.: †*neuer F.* erster Freitag nach Vollmond: *von ein krepirten Pferd ... ein Fleisch nehmen ... an einem neuen Freitag wenn der Mond im Abnehmen ist* Neukchn KÖZ 1.H.19.Jh. Bayer. Heimatschutz 27 (1931) 49.– °*Freidaleitn* „11-Uhr-Läuten am Freitag" Haslangkreit AIC.– *I kimm bald öfter wie der Freitag* „Entschuldigung für häufige Besuche" Höhenstadt PA.– *Wat bis am Freida, dau leckn se alle Sai selwa* „Entgegnung auf: Leck mich am Arsch" Sulzbach-Rosenbg.– °*Was d'am Freitag lachst, wirst am Sonntag wieder woana* Salzweg PA, ähnlich °OB, °NB, °OP, °MF, °SCH vereinz.;– °*wer am Freida lacht und am Samstoch singt, der woint am Sunnda ganz beschtimmt* Schwandf, ähnlich °OB, °NB, °OP, °SCH vereinz., HALLER Waldlersprüch 55;– *Wèr in' Freida singd und ón Sámsta spinnd und án Sunta b' Mèss vóschlàfft, haod sān Dâl in' Himl vókăft* Hahnbach AM SCHÖNWERTH Sprichw. 19, ähnlich °OP vereinz.;– *Wer am Freitag weint und am Samstag lacht, dem wird am Sonntag a Freude gemacht* Wdmünchn.Heimatbote 20 (1989) 64, ähnlich °OB, °OP vereinz.– Bauernu. Wetterregeln: °*wie das Wetter am Freitag, so ist es am Sonntag* Ursulapoppenricht AM, ähnlich °R.– *Wön sö s Wöda ön Freida bössad, bleibts länga schö* Schwarzenbg MB.– *Wenn's am Freitag vor Mittag nicht mehr regnet, hellt si's Wetter auf* Haag WS.

Vkde: Der *F.* gilt als Unglückstag: Man soll keinen neuen Dienst antreten, weil *an Freitåg geht da Teifö mit* Innviertel, ferner keine lange dauernden bäuerlichen Arbeiten wie Feldbestellung od. Ernte beginnen (REH), kein Brot backen (AÖ; CHA, VOH; REH; vgl. HAGER-HEYN Drudenhax 255), kein Vieh kaufen (REH), einer Bruthenne keine Eier unterlegen (vgl. SIEBZEHNRIEBL Grenzwaldheimat 297).– „Wenn am *Freitag* ein Grab offen ist, *do kimmt boid wieda oans noch*" Hohenpeißenbg SOG.

2 best. Freitag im Kalenderjahr.– **2a** letzter Freitag im Fasching, in Phras.: *rußiger F.* °OB, °SCH vielf., °NB mehrf., °OP, °MF vereinz.: °*am ruaßinga Freida wird ma leicht mit ruaßign Fingern gschwärzt* Peißenbg WM; *da roußö Fraida* Stadlern OVI; „Am ... *ruaßiga Freidda*, wurde jeder [Unmaskierte] ... mit ... *Oufaruaß* eingerieben" WÖLZMÜLLER Lechrainer 31.– *Schmalziger / geschmalzener F.* °OB, °NB vereinz.: °*schmalziga Freida* Hzhsn VIB.– *Spörer F.* °OB (BGD) mehrf.: °*da schber Freitog* Ramsau BGD.– **2b** Freitag vor Palmsonntag, in Phras. *schmerzhafter / geschmerzter F.* OB, °NB, OP, SCH vereinz.: *an schmerzhaftn Freida geht ma um dö Palmmulzwei* [Palmkätzchenzweige] Aschau RO; *kschmärzda Fraida* Beratzhsn PAR; *sand* [zum Beichten] ... *komma: D'Weiber auf'n Schmerzhaftn Freida* Oberpfälzer Ostern, hg. von E. u. A.J. EICHENSEER, Regensburg [2]2001, 346; *Der ... schmerzhafte Freytag* „an welchem die Münchener zur *schmerzhaften Kapellen* ... wallfahrten" SCHMELLER II,557.– **2c** wie →*T.*3fβ, in Phras.: *hoher* / *höchster F.* °OB, °OP vereinz.: °*heid is hoher Freitåg* Karfreitag Lenggries TÖL.– °*Da schwarze Freita* Wildenroth FFB.– *Schmerzhafter F.* OB, NB vereinz.: *schmerzhafta Freida* Wartenbg ED.– *Dåuda Freida* Haimhsn DAH.– *Stiller F.*: *da stille Freida* Wildenrth NEW; *Gehe am stiellen Freitag vor Sonnenaufgang hinaus* Wernbg NAB um 1850/1860 CH.N. OBERMEIER, Abdekkersleut' als Volksmediziner, Ponholz 2012, 47.– „*der stade Freita* ... ist ein heiliger Tag" SIEBZEHNRIEBL Grenzwaldheimat 201.– *Blutiger Freitag!* „Ausruf, in Anspielung auf den Karfreitag" Mchn.– **2d** Freitag vor dem Dreifaltigkeitssonntag, in Phras. *laufender F.* °OB vereinz.: *der laufende Freitag* Mchn; „*laufender Freitag*, vermuthlich früher Rossrennen (Umritte)" OB BzAnthr. 13 (1899) 95.

KRANZMAYER Wochentage 55-57.– DELLING I,184; SCHMELLER I,438, 817f., II,557; WESTENRIEDER Gloss. 167, 224, 315, 562.– WBÖ IV,215-220.

Mehrfachkomp.: [**Palm-frei**]**t.** wie →[*Frei*]*t.*[1]2b, NB vereinz.: *Poinfräta* „Freitag vor Palmsonntag" Rattenbg BOG.

WBÖ IV,220.

– [**Trauer-frei**]**t.** wie →*T.*3fβ, NB, OP vereinz.: *Drauafreida* Karfreitag Beilngries.

WBÖ IV,220.

– [**Herz-Jesu-Frei**]**t.** **1**: °*Herz-Jesufreitag* „jeder erste Freitag im Monat" Thanning WOR.– Auch: *Heazjesufraida* „erster Freitag im Juni" Aicha PA.– **2** dritter Freitag nach Pfingsten: „für Verehrer des heiligen Herzen Jesu der *Herz Jesu Freitag*" Vohenstrauß, Prackendf NEN VHO 112 (1972) 186f.

WBÖ IV,221.

– [**Kar-frei**]**t.** Karfreitag, °Gesamtgeb. vielf.: °*ön Karfräta derf ma nöt arbatn, wa Jesus gstuarm is* Böbrach VIT; *an Khafreida khöna Pfara ausschlåufa* Beilngries; *wenn dea gaischli Häa in dea Bredi am Kharfraide liagt, na gräd dea Giggl aufm Khirchadura giggerigi* Lechhsn A; *Voar da Kiarch habm in Koarfreita d Ministrantn mit n Ratschan an d Stearbstund Christe darinnat* HEINRICH Stiftlanda Gschichtla 11; *sehzich phenninge sol man geben den dvͤrftigen zeinem mal an dem charfreitage* 1279 Urk. Heiliggeistsp.Mchn 12; *zu ainem swartzen meßgwandt ... an dem heiligen karfreitag ze nutzen* Frsg 1451 Sammelbl.HV.Frsg 11 (1918) 93.– Phras.: *Karfreidabedln* „Ministranten gehen karfreitags ... von Haus zu Haus und erbeten Gaben" JUDENMANN Opf.Wb. 92.– *Er sieht aus, wie der Karfreitag* „wie ein Mensch, der sich nie satt essen kann" DELLING II,12;– *der schaud aus, ais wen a allö Kafreida amai wos essad* „ist mager" Beilngries.– °*Wia Leberknödl am Karfreitag* „von etwas, was es nicht gibt" Weilach SOB;– °*wöi s Mittagläutn am Karfreita* Neustadt.– *Am K. unterm Mittagläuten* / *wenn es am K. zwölf Uhr läutet* u.ä. nie, °OB, °NB, °OP, °SCH vereinz.: *boi ma an Karfraida Mitog läut* Erding; °*am Karfreitag unterm Glockenläutn denkt der dro, seine Schuidn zum zahln* N'viehbach DGF;– *wenns am Kharfraide zwölfe laidt, na danzd s Khraiz aufm Khirchadura* Lechhsn A;– °*wenn da Karfreita afn Aschamicha fallt* „nie" Schnaittenbach AM.– *Is ebba heunt da Karfreida?* „wenn im Wirtshaus mal nichts Lustiges gesungen wird" Naabdemenrth NEW.– *Wear Kiarta ghåbd håt, derf an Khoafraida a net schaicha* „über eine Gebärende" Gallenbach AIC.– Reime: *Wer am Karfreita niat fast, Am Karsamsta niat rast, Am Ostersunta d'Mess'vasaft, Der hat sein Teil im Himm'l vakaft!* Stiftld Oberpfälzer Ostern, hg. von E. u. A.J. EICHENSEER, Regensburg [2]2001, 208.– *Am Karfreitag därf ma net singa, dös kunnt a Unglück bringa* FRIEDL Kinder-Sprüchl 27.– Bauern- u. Wetterregeln: *wenn's am Kårfreida rengt, rengts s ganz Jåhr* Straubing, ähnlich PA;– *wenns an Coafreida röngt, röngts oi Freida s ganz Ja* Kneisting GRA;– *wenns am Karfreitag rengt, rengts 6 Freitag nacheinanda* Wörth LA;– *wenn am Kharfreida der Wind geht, so geht er das ganze Frühjahr* Wassing VIB, ähnlich SR, LEOPRECHTING Bauernbrauch 162.– *Röngds an Carfreida, so dagibt* [genügt] *koa Regn dön ganzn Summa* Kastl AÖ, ähnlich OB, NB, OP, SCH vereinz.; LEOPRECHTING ebd.– *Wenn am Karfreita d'Sunn scheint, dergibt d'Sunn s ganze Jahr net* „wird es nie zu trocken" Erding.– *Wenns am Karfreitag reift, schad s'ganz Jahr koa Reif* Wdmünchn.Heimatbote 20 (1989) 63, ähnlich OB, NB, OP vereinz.– *Wenn die Sonne am Karfreitag scheint, verdorrt der Flachs, wenn es regnet, gerät er* Kulmain KEM.– *Am Kofreida, wens rengnd, vregga d jung Gens* Michelfd ESB.– *An Karfreida soids ois doa, do soids d Sunna schein, soid renga und soid an Reif hom, na schadt des ganz Johr nix* Haimhsn DAH.

Vkde: *K.* ist ein strenger Fasttag, meist wird bis mittags, vereinz. bis zum Abend (M; DEG, WOS; BEI, CHA, VOH, WEN) nichts gegessen. „Man darf sich nur einmal satt essen, mit Fisch, Fastensuppe (ohne Fleischbrühe), Mehl- oder Eierspeisen“ Mchn, ähnlich Gesamtgeb. „Die Fastensuppe wurde früher mit glühenden Eisen eingebrannt“ Passau. °*Wer am Koafreider Fleisch ißt, den wachsn Herner* Rottendf NAB. „Wer am *Karfreitag* Fisch ißt, dem geht das Geld nicht aus“ Traunstein. Die Gräten werden „im Getreidestock versteckt, um die Mäuse ... zu vertreiben“ STROBL Feiertäg 28. Gerne wird Hecht gegessen, weil „an den Gräten und Knochen die Leidenswerkzeuge Christi erkennbar sind“ Rieding CHA, ähnlich WS; VOH. Als Schutz vor Schüttelkrampf legt man den getrockneten Hechtkopf in ein Säckchen unter das Kopfkissen eines Kindes (WS). Die Schwimmblase des Herings (→[*Hering*(*s*)]*seele*) soll man am *K.* gegen Kreuzweh essen (TÖL). Burschen, welche sie am *K.* an die Decke werfen, bleiben „noch mindestens ein Jahr ledig, wenn diese pappen bleibt“ Tegernsee MB.– „Wer am *Karfreitag* nichts trinkt, dem tut das Kreuz nie weh“ Ettling LA, „den dürstet das ganze Jahr nicht“ Bernau RO, ähnlich TÖL, WM.– „Der *Karfreitag* ist still wie das Grab“ HAGER-HEYN Drudenhax 161, man soll nicht singen, pfeifen u. musizieren.– Es läuten keine Kirchenglocken (s. [*Grün-donn*(*er*)*s*]*t.*), deswegen heißt es über Unmögliches od. sehr Unwahrscheinliches: *d'Haringsöl, de wau ma an die Stubdeck wirft, fallt an Charfreita unterm 12-Uhr-Läuten oha* Taxöldern NEN (ähnlich OB, NB, OP, SCH vereinz.) od. „wird zum Roß“ Haimhsn DAH. „Wer während des Zwölfuhrläutens im Feld oder Garten gräbt, gräbt schwarze Kohlen aus“ Partenkchn GAP. *In Suntagskindern, wenns an Karfreita afn Kreuzweg* [Wegkreuzung] *stenna, zoagt da Hörndlmaar* [Teufel] *dös hoamli* [verborgene] *Geld, oba grad untern Zwölfiläutn* Cham.– Allg. üblich ist der Kirchgang (am Vormittag), der Besuch am *Heiligen* →*Grab* u. die Verehrung des Kreuzes im Altarraum.– Mancherorts, v.a. im katholischen Geb., wird am *K.* gearbeitet, andernorts sollen nur notwendige Arbeiten verrichten werden, weil *d'Arbat åm Kåfreida bringt nix Guats* Saming PA. Man soll v.a. keine Feld- u. Erdarbeiten verrichten, *weil unsa Herr in da Erdn liegt* Innernzell GRA (ähnlich NB, OP vereinz.) u. man ihn dadurch *ausackert* Erding, ansonsten droht Hagelschaden (AÖ; GRA). „Wer am *Karfreitag* mit der Schaufel in Garten oder Feld gräbt, gräbt sich sein eigenes Grab“ Simbach PAN, ähnlich A. „Wenn man gräbt, heißt es, *ma grobd eam* [Jesus] *s Grob*, wenn man ackert, *ma aggadn ei*“ Eichstätt.– Am *K.* soll man Erbsen (AIC, DAH; FDB), Zwiebeln (PAN), Kartoffeln (AIB, °ED; VIB), Getreide (PAR), Flachs u. Lein (FDB) anbauen od. Blumen in andere Erde setzen (GAP). In Herrnthann R *deaf ma koi Earapfl und üwahaps nings ön d Ead eitau.*– Man soll kein Vieh einspannen (AIC, AÖ; PAN; KEM), „eingespannte Ochsen bekommen wehe Köpfe“ Rattenbg BOG od. „verlieren die Hörner“ Neureichenau WOS.– Man soll „kein Tier töten, sonst wird man das ganze Jahr über von solchen Tieren belästigt“ CHRISTL Aichacher Wb. 30, ähnlich STROBL Feiertäg 28.– Man soll nicht buttern, *wail ma sist koa Glück håt mid n Vöi* Herrnthann R, ferner nicht backen, weil „so weit der Rauch des Backofens ziehen konnte, so weit ... würde das Jahr hindurch kein Regen fallen“ HAGER-HEYN Drudenhax 162. „Wer am *Karfreitag bacht*, dem geht das ganze Jahr das Brot nicht aus“ O'kreuzbg WOS.– Am *K.* darf man nichts verkaufen, verleihen od. verschenken (OVI, R; vgl. SIEBZEHNRIEBL Grenzwaldheimat 202), v.a. keine Milch (OVI; NEN, WÜM SCHÖNWERTH Leseb. 125). „*Wenn oana a bißl wås vo an åndan dawischn kho* (z.B. nur eine Hand voll Mist), bringt ihm das Glück das ganze Jahr“ Gallenbach AIC.– Wer am *K.* seine Nägel schneidet (Chiemgau) od. sich mit dem Splitter einer Eiche ins Zahnfleisch ritzt (BUL), hat im folgenden Jahr kein Zahnweh.– „Wenn man nagelt, heißt es, *ma nagld n Jesus hi*“ Eichstätt. Wenn ein Bestohlener in einen Birnbaum Nägel einschlägt, *schlågt as dem ei, dea oan a Geld gschtoln håt* Herrnthann R.– Am *K.* „darf kein Licht brennen, außer das Küchenfeuer, das nur mit Buchenklötzen bestückt werden darf“ Tegernsee MB.– Besondere Wirkung wird Handlungen am Karfreitagmorgen zugeschrieben: *Wenn ma an Khafreida in da Früa unb'red* (ungesehen) *an Hoslnußschdega oschneid, nåu kha ma damid allaloi zawan* Beilngries. Man betet vor Sonnenaufgang „kniend auf kantigen Steinen als Heilmittel gegen Kreuzweh“ Höhenstadt PA, reibt seinen Körper mit Tau ab, damit man bei der Arbeit im Sommer nicht schwitzt (STROBL Feiertäg 28), kehrt zum Schutz gegen Flöhe die Wohnung aus (TS; R), bringt den Kuhstall in Ordnung, damit das Vieh vor Fliegen verschont bleibt (FDB), gibt den Pferden junge Roggen- od. Dinkelsaat zum Schutz gegen Krankheiten, v.a. Druse (RO, TÖL; VIB; FDB), läßt sie zur Ader zum Schutz vor Fieber u. Blutkrankheiten (STROBL ebd.). „Man soll *voan Sunnafgö midn Wåschblai blöschn, sowait wöi da Schall geht, fangt da Gaia koa Daum und da Fuchs koi Henna*“ Herrnthann R, ähnlich FDB.– „Vor dem Gebetratschen in der Früh reitet der *Bilmesschneider* [Korndämon] durchs Feld“ Gallenbach AIC.– Was man sich „zur Sterbestunde Jesu wünscht, geht in Erfüllung“ Bodenmais REG, ähnlich AÖ.– Am *K.* wird auch „Blei gegossen; junge Mädchen sollen um Mitternacht ihre Pantoffel zur Kammertür hinauswerfen, stehen diese am Morgen auswärts, heiraten sie im selben Jahr“ Tegernsee MB.– *Wer am Karfreida stirbt, der is mit unsan Herrgon gstorbn* „selig gestorben“ Hengersbg DEG. „Die letzte Ölung mit Kommunion darf nur im Notfall gespendet werden“ Sossau SR. *Am Kuarfreida dearf neamd eigrobn wern*, „um die Grabesruhe Christi nicht zu stören“ NB.– Weiteres s. HAGER-HEYN Drudenhax 161-165.

DELLING II,12; SCHMELLER I,1276; WESTENRIEDER Gloss. 81.– WBÖ IV,221-227.

– [**Kletzen-frei**]**t.** dass.: *da Kletznfreira* „weil hauptsächlich *Kletzen* am Karfreitag gegessen werden“ Mittich GRI.

– [**Marter-frei**]**t.** dass., NB, OP vereinz.: *Madafreida* Beilngries.

WBÖ IV,227.

– [**Märzen-frei**]**t.** Freitag im März mit einer Bittprozession: *Miaznfreida* Schmidmühlen

BUL; „der *Märzenfreitag*, der erste Freitag im März, an welchem eine Prozession von … Pondorf nach Niederachdorf stattfindet“ R Wallfahrten im Bistum Regensburg, hg. von G. SCHWAIGER u. P. MAI, Regensburg 1994, 362.

– [**Drei-nagel-frei**]**t.** zweiter Freitag nach Ostern: *Dreinåglfreida* „Festtag der Auffindung der Kreuzesnägel Christi“ Straubing.

WBÖ IV,227f.

– [**Oster-frei**]**t.** Freitag nach Ostern, OB, NB, OP, SCH vereinz.: *Åusdafräda* St.Englmar BOG.

WBÖ IV,228.

– [**Ruß-frei**]**t.** wie →[*Frei*]*t.*¹2a, °OB, °OP, °SCH vereinz.: °*da Ruaßfreitag* Kiefersfdn RO.

WBÖ IV,228.

– [**Schau-frei**]**t. 1** Freitag nach Christi Himmelfahrt: *Schaufreida* „Namenstag für die Schauenden“ Burghsn AÖ.– Phras.: *muast n Schaufraida n ganzn Dag faian, damid das di auschaun kast fia s ganzö Jår* „zu einem, der mit dem Schauen nicht fertig wird“ Höhenstadt PA.– **2**: *dös is a Schaufreida a schauada* „einer, der gern schaut und dabei die Arbeit vergißt“ Burghsn AÖ.– Volksetym. aus →[*Schauer-frei*]*t.* umgedeutet.

– [**Schauer-frei**]**t. 1** Freitag nach Christi Himmelfahrt, °OB, °NB, °OP (v.a. S), °SCH vielf., °MF vereinz.: °„am *Schaurfreida* wird im *Schauramt* und beim Bittgang um Verschonung vor Unwettern gebetet“ Alling FFB; *Schaafräta* „mit Flurumgang“ Zandt KÖZ; *Schauerfreida* „Freitag in der Bittwoche“ HÄRING Gäuboden 169; *am Schaur Freytag als sie mit dem Kreutz um das Lieb selig Getrayd gangen* Burghsn AÖ 1583 S. SUGENHEIM, Baierns Kirchen- u. Volks-Zustände, Gießen 1842, 560.– Bauern- u. Wetterregeln: °*am Schauerfreitag muaß regna* Kchdf REG.– °*Wenns am Schauerfreitag rengt, na rengts mehrere Freitag* Kiefersfdn RO.– Mit volksetym. Anschluß an →*schauen*: *Schaurfreida* „weil die Jünger dem Herrn nachgeschaut haben“ Ettling LAN.– Vkde: Zum Schutz vor Hagel darf am *S.* keine Feldarbeit verrichtet werden (DAH, LF, MÜ).– Das Schmalz, das am *S.* beim Backen übrigbleibt, wird aufgehoben u. „soll für alle Wunden gut sein“ Beilngries.– **2** Freitag mit einer Bittprozession od. einem Gottesdienst zum Schutz vor Unwettern, °OB, NB vereinz.: *Schaurfreita* „Freitage zwischen Ostern und dem Freitag nach Christi Himmelfahrt“ Tittmoning LF.

SCHMELLER II,450.– WBÖ IV,228.

– [**Schmalz-frei**]**t.** wie →[*Frei*]*t.*¹2a: °*Schmalzfreitag* Mariaposching BOG.

– [**Schmerzen(s)-frei**]**t. 1** wie →[*Frei*]*t.*¹2b, OB, NB, OP vereinz.: *d Weiwa ham aran Beichtoch n Schmerznfreida* Altfalter NAB; „der *Schmerzensfreitag* für Frauen der Osterbeicht- und Kommuniontag“ FÄHNRICH M'rteich 200; *Der Schmerzen-Freytag* „Freytag vor Palmsonntag als Fest der sieben Schmerzen Mariä“ SCHMELLER II,557.– **2** wie →[*Kar-frei*]*t.*, NB, OP vereinz.: *Schmerznfreita* „Karfreitag“ Taxöldern NEN.

SCHMELLER II,557.– WBÖ IV,228f.

– [**Wetter-frei**]**t.** wie →[*Schauer-frei*]*t.*1: *Wödafreida* „sein Wetter ist bestimmend für Ernte und Heuen“ Burghsn AÖ; „von den wegen der Gewitter anzustellenden öffentlichen Gebete, der *Wetter-Freytag*“ Passau CH.G. HALTAUS, Jahrzeitb. der Dt. des MA, Erlangen 1797, 247.

WESTENRIEDER Gloss. 670.– WBÖ IV,229.

[**Frei**]**t.**² **1** wie →[*Dinsel*]*t.*2, OB, OP vereinz.: *Freidoch* Ferientage der Schulkinder Hauzenstein R.– **2** †Tag des Waffenstillstands: *fridtäg aut frey täg* Rott WS 2.H.15.Jh. Lib.ord.rer. I,279,24.

SCHMELLER I,817.

†[**Fried**]**t. 1** Tag, für den Frieden geboten ist: *der Kobler … wegen ÿbertretung des Fridtags p. 1 lbden.* 1602 Stadtarch. Rosenhm PRO 142, 225.– **2** Friedensversammlung: *der hertzog von Burgundj … bestimbt in ainen fridtag, der paidenthalben aufgenomen ward* FÜETRER Chron. 191,32-34.

SCHMELLER I,810.– WBÖ IV,229.

[**Fron**]**t. 1** †Tag, an dem Frondienst zu leisten ist: *vier frontag mit dem pfluge* Auerbach ESB 1486 MB XXV,438.– **2** wie →[*Prang(en)-pfinz*]*t.*1: °*da Frådog* „Fronleichnamstag“ Drachselsrd VIT.

SCHMELLER I,821; WESTENRIEDER Gloss. 172.

†[**Auf-fuhrt**]**t.** wie →[*Auf-fahrts-pfinz*]*t.*: *wie alle jar zum auffurttag geschicht* Rgbg 1514 Chron.dt.St. XV,25,5.– Wohl Kontamination aus →[*Auf*]*fahrt* u. frühnhd. [*Auf*]*fuhr* ‘dass.’; Frühnhd.Wb. II,410.

†**[Funken]t.** Invokavit: *Der Funkentag* „am Lech … der erste Sonntag in der Fasten, an welchem die Jugend … im Freyen Feuer anzumachen … pflegt“ SCHMELLER I,732.
SCHMELLER I,732.

[Gackes]t. →[*(Sankt-)Jakobs*]*t.*

[Galgen]t. wie →*T.*3dβ: „Rosenmontag … *Galgndoch* … am *Galgen* (eine Halterung, Vorrichtung) Stricke aus Flachs gedreht“ Weinrieth VOH FÄHNRICH Brauchtum Opf. 46.

[Gangelein]t. →[*Wolfgangi*]*t.*

[Um-gangs]t. Tag mit einer Prozession: *d Umgangsdach* „Prozession mit dem Allerheiligsten, z.B. zu Fronleichnam und Erntedank“ Altfalter NAB.
WBÖ IV,229.

†**[Gant]t.** Tag der Versteigerung: „ist … das diesseitige Gericht zur Abhaltung der *Ganttage* beauftragt worden“ Sulzbach Königlich Bayer. Kreis-Amts-Bl. der Oberpfalz u. von Regensburg 1867, Beil., 149; *soll der schuldner sein schuldt … auf ainen ganttag … fallen lassen* 1571 Stadtr.Mchn (AUER) 226f.

[Gässel]t. Tag zum Fensterln (→*gässeln*): „*Gasseltage*, das sind … der Dienstag-, Donnerstag- oder Samstagabend“ KRISS Sitte 125.
WBÖ IV,230.

[Gaukel]t. →[*(Sankt-)Jakobs*]*t.*

†**[Geb]t.** Verlobungstag: „Während die beiderseitigen Eltern … den *Gebtag* endgiltig festsetzen“ PEETZ Volkswiss.Stud. 246.
SCHMELLER I,866.

Mehrfachkomp.: **[Zu-geb]t.** wie →[*Nach-dien*]*t.*, °NB, OP vereinz.: °„die Ehalten bleiben noch am *Zuagöbtag*“ Wimm PAN; „am *Zugebtag* mußte … *'s Scheißen abgedient* werden“ HAGER-HEYN Drudenhax 115; „Es muß … ein Tag zugegeben werden, der *Zougedog*“ Neuenhammer VOH SCHÖNWERTH Leseb. 108.

[Geld]t. Zahltag, OB, NB vereinz.: *Samsda is Gejddag* Simbach PAN; „Bei dem Studienfreunde … (erhielt ich) einen *Geldtag*“ SCHWERTL Notizen 22.
WBÖ IV,230.

[(Sankt-)Georg(en)s]t., **[Georgi]-**, **[Görgen(s)]-**, **[Görg(e)lein(s)]-**, **[Jörg-]-**, **[Jürg-]-**, **[Gor(g)i]-**, **[Jorel]-**, **[Schors]-** Tag des hl. →*Georg*, 23. od. 24. April, °Gesamtgeb. vielf.: *um'n Jörgesda rum is dös bassiart* Hfhegnenbg FFB; °*vorm Girgldog kinnen meine Schof grosn, wos woin* Mittich GRI; *am Giagntoch måu i mein Zins zohln* Adlersbg R; „die Umritte, welche am 24. April, dem *Irgentag* mancherorts noch gefeiert werden“ SCHIERGHOFER Umritte 18; *Wear voarn Gürgndog a Naottarn fangd, dea soll s'Zingl assadoun* Bärnau TIR SCHÖNWERTH Leseb. 130; *sollen vns die alle Jahr geben ytz* [bis] *zu sannt Jorgentag* Neuburg 1332 OA 45 (1888/1889) 249; *an S: Giergentag als den 24 apprillis* 1609 HAIDENBUCHER Geschichtb. 10.– Phras.: *da foisch Göagidoch* „mancherorts schon am 23. April gefeiert“ Passau.– °*Die Frösch quackn wöi oam Girgntooch* [sehr laut] SINGER Arzbg.Wb. 75.– Reim: *da Irgidag is am viarazwanzigstn Abrui, da schrait da Gugu, is a wo ar a wui* Gallenbach AIC.
WESTENRIEDER Gloss. 221.– WBÖ IV,230f.

[Sankt-Gilgen]t. →[*Ägidi(en)*]*t.*

[Girgen(s)]t., **[Girgi]-**, **[Girg(e)lein(s)]-** →[*(Sankt-) Georg(en)s*]*t.*

[Glöcklein]t. →[*Klöckel*]*t.*

[Glücks]t. **1** Tag, an dem jmd Erfolg, Glück hat: *i häd vielleicht grod an Glücksdog, wo beim erstnmoi oiß so glatt ganga war* TOCHTERMANN Oiß wos Recht is 78.– **2** Tag, der nach dem Volksglauben mit Glück verbunden ist: *da erscht April is koa Glückstag für deselln, wo do geburn wern* Cham.
WBÖ IV,232.

Mehrfachkomp.: **[Un-glücks]t.** wie →*T.*3j, OB, NB, OP vereinz.: *an am Unglügsda sollt ma it* [nicht] *zum Ådrlossa geah* Hfhegnenbg FFB.
WBÖ IV,232f.

[Herr-gotts]t. wie →[*Prang(en)-pfinz*]*t.*1: „Fronleichnam … *Herrgottstag*“ [Ef.] HAGER-HEYN Drudenhax 218.

[Gräbnis]t. Begräbnistag: *Gräbnißtag* Rottal; *Am Gräbnistag?* THOMA Werke VI,372 (Wittiber).

[Grammel]t. Tag, an dem Frauen gemeinsam Flachs brechen (→*grammeln*): *Grammeltag* Be-

nediktbeuern TÖL; „Für die weibliche Jugend war der *Grammeltag* stets ein Freudentag" Frigisinga 4 (1927) 419f.
WBÖ IV,233.

[**Gretel**]**t.** →[(*Sankt-*)*Marga*(*re*)*ten*]*t.*

[**Hab**]**t.** Tag, an dem sich Liebespaare treffen: „Der St. Josephs- und Kathreintag (aber … auch andere Festtage) ist für das junge Volk der sogen. *Hab-Tag*" Höfler Volksmed. 195.
WBÖ IV,233f.

[(**Sankt-**)**Han**(**ne**)**s**]**t.** →[(*Sankt-*)*Johann*(*e*)*s*]*t.*

†[**Hans**]**t.** Gerichtstag des Regensburger Hansgrafenamts für Markt- u. Handelssachen: *Es soll … ainem yeden Hannsherrn* [Beisitzer des Hansgerichts] *alle Hannstag, so er die besuecht, zwen Creuzer zu Sold geraicht werden* 1514 MHStA RL Regensburg 380,fol.24ᵛ.

[**Hansdampf**]**t.** scherzh. Tag des hl. →*Johannes* des Täufers, 24. Juni: „Der Johannistag … wegen des Nudelbackens auch *Hansdampftag* geheißen" Niedermair Glonn 264.

[**Hardel**(**s**)]**t.** →[(*Sankt-*)*Leonhard*(*s*)]*t.*

[**Hebe**]**t.** Tag des Richtfestes, °OB (RO, TS, WS) mehrf.: *Hebdog* Hochstätt RO; „Zum Setzen des Firstbaumes … der *Hebtag*" Hager-Heyn Dorf 123.

[**All**(**er**)**-heiligen**]**t.** Allerheiligen, 1. November, OB, NB vereinz.: *hoamroasn zum Gråb an Allahailengdag nöd vagössn* Mittich GRI; *Wer … an Oiheiligntog auf d'Nocht no aus 'm Haus geht, dem laafn de arma Seeln nooch* Haltmair Hartpenning 77; *Nah aller heiligen tage* Passau 1293 Corp.Urk. III,139,22; *an der mithochen* [Mittwoch] *nach Allerhalgentag* Lererb. 26f.
WBÖ IV,234.

[**Heirats**]**t. 1** Tag, an dem der Ehevertrag geschlossen wird u. die Verlobung stattfindet, °OP, °OF mehrf., °OB, °NB, °MF vereinz.: °*dej hom Heiatstog ghat* Schönwd REH; „*Der Heiratstag* … dient dazu, Alles in Form eines Vertrages abzumachen" Schönwerth Opf. I,55; *die Werbung vnd der Heiratstag auff Montag negst danach … angestellt* Wunsiedel 1555 Singer Hochzeit 12f.– **2** wie →*T.*3hα, °OB, °NB, °OP, °MF vereinz.: °*Hairatstag* Eckersmühlen SC; *habe ich mich … auf einen offenlichen Heiratstage … zu Katharina Lindnerin mit Heirat gekehrt* 1544 Breit Verbrechen u. Strafe 194.
Schmeller I,591, 1024f.– WBÖ IV,234.

[**Herren**]**t.** wie →[*Auf-fahrts-pfinz*]*t.*: „Christi Himmelfahrt *Herrntoch*" Fähnrich Brauchtum Opf. 145.
WBÖ IV,235.

Mehrfachkomp.: [**Wetter-herren**]**t. 1** Tag der hl. →*Johannes und Paulus*, 26. Juni: „*Wetterherrntag* Johann und Paul" Leizachtal 219; *an den Wetterherren Tag* Emmering EBE 1325 MB I,428.– **2** Tag der hl. vierzig Märtyrer von Sebaste, 10. März: „Der 10. März ist … der *Wetterherrentag* … Lostag für noch bevorstehende Fröste" Scheingraber Sternsingen 10.
WBÖ IV,235.

– [**Aller-wetter-herren**]**t.** wie →[*Wetter-herren*]*t.*1: „der *Aller-Wetter-Herren-Tag*, an dem Hagelfeuer entzündet wurden" Scheingraber ebd. 25; „*aller Wetterherrentag* … niemand … getraut sich … Heu zu machen" Münchner Intelligenzbl. 1778, 227.
Schmeller II,1050.

†[**Hof**]**t. 1** herrschaftliches Gericht: *die auf obangezaigten hofftag recht sitzen* Kösching IN 1527 Grimm Weisth. III,634.– **2** Verhör vor dem herrschaftlichem Gericht: *Die Persönliche verhören, handlungen vnd Hoftäge* Mchn 1624 M. Mayer, Quellen zur Behördengesch. Baierns, Bamberg 1890, 204.
Schmeller I,591; Westenrieder Gloss. 249.

†[**Holz**]**t.** Tag, an dem als Frondienst Waldarbeit zu leisten ist: *wochentlich zween oder drey Holtztäg* Landr.1616 770.
WBÖ IV,235.

†[**Ver-hörs**]**t.** Tag, an dem ein Verhör angesetzt wird: *soll ein guetlicher Verhorstag … angesezt … werden* Ambg 1525 M.J. Neudegger, Kanzlei-, Raths- u. Gerichtsordnung, München 1887, 34.
WBÖ IV,235.

[**Hunds**]**t.** Pl. **1** Hundstage, °OB, NB, °OP, SCH vereinz.: *Hundsteg* „heißeste Zeit im Jahr" Fürstenfeldbruck; „Zwischen 23. Juli und

23. August … *Hundstage* … nach dem *Hundstern*, dem Sirius“ HAGER-HEYN Drudenhax 238; *so deu sunne da hin kůmt, so koment die hundestag* KONRADvM Sphaera 23,19f.; *in den hundtstägen … geen Sy vor mittag von .7. biß auf .8. vnnd nachmittag von .1. biß auf .3. vhr in die schuel* Landshut 1604 LURZ Mittelschulgesch. II,117.– Phras. im Wortspiel mit Bed.2: *dös hand d'Hundstäg zwoamåö* „sagt der Bauer, wenn es im Hochsommer ununterbrochen regnet“ Innviertel.– **2** üble, schlechte Zeit, OB, NB, °OP vereinz.: °*mia hom unna Hundsdooch ghatt, wöi mia van Mülidär woarn* Weiden; *do brauch i ned dawidaredn. Do hob i sunst Hundsdog* P. NEUHOFF, Mein Papa ist …, [Nittendorf 2002,] 75.

WBÖ IV,235f.

[**Ab-be-hüt**]**t.** Tag, an dem die Dienstboten aus dem Dienst scheiden: „St. Blasius … *des is a Bhöüd- oda Obhöüd-Dog*“ Bärnau TIR SCHÖNWERTH Leseb. 111; „für Dienstboten der *Opföittag*“ WINKLER Heimatspr. 110.

[**Hütten**]**t.** Regentag: *a Hittndåg* Kochel TÖL.

[**Sankt-Ilgen**]**t.** →[*Ägidi*(*en*)]*t.*

[**Ir**(**ch**)]**t.** →[*Erge*]*t.*

[**Irgen**(**s**)]**t.**, [**Irgel**]- →[(*Sankt-*)*Georg*(*en*)*s*]*t.*

†[**Jagd**]**t.** Tag, an dem eine Jagd stattfindet, in Phras.: *Es ist wohl alle Tag Jachtag; aber nicht allemal Fangtag* [man erreicht nicht immer, was man sich erhofft] DELLING II,5.

DELLING II,5.

[**Jahr**(**es**)]**t. 1** Jahrestag allg., OB, NB vereinz.: *der Joahsdag* „eines Ereignisses“ Simbach PAN.– **2** Jahrestag des Todes, °OB, °SCH vielf., °NB, °OP mehrf., °MF vereinz.: °*geh in Pfarrhof und schaff a Mess o zum Jahrtag* Ismaning M; °*heut is da Johtdag vom Vaddan, do müaß ma ollö i Kiacha geh* Ruhstorf GRI; *Am Jahrtag das Spendbrot nicht vergessen* Chiemgau HAGER-HEYN Liab 147; *sol man alliv Jar meinen Jartach bigen nach des Ordens gewonhait* Raitenhaslach AÖ 1286 Corp.Urk. II,159,15f.; *des wegen järlich ain spent geben und sein jartag gehalten wirdet* AVENTIN I,52,17f. (Chron. Altötting).– **3** Gedächtnismesse am Jahrestag des Todes, °OB, °SCH vielf., °NB, °OP, °MF vereinz.: °*morgn um Achte is da Jahrtag fürn Huabahauern* Hzkchn MB; °*für den is heint da Gåuadoch* Kchnthumbach ESB; „er will beim Pfarrer den *Jahrtag* (Jahresmesse) für sein verstorbenes Weib bestellen“ ILMBERGER Fibel 63; *das man … mir ainen ewigen jartag kauff und bestell zu Obermůnster* Rgbg 1428 Runtingerb. III,68; *Das liebe Fegfeur … von geitzigen Pfaffen erfunden/ damit sie viel Jahrtäg und feiste Opffer bekommen* SELHAMER Tuba Rustica II,201.– **4** Tag einer festlichen Jahresversammlung.– **4a** wie →[*Tänzel*]*t.*, °OB, NB vereinz.: *gstritn und grauft dearf am Jåhrtåg* (der Maurer und Zimmerer) *nöt wern* Tann PAN; *Wann's z'Traustoa eahnan Jahrtag ham, da kemman d'Klausna allesamt zsam* HAGER-HEYN Liab 118; „Das Wichtigste … Fest der Zünfte bleibt der *Jahrtag*“ LENTNER Bavaria Almen 126; *alle Maister, der Schneider vnnd Tuechscherer … jren verlübten Jartag, jn der Pfarrkhirchen … halten sollen* Wolnzach PAF 1556 ZILS Handwerk 121.– **4b** wie →[*Dinsel*]*t.*1b, °NB vereinz.: °*die Veterana hob eahnan Johrtog mit Kirchzug und Ampt* Kchdf REG.– **5** †Neujahr, 1. Januar: *an dem Næhsten Samptzetage/ nach dem Jaretage* Eichstätt 1292 Corp.Urk. II,693,2f.– Auch in Phras. *neuer J.*: *1584 hat es am neuen Jars tag umb mittag in die 3 stunden gedonnert* Wiefelsdf BUL Oberpfalz 75 (1987) 41; *Am Neuen Jahrstag Mittag Suppen* DAH 18.Jh. Altb.Heimatp. 14 (1962) Nr.1,6.– **6** †wohl Gut od. Grundstück zur Finanzierung von Bed.3: *Vll Kôselmair … pawt acker zu einem jartag, geit daruon LXXXV d.* Baar IN 1420 Sammelbl.HV.Ingolstadt 98 (1989) 112.

WBÖ IV,237-240.

Mehrfachkomp.: [**Alt-jahr**]**t.** Silvester, 31. Dezember: *Altjahrtag* Prien RO; *Altjahrtag* N'seeon TS nach ADV K.52.

WBÖ IV,240.

– [**Bauern-jahr**]**t.** Tag der festlichen Jahresversammlung eines Bauernvereins, OB, °NB vereinz.: *aufn Bauanjåhrtåg frein si dö Bauanstöchta und -süh närrösch* Burghsn AÖ; „um oder an Martini der sogen. *Bauernjahrtag* … mit Dankgottesdienst“ EG BRONNER Sitt'261.

– [**Pfeifer**(**lein**)**-jahr**]**t.**: „Mitglieder des … *Pfeiferl-Vereins*, welche alle Jahre am Montag nach Sebastiani [20. Januar] den *Pfeiferl-Jahrtag* [best. Gedenktag] abhalten“ Töging BEI Oberpfalz 9 (1915) 39.– Sachl. s. FÄHNRICH Brauchtum Opf. 24.

– [**Neu-jahr**(s)]**t. 1** wie →[*Jahr(es)*]*t*.5, OB, NB, OP, SCH vereinz.: *da Noijardåg* Mittich GRI; „am *Neujahrstag* … etwas Schweinernes essen … damit das Geld nicht ausgeht" Fähnrich M'rteich 192; *oan Neijaoardog, genga Bursch uma vaiara … zin Moidl, aspeitsch'n* Bärnau TIR Schönwerth Leseb. 177.– Bauern- u. Wetterregeln: *wea an Neigauasdoch an äiaschtn vo dea Kiachn dåhoim is, is is ganz Gaua glänk und fleißi* Wunsiedel.– *Wea an Neigauasdoch Brigl kröicht, dea kröichtåsn s ganz Gaua* ebd.– **2** †wie →*T*.3c, in Phras.: „Der heilige Dreikönigstag hieß früher der *große Neujahrtag*" 19.Jh. Oberpfalz 19 (1925) 16.

WBÖ IV,240.

– [**Schneider-jahr**(**es**)]**t.** Tag der festlichen Jahresversammlung der Schneider, OB, NB, OP vereinz.: *an Schnairajårdåg z Minsta is hȧuch heaganga* Mittich GRI; „Beim *Schneiderjahrstag* in Kötzting gab es eine Rauferei" Bayer. Kurier 8 (1864) 805.

[(**Sankt-**)**Jakobs**]**t.**, [**Jakobi**]-, [**Jackes**]-, [**Jakkel**(**s**)]-, [**G**-]-, [**Kobel**(**s**)]- **1** wie →[*Jakobsfeier*]*t*., °OB, SCH vielf., NB mehrf., OP, OF, MF vereinz.: *lustö is gwön an Jakastag* O'audf RO; *Jakowödog* „25. Juli" Winzer DEG; *Gaukestog* Hirschbach SUL; „Der *Gougldoch* galt einst als Unglückstag" Fähnrich Brauchtum Opf. 210; *an mitichnn nach sand Jacobs tag im snidt* Burghsn AÖ 1496 J. Dorner, Burghauser Urk.b. 1025-1503, Burghausen 2006, II,497.– **2** Tag des hl. →*Jakob* des Jüngeren, 1. Mai: *Jakobidåg* Gallenbach AIC.

WBÖ IV,236f.

[**Jodel**]**t.** →[*(Sankt-)Georg(en)s*]*t*.

[(**Sankt-**)**Johann**(**e**)**s**]**t.**, [**Johanni**(**s**)]-, [(**Sankti-**)**Hans**]-, [**Kannes**]- **1** wie →[*Hansdampf*]*t*., °OB, °NB, °OP, SCH vereinz.: °*am Johannestog* (24. Juni) *wern de Feuer auf de Berg okent* „angezündet" Berchtesgaden; °*am Khannestoch wird a Khannesbam afgstellt* Neusorg KEM; „*z'Sante-Hans-Tag* … im Juni" Schilling Paargauer Wb. 79; *Voarn Kannesdog wird oba scho da Klai in Woiz oda Hobarn eingsad* Bärnau TIR Schönwerth Leseb. 99; *am andern tag nach sand Johanns tag des taüfers* Arnpeck Chron. 588,9.– Phras. *länger wie der J.* u.ä. von großer Statur: °*länga wöi da Khannastoch* Wdsassen TIR; *Der is länga wia da Sanktjohannstag* Schlehdf WM HuV 15 (1937) 286.– **2** Tag des hl. →*Johannes* des Apostels, 27. Dezember, OB, NB, OP, SCH vereinz.: *am Sankt Johannstag wead da Sankt Johannswei trunka* Peiting SOG; „am 27. Dezember, dem *Kannestag*" Ensdf AM Fähnrich Brauchtum Opf. 14; *Da Kannesdog. Dao laoa si d'Leitt in an Flaschl Wein geb'm* Bärnau TIR Schönwerth Leseb. 175; *an sand Johans tag zů weihnachten* 1402 Runtingerb. II,190.– Auch in Phras.: „Johann Evangelist … am *kalten Johannistag*" Hager-Heyn Drudenhax 72.– **3** †Tag des hl. →*Johannes* des Apostels, 6. Mai: *dez nochsten tags nach sand Johanns tag, als er in das ŏl gesaczt ward* 1391 Runtingerb. II,21.

Schmeller I,1206.– WBÖ IV,240f.

[**Jörgen**(**s**)]**t.**, [**Jörgi**]-, [**Jörg**(**e**)**lein**(**s**)]- →[*(Sankt-)Georg(en)s*]*t*.

[(**Sankt-**)**Josefs**]**t.**, [**Josefi**]-, [**Seppelein**]- Tag des hl. →*Josef*, 19. März, °OB, °NB, °OP, SCH vereinz.: *an Josefitåg muaß da Lehrbua s Liacht an Bȧch trågn* „nun wird wieder bei Tageslicht gearbeitet" Pfarrkchn; *Jousefsdog* Derching FDB; „Der *Sepperltag* … hat auch in der Hütten etwas gegolten!" Lindbg REG Haller Glasmacherbrauch 151.

WBÖ IV,241f.

[**Judas**]**t.** Tag des →*Judas*, 1. April: *Judasdoch* Beilngries; „Der *Judastag* ist ein *Schwendtag*, d.h. man soll … nichts Wichtiges unternehmen" Samerbg RO Inn-Oberld 21 (1936) 44f.

WBÖ IV,242.

[**Kränzlein-jungfern**]**t. 1** wie →[*Prang(en)-pfinz*]*t*.1, OB, OP vereinz.: *Kranzljungfarndåg* (Ef.) „Fronleichnam" Gallenbach AIC.– **2** wie →[*Auf-fahrts-pfinz*]*t*.: „Das Fest Christi Himmelfahrt … heißt … der *Kranzel-Jungferntag*" OB Bayerld 25 (1914) 678.

WBÖ IV,215.

†[**Kälblein**]**t.** für Dienstboten freier Tag um Mariä Lichtmeß (→[*Kälber*]*weil*): *daß sich Knecht und Dirnen … in den Kälbltagen in die Winkel schleichen* N'traubling R 1584 Hartinger Ordnungen II,740.

WBÖ IV,276 (Kölber-).

[**Kannes**]**t.** →[*(Sankt-)Johann(e)s*]*t*.

[**Kar**]**t. 1** meist Pl., Tag in der Karwoche, v.a. einer der drei letzten Tage, °OB, NB, OP vereinz.:

ma fast dö drei letzdn Kådech Beilngries; *Er werd do it* [nicht] *arbet'n an die Kartäg?* THOMA Werke VI,258 (Andreas Vöst).– **2** wie →[*Karfrei*]*t.*: *auf Chartag* „Karfreitag“ Hengersbg DEG; *Kaå:doog* CHRISTL Aichacher Wb. 30.

SCHMELLER I,1276.– WBÖ IV,242f.

[**Kasperl**]**t.** wie →*T.*3c: „6. Januar ... *Kasperltag*“ Gebrontshsn PAF ADV K.66.

[(**Sankt-**)**Kath**(**a**)**rein**(**s**)]**t.** Tag der hl. →*Katharina*, 25. November: *Khådraidåg* Aicha PA; *Kathreinstag* Leizachtal 220; *also daz man in all jar ein gůt mal davon geben sol an sant Gatrein tag an meins vater jartag* 1380 Urk.Heiliggeistsp.Mchn 196.

WBÖ IV,243.

[**Kindlein**(**s**)]**t.** in ä.Spr. auch als Fügung mit vorangestelltem Gen. *der Kindlein T.*, Tag der unschuldigen Kinder, 28. Dezember, °westl.OB, °SCH mehrf.: *am Kindlstag werdn die Madln von dö Buam an d'Wadln gschlagn* „mit der Rute“ Schrobenhsn; „Am *Kindlstag* ... ist die Bewirthung mit Branntwein gebräuchlich“ STA 1861 OA 121 (1997) 100; *an der chindlein tack* 1343 Urk.Heiliggeistsp.Mchn 110; *an dem Kindles tag* Lererb. 14.– Auch in Phras.: *da Kindlastog da unschuldi* STROBL Feiertäg 93.

SCHMELLER I,1262.– WBÖ IV,244.

Mehrfachkomp.: †[**All**(**er**)**-kindlein**(**s**)]**t.** dass.: *allkindlein tag sol ein schedleich tag sein · an welchem er khimpt den selbigen tag scheichent sy das gantz jar* wohl Attel WS 1459 Cgm 632,fol.8v.

WBÖ IV,244.

– [**Christ**(**lein**)**-kindlein**]**t.** wie →[*Bächel*(*s*)]*t.*1: *Christlkindltag* U'griesbach WEG; *Christkindltag* LETTL Brauch 118.

– [**Un-schuldig**(**e**)**-Kinder**]**t.**, [**-Kindlein**(**s**)]- in ä.Spr. auch als Fügung mit vorangestelltem Gen. *der unschuldigen Kindlein T.*, wie →[*Kindlein*(*s*)]*t.*, OB, NB, OP, SCH vereinz.: *an uschuidenga Kindldåg get ma a nu a Khiacha* Mittich GRI; *Am Unschuldiga Kindlastog ... steht da Dieanstbua scho früahzeite auf* STROBL Feiertäg 92; *im winter ... der unschuldigen kindlein tag* AVENTIN V,142,15f. (Chron.).

WBÖ IV,244-246.

[**Kirch**(**en**)]**t.**, **Kirta** auch F. **1** Kirchweihfest, °OB, °NB, °südl.OP, MF (EIH), °SCH vielf.: *Kischta bleib do!* O'audf RO; °*ohne Raufa koa Kirda* Passau; *Nacht'n* [gestern] *bin i'am Kirta g'we'n* DREYER Bayern 17; *er hab sich nur mit ihm zertragen* [entzweit] *auf einen chirchtag* Rgbg 1395 VHO 42 (1888) 304; *hon ... aum khürten die gantzen dantz pobm allein â khrämbt* Landshut um 1650 Jb.Schmellerges. 2012 39,29f.– Phras.: *großer K.* allg. Kirchweihfest am dritten Sonntag im Oktober, °OB, °NB, °SCH vielf., °OP vereinz.: °*da groaß Kirchta is im Oktober* Eschenlohe GAP; *Bal s'am groaßn Kirta ban Fuchswirt g'raaft ham* DINGLER Arntwagen 54.– *Kleiner K.* örtliches Patronatsfest, °OB, °NB, °SCH vielf., °OP vereinz.: °*da kloa Kirta is da Dorfkirta* Winklsaß MAL; *An Sunnta drauf is da kloa Kirta gwen, indem daß d' Kirch in Emmerting an heilign Sankt Georg gweicht is* BREITENFELLNER Spinnstubengesch. 76.– °*Dees passiert ma aa grod oj Kirta* „selten“ Obing TS.– „der Veitl ... läuft immer herum ... *wia d'Weiber am Kirta* [unruhig, geschäftig]“ STEMPLINGER Altbayern 49.– „*Nach der Zwerch gehen wie der Hund am Kirta'* ... unentschlossen hin- und herl[aufen]“ SCHLAPPINGER Niederbayer II,27.– *An* / *auf* / *in den K.* auf Besuch zu Kirchweih, °OB, °NB vereinz.: °*an Kirda gea* Tandern AIC.– *K. haben* / *feiern* es sich gut gehen lassen, v.a. beim Essen u. Trinken, °OB, °NB, °SCH vereinz.: °*da Hund hot Kirta ghabt, solang i dort gwen bin* OB; °*dea michat am lejban alle Doch Kirda ham* Hausen KEH.– *Es ist* (*nicht*) *alle Tage* / *nur einmal im Jahr K.* u.ä. es geht (nicht) immer lustig u. sorgenfrei zu, °OB, °NB vielf., °OP, °SCH vereinz.: °*id* [nicht] *oi Dog is Khürada* Eisenbrechtshfn AIC; °*bei dene is allawei Kiada* Kötzting; *Es is nit alle Tag Kirta* „man kann nicht alle Tage gut essen und trinken, und Vergnügen genießen“ DELLING II,20;– erweitert: *is nöt alle Tåg Kirta und alle Tåg Nacht* „gute und schlechte Zeiten wechseln sich ab“ Hengersbg DEG.– *Auf* / *nach dem K. kommt ein Fasttag* auf gute Zeiten folgen schlechte, °OB, °NB vereinz.: °*nochn Kirda kimmt a Fastdog* „nach den guten Karten bekommt man wieder schlechte“ Seifriedswörth VIB.– °*Auch am Kirta wird's Nacht* „alles geht einmal zu Ende“ Walleshsn LL.– *Jmdn auf* / *in den* / *zum K. laden* u.ä. jmdn mit den Worten ‘Leck mich am Arsch’ abweisen, °OB, °NB vereinz.: °*der hatn heit scho auf Kiata glon* Mallersdf; *Einen in den ‘Kirtə’ laden* „ihn mit einer gewissen äußerst schnöden Formel abweisen“

SCHMELLER I,1289;– *komm in den K.!* u.ä. Ausdruck der Geringschätzung u. Abweisung: *an Kiata kemma* Hzkchn MB; *Du kim fei~ i~'n Kirtə'!* „lex mihi Mars!" SCHMELLER ebd.;– °*du konnst mi an Kirta ham* „am Arsch lecken" Taching LF;– °*dea ko mi do auf Kurchda bsuachn* Murnau WM.– *Jmdn auf / in den K. laden* zum Streiten, Raufen auffordern, °OB vereinz.: °*i lad di glei an Kirchta ei* Schongau;– °*zur Kirda ladn* „einem Kind Arschprügel androhen" Altomünster AIC;– *K. haben / derleben* Prügel bekommen, °OB vereinz.: *den sai Hunt hot haint wieda Kirchta ghåp* Kochel TÖL.– *Einen K. ausmachen* streiten, raufen, °OB, °NB vereinz.: °*de macha scho wieda an Kirta aus* Wildenroth FFB; *Wàs habts denn dà für ə~n Kirtə'-r-ausz·machə~?* „ruft man Zankenden zu" Bay. Wald SCHMELLER ebd.– °*Buam, do wenn z net aufpaßts, na werds Kirta hintn nauf* „Androhung von Schlägen" Endlhsn WOR.– *Mit jmdm ist kein K.* (*zu*) *haben / halten / machen* u.ä. nicht gut auszukommen, °OB, °NB, °OP vereinz.: °*mitm Lugi is koa Kirta z'macha* Wildenroth FFB; *Mit dir is kaə~ Kirtə' z· hàbm* SCHMELLER ebd.– °*In an jedn Kiachal is s Johr amoi Kirta* „überall gibt es immer wieder Streit" Metten DEG.– °*Wenn ma fürn Kirta herricht, nacha kimmt Kirta* „wer den Streit provoziert, bekommt ihn" Walleshsn LL.– †: *d· Iungfə'Kát·l is i'n Kirtə'kemə~* „wenn ihre Regel eingetreten ist" SCHMELLER I,1289f.– °*So lang red ma vom Kurchta, bis a do isch* „etwas Schlechtes kann man auch herbeireden" Wildsteig SOG.– °*Man kann net auf zwoa Kirda danzn* „nicht zwei Aufgaben auf einmal erledigen" Geisenfd PAF.– †: *Wo er hinkommt, ist der Kirta schon vorbei* „er kommt aus Trägheit überall zu späte" DELLING II,20.– Spruch: *a richtöga Kiada dauat bis zum Iata* Simbach PAN, ähnlich °OB, °SCH vereinz., HÄRING Gäuboden 199;– erweitert: °*a guada Kirta dauert Sunnda, Moda, Irdda, es ko se a schicka bis an Migga* Grafing EBE, ähnlich °OB, °NB vereinz.;– °*a Keada dauat bis n Eada, is's ginste bis'n Pfinsta, oda ach Toch, na is's owa scho a Ploch* Rötz WÜM.– Schnaderhüpfel: *Beim Kirtageh muaß ma saufa, An Feiertog muaß ma ehrn, Bol* [wenn] *oana vo da Arbat redt, Muaß ma schlecht hörn* Bay.Wald A. STAIMER, Das Antlitz der Heimat, Berlin 1940, 61.– *Aus is der Kirta, aus is der Tanz, Hin san d'Monetn und gfressen is Gans* HAGER-HEYN Drudenhax 247.– **2** wie →[*Kirch-tag*]*t.*, °NB vereinz.: °*an Kirta wird de erste Gans gschlacht* Eggenfdn; *Z' Ostern und z'Pfingstn und an Kiritag* Rottal GERAUER Bauerntisch 82; *an dem chirchtag an sand Oswaltz tag schol er in di pfrůnt pezzern mit einem gerichtt* 1358 Rgbg.Urkb. II,133; *Heut sand Nachbarsleut … wie am Kirta z'nächst versammelt hier* OB Ende 18.Jh. ERK-BÖHME III,392.– **3** Jahrmarkt, °NB mehrf., OB, °OP vereinz.: °*dös håwe am Kiada kaft* O'nrd CHA; *kiada* nach KOLLMER II,169; *dz khein Prodt auf khirch dag od'Märckht solte geführt werden* 1640 HAIDENBUCHER Geschichtb. 136.– Phras.: °*der kolde Kirta* „Jahrmarkt zu Martini im November" Furth CHA.– **4**: „*Kirta* … einen guten Tag überhaupt mit reichlich Speis und Trank und Lustbarkeit" Obb.Heimatbl. 3 (1925) Nr.19[,1].– **5** kirchlicher Festtag, °OB, NB, OP, OF, MF vereinz.: °*am gräßtn Kirchatog gibt's an Osterschinkn* Mchn.– **6** Mitbringsel vom Kirchweihfest od. Jahrmarkt.– **6a** gekaufte Ware, Geschenk, °NB vielf., °OB, °OP (v.a. S) mehrf.: °*dem muaß i an Kirda mit hoambringa* Nottau WEG; °*host a Kirta mitbrocht?* Sulzbach-Rosenbg; „*Auf an Loaternwag'n kunnt' ma' den Kirda net aufleg'n, den i' zu dersel'n Zeit kriagt hab* … Lebkuchen" MEIER Werke I,527 (Natternkrone); *Lieber puell kauff mir des kirchtags* Windbg BOG 15.Jh. Clm 22404,fol.165[v].– Schnaderhüpfel: *Mei Dirndl is harb auf mi, I hab ihr nix do, I kaaf ihr an Kirta, Sie nimmt'n net o!* HAGER-HEYN Drudenhax 245.– **6b** Essen, Speise, OB, NB vereinz.: *a Kirta* „übriggebliebenes Essen vom Kirchweihschmaus, das die Gäste heimnehmen" Hallertau.– **7**: „*Kirta* … das Geld, welches Ehehalten … erhielten, um sich dort [auf dem Jahrmarkt] was zu kaufen" Obb.Heimatbl. 3 (1925) Nr.19[,1].– **8** Zank, Streit, Rauferei, °OB, °NB, °OP vereinz.: °*dös is a Kirta wordn* Lam KÖZ.– **9** Schläge, Prügel, °OB, °NB vereinz.: *du kriagst heit, wennst hoamkimmst, an Kirta* Breitenbg WEG.– **10**: °*a scheana Kirda* „Gaudi, Lärm" Tandern AIC.– **11** †: „Weibspersonen sagen, *sie haben den Kirtə'* … ihre Regel" SCHMELLER I,1289f.– **12** †Umstand, Angelegenheit: *Dés is ən andərə'Kirtə'* „eine andere Sache" ebd. 1289.

Ltg, Formen: *khiada, -ea-, khirda* u.ä. OB, NB, südl. OP, SCH (dazu EIH), *khiara* (AÖ, LF, TS; EG, GRI, PAN, VOF), *khiadǭg* (AIB, BGD, LF, TS), *khiarǭg* (LF, TS), *khīda* (ED, PAF, SOB; PAN), *khiuda* (LF, RO, TS), *-dǭg* (LF), *khiašda, -dǭg* u.ä. (BGD, RO, TS), *khīšda* (MB, RO), *khiušda, -dǭg* (AIB, BGD, RO), *kχirada* u.ä. (AIC, SOB; FDB, ND), *khiridǭg* (BGD, LF; GRI), *kχirχda, kχ(u)rχda* u.ä. westl., sw.OB, SCH, *khiχda* (ND).– F. ugs. nach →[*Kirch*]*weih*.

ADV K.10; KRANZMAYER Kennwörter 12.– DELLING II,20; SCHMELLER I,1289f.; ZAUPSER 41.– WBÖ IV,246-267.

Mehrfachkomp.: **[Alm(en)-kirch]t.** Almfest um Jakobi (25. Juli), °südl.OB mehrf.: °*Oimkhīschda* „früher am Jakobitag" Fischbachau MB; „der ... *Almenkirta* den (am Sonntag nach Jakobi) die Sennerinnen auf den Almen ... mit großer Lustigkeit begehen" TS Bavaria I,383; *oamoi hamma a Oimkirta do herobn g'feiert, do san's oisamt bsuffa gwen* G. UMRATH, G'schichtn aus dem Isarwinkel, Lenggries 1998, 11.– Phras.: *Um d'Muatta sand's* [Geißlein] *alle umag'hupft, wia wenn der Almkirta waar'* [vergnügt, ausgelassen] STEMPLINGER Obb.Märchen I,17.
WBÖ IV,267.

– **[Bauern-kirch]t. 1** traditionelles Kirchweihfest auf dem Dorf, OB, NB, °OP vereinz.: *Bankhiedan* „Mz." Zandt KÖZ; *Bauernkirta!* CHRIST Werke 784 (Madam Bäurin).– Auch Faschingsfest mit Kostümen nach bäuerlicher Art: „den *Bauernkirta* beim alten Schwabinger Wirt" Mchn BJV 1991,77.– **2** örtliches Patronatsfest: *Bauernkirta* [4]ZEHETNER Bair.Dt. 211.
WBÖ IV,267f.

– **[Birn-kirch]t.** Jahrmarkt zur Zeit der Birnenernte: °*der Birnkirta* „am letzten Augustsonntag" Metten DEG; „Regen und Kälte beim Further *Birnkirta*" Furth CHA MZ Kötztinger Umschau 70 (2014) 23.
WBÖ IV,268.

– **[Platz-kirch]t.** wie →*[Bauern-kirch]t.*2: °*Platzkirta* „Ortspatrozinium" Metten DEG.

– **[Blumen-kirch]t.** wie →*[Blumen]t.*2: °*Blumenkirta* „großer Frauentag" Ampfing MÜ.

– **[Bräu-kirch]t. 1** Brauereifest: „Der *Bräukirta* am Sonntag auf dem Brauereigelände" Forsting WS SZ Ebersberg 55 (1999) Nr.199,4.– **2** geselliges Treffen der Geschäftsleute, °OB vereinz.: °*Bräukirta* „einmal im Jahr beim Wirt" Hirnsbg RO.

– **[Drischel-kirch]t.** Festmahl zum Abschluß des Dreschens: °*Drischlkirta* Kchdf AIB.

– **[Fasten-kirch]t.** Jahrmarkt in der Fastenzeit: °*Fastnkirta* Furth CHA; *wan solche bezahlung auf den negsten Ersten Fasten Khierchtag ... nit geschicht* 1677 POSCHINGER Glashüttengut Frauenau 101.

– **[Fraß-kirch]t.** Kirchweihfest od. -tag, an dem viel gegessen wird: °*Fraßkirta* „am dritten Sonntag im Oktober" Kötzting; *Vierze(hn) To(g) na Oustern, do is der ... Froußkirta* Steinbühl KÖZ BJV 1954,197.
WBÖ IV,269.

– **[Freß-kirch]t.** wie →*[Hansdampf]t.*: „Der Johannitag (24. Juni), wo ... Kücheln ... gebacken werden, heißt mancherorts *Freßkirta*" BRUNNER Heimatb.CHA 174.

– **[Haber-kirch]t.** wie →*[Bauern-kirch]t.*2, OP vereinz.: *Howakhiata* „Ortskirchweih" Altmannstein RID.

– **[Haus-kirch]t.** häusliches Fest, Hausball: °„zu unserem *Hauskirta* laden wir herzlich ein" Gundelshsn KEH; *aba nachha ... halt'n ma a richtinga Hauskirta* PEETZ Chiemg.Volk II,90.
WBÖ IV,270.

– **[Holz-kirch]t.** wie →*[Alm(en)-kirch]t.*: „In den Sennhütten des Hochgebirges ... an Jakobi (25. Juli) oder am Sonntag darnach ... *Alm*- oder *Holzkirta*" BRONNER Sitt' 223.

– **[Kindlein-kirch]t., [Kinder-]- 1** Festmahl nach der Geburt eines Kindes, °sö.OB mehrf.: °*de Vawandtn kemma an Kindlkirta, bringa a Geld und wern ausgspeist* Halfing RO; „der ... *khindlkhiušta* ... nach der Geburt ... zu dem die Anverwandten geladen werden" RO BRÜNNER Samerbg 154.– **2**: „Am Sonntag vor der Hochzeit kommen die Kinder des Dorfes zum *Kindlkirta*, zu festlicher Bewirtung, in das Braut- und Bräutigamshaus" HAGER-HEYN Liab 37.– **3** Bewirtung des Patenkindes zu Kirchweih: „*Kinderkirta*: Die Patenkinder werden zum Essen eingeladen und ... mit einem *Wecken* ... heimgeschickt" BERGMAIER Ruhpolding 453.

– **[Holz-knecht-kirch]t.** wie →*[(Sankt-)Vinzenz(i)]t.*: „der *Holzknechtkirta* ... Gottesdienst ... Holzknechtmahl ... Holzerball" HAGER-HEYN Dorf 154.

– **[Knödel-kirch]t.** wie →*[Bauern-kirch]t.*2: °*der Knödelkirta* „Ortspatrozinium" Fronau ROD; „6. Januar ... *Knödelkirta*" Friedersrd ROD Altb.Heimatp. 44 (1992) Nr.2,5.

– **[Kraut-kirch]t., [Kräutlein-]- 1** Kirchweihfest im Herbst od. Winter, wenn das Kraut geerntet od. als Sauerkraut vergoren ist, °NB (v.a. KEH) vielf., °OB vereinz.: *Krautkirda* „am

19. Oktober, Zeit des ersten Sauerkrauts" Neustadt KEH; „Zum *Krautkirta* ... am zweiten Adventswochenende" Siegenburg KEH Markt Siegenburg – Grüß Gott!, hg. vom Markt Siegenburg, Siegenburg ²2015, 14.– **2** wie →[*Blumen*]*t*.2: °*Kräutlkirta* „großer Frauentag" Ampfing MÜ.

– [**Kreuz-kirch**]**t.** Kreuzauffindung, 3. Mai: *Graizkiada* „an dem die Späne vom Palmbuschen als Kreuze in die Felder gesteckt werden" Zwiesel REG; *den 3. May als am Creizkhiertag* 1680 Poschinger Glashüttengut Frauenau 86.

– [**Kugel-kirch**]**t.** Nachfeier der Kirchweih am vierten Sonntag im Oktober: °*Kuglkirta* Moosthenning DGF; „Acht Tage darauf wird beim *Kugelkirta* noch nachgefeiert" Dingolfing Lettl Brauch 131.

– [**Nach-kirch**]**t.** (Tag, meist Montag, der) Nachfeier der Kirchweih, °OB, °NB, SCH vereinz.: *da Nåkirda* „meist im Wirtshaus gefeiert" Klinglbach BOG; *wenn es ön 'Nokirta'... etwas zum Flankeln* [übermütig tanzen] *gibt* Inkfn MAL HuV 10 (1932) 332; *Sieben junge Männer ... haben am nachkhirchtag zu Ottering* [DGF] ... *ain solche ungebir triben* Landau 1600 Helm Obrigkeit 117.– †Phras.: „Dienstag und Mittwoch nach dem Kirchweihfest (*'ən Nàchkirtə' sei˜ Nàchkirtə'*)" Schmeller I,1289.

Schmeller I,1289.– WBÖ IV,272f.

– [**Nachhin-kirch**]**t.** dass.: °*da Nohikiada* „Tag nach dem Kirchtag, an dem nichts gearbeitet wurde" Marktl AÖ.

– †[**Narren-kirch**]**t.** wie →[*Diens*]*t*.2: *Narrenkirta* „der Fastnacht-Dienstag" Delling II,86.

Delling II,86.

– [**Nikolaus-kirch**]**t.**, [**Niklo-**]**-**, [**Nikolai-**]**-** Jahrmarkt um den Tag des hl. Nikolaus (6. Dezember): *Niglskirda* „am 2. Adventssonntag" Neukchn KÖZ; *wie er ferd* [voriges Jahr] *am Niklokirta ... sein' Dudlsack aufg'spielt hat* Meier Werke I,124 (G'schlößlbauer).

WBÖ IV,273.

– [**Stroh-säcklein-kirch**]**t.** wie →[*Kindlein-kirch*]*t*.1: „der Taufschmaus ... *Strohsacklkirta* (weil die Wöchnerin während des Wochenbettes auf Stroh liegt)" OB Altb.Heimatp. 5 (1953) Nr.21,19.

– [**Schlänkel-kirch**]**t.** wie →[*Kälblein*]*t*.: „Sechs Tag, in deren Mitten Lichtmeß steht, währt der *Schlanklkirta*" Mühlrad 11 (1952) Nr.1,4.– Zu →*schlänkeln* 'den Dienst wechseln'.

– [**Apfel-schnittlein-kirch**]**t.** Tag des Erzengels →*Michael*, 29. September: „daß der Michaelitag der *Apfelschnittlkirta* heißt" Rottal HuV 15 (1937) 110.

– [**Apfel-striezel-kirch**]**t.** dass.: °*Apföstritzlkirta* Pfarrkchn.

– [**Stroh-kirch**]**t. 1** wie →[*Kindlein-kirch*]*t*.1, °OB (v.a. SO) vielf.: °*heut gehn ma an Strohkirta* „mit einem Geschenk für die Wöchnerin" Bruckmühl AIB; „Die Gevatterin geht am Tauftag nicht zur Mutter des Kindes ... erst beim *Strohkirta*" Bergmaier Ruhpolding 226; *Stroukirdə'* „Mahlzeit, am Sonntag nach der Kindstaufe im Hause der Wöchnerin" Schmeller II,803.– Übertr.: *dea geht aufn Schtrouhkierta* „wegen Kindsvertrag aufs Amtsgericht" Ascholding WOR.– **2** wie →[*Drischel-kirch*]*t*., °OB (MB) vielf.: *Schdroukirta* Mahl nach der Ernte Thalham MB.– **3** wie →[*Bauern-kirch*]*t*.2: °*der Strouhkirta* „Patrozinium" Fronau ROD.– **4** wie →[*Nach-kirch*]*t*., °OB vereinz.: °*Strohkirta* „Tag nach dem Kirchenpatrozinium" Feichten AÖ.– **5**: °*Strohkirta* „magere, schlechte Tage" Degerndf RO.

Schmeller II,803.

– [**Wasen-kirch**]**t.** Kirchweihfest auf einer Wiese: °*Wasnkirta* Wimm PAN; „der sog. *Wasenkirchtag* ... wo neben einem kleinen Jahrmarkte das Volk unter freiem Himmel zecht, tanzt und jubelt" LA Bavaria I,997.

– [**Kirch-weih-kirch**]**t.**: °*da Kirweihkirta* „Markt am Kirchweihsonntag" Breitenbg WEG.

– [**Weisat-kirch**]**t.** wie →[*Kindlein-kirch*]*t*.1: „Etwa drei Wochen nach Abschluß der *Weiserei* [Überbringung von Geschenken an die Wöchnerin] fand der ... *Weisatkirta* statt" Hager-Heyn Liab 116.– Zu → *Weisat* 'Geschenk'.

WBÖ IV,275.

– [**Welt-kirch**]**t.** allg. Kirchweihfest am dritten Sonntag im Oktober, °OB, °NB vereinz.: °*Weltkirta* Griesbach DGF.

– [**Aller-welt(s)-kirch**]**t.** dass., °NB, °OP (v.a. CHA) mehrf., °OB vereinz.: °*am Allerweltskirta werdn Küchl bacha* Cham; „Seit 1868 … gibt es … nur mehr den *Allerweltskirta*“ LETTL Brauch 126.

WBÖ IV,275.

– [**Wirts-kirch**]**t.** Fest in einer Gastwirtschaft, °OB, °NB vereinz.: °*der Wirtskirta* „Hausball“ Gögging KEH.

– †[**Zu-kirch**]**t.** wie →[*Bauern-kirch*]*t.*2: „bei jeder Filiale … jedem Kirchlein einer Einöde wird der … *Zukirchtag* … begangen“ NB Bavaria I,997.

[**Klas(en)**]**t.** →[*(Sankt-)Nikolaus*]*t.*

†[**Kleibel**]**t.** wohl wie →[*Nasen-feier*]*t.*: *am donnerstag vor unser lieben frauen kleibeltag* Eichstätt 1447 Stadtarch. Deggendorf, auf der Grundlage eines Inv. von A. MITTERWIESER, bearb. von E. WEIS, München 1958, 29.– Zu frühnhd. *Kleibe* ‘Empfängnis’; Frühnhd.Wb. VIII,1064.

SCHMELLER I,1322; WESTENRIEDER Gloss. 86, 287.

[**Klement**]**t.**, †[**Sankt-Klementen**]- Tag des hl. Klemens, 23. November: *Wenn's am Klementtag an Anhang* (Reif) *hat, derfn dö Schlitt'nmacher an Wein trinken* BERGMAIER Ruhpolding 257; *an sannd Clementnn tag* Burghsn AÖ 1491 J. DORNER, Burghauser Urk.b. 1025-1503, Burghausen 2006, II,413.

WBÖ IV,275f.

[**Klenkel**]**t.** wie →[*Zwölf-apostel*]*t.*2: *Glenkltage* Zeit zwischen Weihnachten und Dreikönig Außernzell DEG.– Zu →*klenkeln* ‘schwingen, schwanken’.

[**Klöckel**]**t.** Tag im Advent, an dem die Kinder an den Häusern anklopfen (→*klöckeln*), beten u. singen: *Heut is scho der zwoat Glöcki-Tag* ANGERER Göll 129.– Sachl. s. [*Klöckel*]*singen*.

WBÖ IV,276.

[**Klopf**]**t.**, [**Klopfer(s)**]**-**, [**Klöpfles**]**-** **1** dass., °SCH mehrf., °OB vereinz.: °*Klopftage* Marquartstein TS; *Kloubfesdag* „drei Donnerstage vor Weihnachten“ Derching FDB; „Es ist der zweite *Klöpflestag*, der vorletzte Donnerstag vor Weihnachten“ BAUER Oldinger Jahr 185.– **2** wie →[*Zwölf-apostel*]*t.*2: „die Tage vom 25. Dezember bis 6. Januar (*Rauh-, Los- oder Klöpflestage*)“ Obb.Heimatbl. 3 (1925) Nr.23 [,1].

Mehrfachkomp.: [**An-klopf**]**t.** wie →[*Bercht(en)*]-*t.*2: „5. Januar … *Anklopftag*“ Neufahrn FS ADV K.67.

SCHMELLER I,1338 (An-klopferleins-).– WBÖ IV,276 (Anklöpfel-).

[**Ab-klotz**]**t.** Tag, an dem als Frondienst Holz zu hacken (→[*ab*]*klotzen*) ist: *hat ein jeder Unterthan … folgende Schardienst zu verrichten … 1. Abkloz Tag* Steingaden SOG 1718 LORI Lechrain 523.

[**Knödel**]**t.** Tag, an dem es Knödel gibt: „An den *Knödeltagen* soll man kein Vieh *aufstellen*, weil solches von der Alm *herunterkugelt*“ BERGMAIER Ruhpolding 251.

[**Kobel(s)**]**t.** →[*(Sankt-)Jakobs*]*t.*

[**Kollátz**]**t.** wie →[*Fast*]*t.*: „Karfreitag … Sebastianstag [20. Januar] und Vorabend von Allerheiligen waren *Kalazztage*, d. h. es wurde nichts Tierisches genossen“ Leizachtal 218.– Zu →*kollátzen* ‘Kollation einnehmen’.

[**Kommunion**]**t.** wie →*T.*3g: *Kominiontoch* „Weißer Sonntag“ Taxöldern NEN.

Mehrfachkomp.: [**Kräuter-kommunion**]**t.** wie →[*Grün-donn(er)s*]*t.*: *Kräuterkommuniontag* „am Gründonnerstag kommunizieren die Eheleute gemeinsam“ Tegernsee MB.

[(**Heilig-**)**Drei-könig(s)**]**t.** in ä.Spr. auch als Fügung mit vorangestelltem Gen. *der Heiligen Drei Könige T.*, wie →*T.*3c, °OB, NB mehrf., OP, MF, SCH vereinz.: *Haidraikinidåg* Königsdf WOR; *Dreikingsdoch* Babilon KEM; *am Dreikinitag hot da Vata an ihra Kammatür aa'r an Kaschpa, Melchior und Balthasar … aufig'schrieb'n* THOMA Werke VI,360 (Wittiber); *an dem obristen der heiling drey kunig tag* Kösching IN 1527 GRIMM Weisth. III,631.

ADV K.66-70.– WBÖ IV,279f.

[**Kost**]**t.** Tag, an dem ein Kostgänger Essen erhält, OB, OP vereinz.: *Kusddach* „an denen ein Armer Kost empfängt“ Fürnrd SUL; *als wie Bettlstudenten, den man Kosttäg gibt* MÜLLER Lieder 158.

WBÖ IV,277.

[**Kranz**]**t.**, [**Kränzlein(s)**]- **1** wie →[*Prang(en)-pfinz*]*t.*1, °OB (v.a. NW, O), °NB (v.a. O), °OP (v.a. S), °SCH vielf., °MF vereinz.: *Kranzlastog* Fronleichnam Sainbach AIC; °*am Kranzltog pranga geh* Tittling PA; *da Kranzldoch is unsan Härgottn sai Doch* Beratzhsn PAR; *am Kranzltåg, inter der Prozession* HALLER Bodenmaiser Sagen 71; *wer doch disen heiligen Kräntzel-Tag aufgebracht hab* SELHAMER Tuba Rustica I,230.– Phras.: *großer K.* dass., °OB, °NB, °OP vereinz.: *gräußa Granzldag* Innernzell GRA.– *Bei enk* [euch] *is da Kränzltag, weis a so aufgstraht habts* „wenn vor dem Stall nicht gekehrt ist" ebd.– Auch: „Der Fronleichnamstag und der darauffolgende Donnerstag und Sonntag heißen die *Kranzeltage*, da man alle Heiligenbilder ... Kreuze ... Lichter, Krüge ... mit kleinen Kränzen umwindet" OB Bavaria I,378.– **2** wie →[*Prang(en)*]*t.*2, in Phras. *kleiner / alter K.* u.ä. °OB, °NB, °OP (v.a. S) vielf., °MF, °SCH vereinz.: °*da oid Kranzldog* „Donnerstag nach Fronleichnam" Steinhart WS; *da kloa Granzldåg* „Umzug um die Kirche mit der Monstranz" Ruhstorf GRI;– *da gehts ja zua, als wenn da kloa Kranzltag ghoitn wurat* „wenn zu einem Fest alles geschmückt wird" östl.OB.– **3**: °*Kranzltog* „alle Tage mit einer Prozession, bei der die Jungfrauen einen Kranz im Haar tragen" Fischbachau MB.

SCHMELLER I,1377; WESTENRIEDER Gloss. 295.– WBÖ IV, 277.

Mehrfachkomp.: [**Buben-kränzlein(s)**]**t.** **1** wie →[*Palm(en)*]*t.*1, °OB, °NB vereinz.: *Buamagranzldåg* „Palmsonntag" O'kreuzbg WOS.– Bauern- u. Wetterregel: °*schneit's am Buabnkranzltag den Buabn auf die Köpf, dann regnet's am Dirndlkranzltag den Dirndl auf die Kränz* Taching LF.– **2** wie →[*Prang(en)-pfinz*]*t.*1, °OP vereinz.: °*Boumakranzltog* „alle Ministranten trugen an Fronleichnam ein Thymiankränzchen" Hahnbach AM.– **3**: °*Bubenkranzltag* „Marktsonntag nach einer Hochzeit" O'eichhfn EBE.

– [**Dirnlein-kränzlein**]**t.** wie →[*Prang(en)-pfinz*]*t.*1, °OB, °NB, °OP vereinz.: °*Dirndlkranzltog* Fronleichnam Ruhstorf GRI.

– [**Alt-weiber-kränzlein**]**t.** wie →[*Prang(en)*]*t.*2: °*Altweiberkranzltog* M'rkrth PAR.

WBÖ IV,277.

[**Kraut**]**t.**, [**Kräuter(ach)**]-, [**Kräutlein**]- **1** wie →[*Blumen*]*t.*2, °OP vereinz.: „das am *Greideredoch* (15. August) geweihte *Greidere* schützt vor Krankheit und Hexen" Immenrth KEM.– **2** wie →[*Vitus*]*t.*: °*Krauttag* „Veitstag, 15. Juni" Ensdf AM.– **3** †wohl Tag, an dem als Frondienst Kraut zu ernten ist: *hat iij krauttag* 1550 MHStA KL Baumburg 42½,fol.100v.– **4** Tag, an dem es Sauerkraut gibt: *Heit is Donnerståg! Heit is Krauttåg!* CH. u. H. WELL, R. MICHL, Sepp, Depp, Hennadreck, überarb. Neuaufl., München 2003, 29.

Mehrfachkomp.: [**Frauen-kräutlein**]**t.** wie → [*Blumen*]*t.*2: „Besonders festlich gestaltet sich in den verschiedenen Diözesen Bayerns der *Frauenkräut'ltag*" Oberpfalz 1 (1907) 120.

[**Kraut-und-Fleisch**]**t.** wie →[*Donn(er)s*]*t.*1: *da Kradafleischdoch* „weil gewöhnlich Kraut und Fleisch gekocht wird" Wildenrth NEW; „So wurde der Donnerstag auch *Kraut a Fleischtoch* ... genannt" REGLER Opf.Dorf 63.

[**Kreuz(lein)**]**t.** in ä.Spr. auch als Fügung mit vorangestelltem Gen. *des heiligen Kreuzes T.*– **1** wie →[*Kreuz-kirch*]*t.*, OB, NB vereinz.: *da hälön Krädzdåg* „aus den am Weihfeuer angebrannten Hölzern der Palmgerte werden Kreuzchen gemacht und in jedes Feldeck gesteckt" St.Englmar BOG; „3. Mai ... *d'Kreuzldag*" KREUZER Rinchnachmündt 41; *an des Heilligen Creitz tags als es erfunden ist* Trostbg 1457 WÜST Policey 187.– Bauern- u. Wetterregel: *Ist's an Hl. Kreuztag trucken, Wächst Gras auf Berg u. Bucken* Daiting DON 1909 G. WILLI, Alltag u. Brauch in Bayer.-Schwaben, Augsburg 1999, 164.– **2** †Kreuzerhöhung, 14. September: *an ertag vor des heyligen Kreyczlag im herbst* Lererb. 163.– **3** wie →[*Bet*]*t.*1, NB mehrf., OB, °OP vereinz.: °*Kreizdooch* „die drei Bittage vor Christi Himmelfahrt" Weiden; „Dann kamen die *Kreuztage*, d.h. die Bittgänge" WEISS Bauernjahr Kchdf.Ld 25.

WESTENRIEDER Gloss. 296.– WBÖ IV,277f.

[**Kriege-nichts**]**t.** wie →[*Frau(en)*]*t.*2a: *Kriagnixtag* „scherzhaft Lichtmeß bei Dienstboten, wenn sie ihren Lohn schon im Voraus erhalten haben" Wasserburg.

[**Küchlein**]**t.** Festtag, an dem Küchel gebacken werden: *Köichetag* „Ortspatrozinium" Kötzting; „Am Lichtmeßtage ... ist *Kücheltag* und Auszahlung der Dienstboten" Hohenbercha FS Frigisinga 4 (1927) 298.

WBÖ IV,279.

[**Ver-künd**]**t.** Sonntag, an dem eine bevorstehende Trauung im Gottesdienst verkündet wird, OB, NB, OP vereinz.: *ön Vokintdå* Zandt KÖZ.

WBÖ IV,279.

[**Land**]**t.,** †[**Landes**]- **1** †Versammlung der Landstände: *Als yetz zu München auff gehaltem lanntag* Indersdf DAH 1514 OA 25 (1864) 255.– **2** gewählte Volksvertretung in Bayern: *i bi neugierö, obs ön Landtåg nu was wiad mit da Zusammenkunft* Hengersbg DEG; *Dees danka mia 'm Landtog nua* SCHUEGRAF Wäldler 9.– **3** Landtagsgebäude: °*heit geh i in Landdog* Mchn.– **4** †Gerichtstag des Landgerichts: *er sölte umb gůlte und umb schulde vor disem lantag nieman reht halten noch tůn* Eichstätt 1343 MB L,299.

SCHMELLER I,591; WESTENRIEDER Gloss. 313-315.– WBÖ IV,280.

[**Laß**]**t.** zum Aderlaß geeigneter Tag, OB, NB vereinz.: *a guata Låßtåg is da Tåg vor heili Dreikini* Tölz; „*Laßkalender* … worin … *gute oder böse Laßtage* verzeichnet waren" VHO 52 (1900) 210.

WBÖ IV,280f.

Mehrfachkomp.: [**Ader-laß**]**t.** dass., OB, NB vereinz.: *Odalastag san beim wagsatn Mo* Valley MB.

– [**Ant-laß**]**t.** **1** wie →[*Grün-donn*(*er*)*s*]*t.*, °OB, °NB, OP vereinz.: *Adlasdog* Hessenrth KEM; *And:laß:doog* [Ef.] CHRISTL Aichacher Wb. 29; *An dem antlazztag so sol man den vrowen semeln geben* Pfründe Geisenfd 424; *Am antlaßtag hat der pischoff von Saltzburg … den crißm und heilig öll gesegnet* Rgbg 1532 Chron.dt.St. XV,110,35-111,1.– Auch in Phras.: „Gründonnerstag … *der kleine Anddloßdag*" WÖLZMÜLLER Lechrainer 42.– **2** Fronleichnam, Tag der Fronleichnamsoktav.– **2a** wie →[*Prang*(*en*)-*pfinz*]*t.*1, °OB mehrf., °NB, MF vereinz.: °*an Antlaßdog anblosn* Fronleichnam Geisenfd PAF; *Odlestag* Haunstetten EIH; *Am Antlestag gehn d'Sennerleut Auf Schliers* [Schliersee MB] *go Kircha* GUMPPENBERG Loder 28; *a Prangerkranzerl … dös wo vom Antlaßtag her überbliebn ist* STROBL Feiertäg 71; *vom hl: andtlas dag an so gewösen den jj Junÿ. bis auf Michaelj deglich. dag vnd Nacht gerengt* 1648 HAIDENBUCHER Geschichtb. 164.– Auch in Phras. *großer A.* OB, OP vereinz.: *gråußa Olasdoch* Beilngries; „*der große Antlaßtag* … die Feier der Einsetzung des Altarsakraments … wird an ihm nachgeholt" KRISS Sitte 100.– Bauern- u. Wetterregel: *wie der Antlestag, so der ganze Heuet* Entraching LL SBS II,256.– **2b** wie →[*Prang*(*en*)]*t.*2, in Phras. *kleiner A.* OB vereinz.: *kloana Antlaßdoog* Donnerstag nach Fronleichnam Rottbach FFB.– **2c** Tag der Novene vor Fronleichnam: °*Antlasdeg* Dünzelbach FFB; „*antləsdēg* … Tage von Pfingsten bis Fronleichnam" O'schondf LL nach SBS II,256.– **2d** Tag der Oktav nach Fronleichnam, °OB vereinz.: °*Antlestag* Weilhm; „*antləsdẹ̄g* … Woche ab Fronleichnam" Entraching LL nach SBS ebd.– Zu →[*Ant*]*laß* 'Gründonnerstag', 'Fronleichnam'.

DELLING I,27; SCHMELLER I,1507-1509.– WBÖ IV,281f.

[**Lätschen**]**t.** wie →[*Diens*]*t.*2: °*Letschntag* „Faschingsdienstag" Wegscheid.– Zu →*Lätsche* 'großer Mund'.

[**Leb**]**t.,** [**Leben**(**s**)]**t.** **1** Lebenszeit, meist in Phras.: *sein L.* / *seiner L.e* u.ä. zeit seines Lebens, NB, °OP vereinz.: *üba Nåcht ka s Unglück üba oan kema a so, daß a seina Lebtåg z'trågn håt dra* Pfarrkchn; *fia mejläta kröiche a Rentn* Altfalter NAB; *Neinadachzg is a woarn, und sa Lä'ta niat krank gwen* SCHWÄGERL Dalust 191; *daß wir das vorgenant Haws innhaben und niessen sullen, unser dreuer Lebtag* Mchn 1370 MB IX,205f.; *Ă wird wohl sei~ Lebtă nach Wien nimmă fragen* OP 1683 HARTMANN Hist.Volksl. II,61.– (*All*) *mein L.* / *meiner L.e* immer, seit jeher, OB, NB, °OP, °OF vereinz.: °*mei Letta is a sua gwen und niat anascht* Wdsassen TIR; *öitz iss ehm' aa söidhoas a'g'fall'n, daß daou in da Büld'seig'n* [FN] *schon ma Letta umgöiht* NEW Oberpfalz 65 (1977) 359;– Ausruf des Erstaunens od. Unwillens, OB vereinz.: *meina Seel! meina Lebtag!* Rimsting RO; *Mă~ Lèttə'!* „die etwas unwillige Antwort auf eine unnöthigzweifelnde Frage" OP SCHMELLER I,1408.– *Mein L.* / *meiner L.e nicht* u.ä. ganz u. gar nicht, niemals, °Gesamtgeb. vielf.: °*ich woiß niat, des Fleisch wird ma Lätta niat woach* Neuhs NEW; *des giz maleta net!* Röckenhfn HIP; *Des glab i meina Ledda … niad* Velburg PAR SCHÖNWERTH Leseb. 215; *Zerschd duad er reachd bressandd, und nocher kimmb ar maledda id* [nicht] WÖLZMÜLLER Lechrainer 128; *so bin I afer oll mein lebtag khainen schelmen nie holt gwöst* Landshut um 1650 Jb.Schmellerges. 2012, 38,24f.– *Jetzt g'lang i auf mein Lebtag!*

Karte 2: *Fronleichnam* (kartiert sind nur Belege aus M-4/12 von 1928)

[meine Geduld ist am Ende] WELSCH Mchn. Volks-Leben XI,11.– Scherzreime: *Hea Vötta – sei Löbta* Reisbach DGF, ähnlich DEG;– *a Fretta, mei Leta* Fahlenbach PAF.– **2** Lärm, Krach, °OP vereinz.: °*wos is denn dös für a Lewado?* Nabburg.– Auch lebhaftes Wesen: *Lewado hobm dei Kinda* Söllitz NAB.

SCHMELLER I,594f., 1408.– WBÖ IV,283-286.

[Fron-leichnam(s)]t., [Fromm-]- 1 Fronleichnam, Donnerstag danach od. davor.– **1a** wie →*[Prang(en)-pfinz]t.*1, OP mehrf., Restgeb. vereinz.: *Fromleimasdog* Ödwaldhsn TIR; *vrolaexnəmsdā* Scheuring LL nach SBS II,256; *Fraonleichnamstog ... Gass'n werd'n mid Bluman gstrat* Bärnau TIR SCHÖNWERTH Leseb. 141; *An unsers herren fron leichnamstag* Indersdf DAH 1493 HuV 17 (1939) 212.– Auch in Phras. *großer / neuer F.* OB, NB, OP vereinz.: *da gråuße Fronleichnamstog* Weiden; „man nennt den ersten und offiziellen *Fronleichnamstag* den *neuen*" BAUERNFEIND Nordopf. 47.– S. K.2.– **1b** wie →*[Prang(en)]t.*2, in Phras. *kleiner / zweiter / alter F.* u.ä. °OB, NB, °OP vereinz.: *kloana Fronleichnamståg* „mit kleinerer Prozession" Ingolstadt; „Oktav ... an derem Ende (Donnerstag) das Fest mit all seiner Pracht wiederholt wurde: der *alte Fronleichnamstag*" FÄHNRICH Brauchtum Opf. 188.– **2** wie →*[Grün-donn(er)s]-t.*, in Phras.: *da kloane Fronleichnamsdog* „Gründonnerstag" Haimhsn DAH.

WBÖ IV,287.

[Gott(es)-leichnam(s)]t. wie →*[Prang(en)-pfinz]-t.*1, OB, NB vereinz.: *Godsleimöndåg* (Ef.) Gottsdf WEG; *God(s)leimesdog* „Fronleichnamstag" Ramsau BGD Bergheimat 10 (1930) 40; *an freitag nach goczleichnams tag* 1410 Urk. Heiliggeistsp.Mchn 325; *So lieb dann euch ist das nächste Fest deß Gottsleichnams-Tag* SELHAMER Tuba Rustica I,235.

SCHMELLER I,959, 1425.– WBÖ IV,287f.

[Herr-leichnam(s)]t. in ä.Spr. auch als Fügung mit vorangestelltem Gen. *unsers Herren Leichnam T.* u.ä., dass.: *Herrleichnamstag* Berchtesgaden; *an Montag vor vnser lieben herren leichnam tag* Straubing 1439 JberHVS 10 (1907) 43.

WBÖ IV,288.

[Leidens]t. wie →*[Kar-frei]t.*: *Leidenstag* Karfreitag Burghsn AÖ.– Auch in Phras.: *insers Herrn Laidnsdog* Bernau RO.

WBÖ IV,288.

†**[Leih]t.** Tag, an dem Grubenfelder vergeben werden, bergmannssprl.: *soll der Aufnehmer ... im sein Lehen auf verordneten Leichtag dem Berckmaister bestettigen lassen* 1548 LORI Bergr. 247.

[(Sankt-)Leonhard(s)]t., [Leonhardi]-, [Lienharts]-, [Lienel]-, [Lidel]-, [Hardel(s)]- 1 Tag des hl. →*Leonhard*, 6. November, OB, SCH vielf., NB, OP, MF vereinz.: *Leachatstog* Ecknach AIC; *am Leonhardödåg muaß da Roßfuadara und t'Ståidian auf Oang* [Aigen] *ge* Mittich GRI; *Hardlsdoch* Pirk NEW; *lẽahaštståg* Inntal BRÜNNER Samerbg 153; *an sant Lyenhartz tag* 1357 Stadtr.Ambg III,20; *Am St. Lienhartstage erhielten die Hammerleute und ihre Weiber den Heftelwein* 1569 PEETZ Volkswiss. Stud. 139.– **2** †: *Die Lienhards-Täg* „die Sonntage des Julius, als an welchen die Dedicationen der ... Leonhardskirchen zwischen der Ober-Isar und dem Inn gefeyert werden" SCHMELLER I,1481.– Auch: „Da wird man selten hören, z. B. im Juli, sondern *i'n Leə˜hərts-Tágngə˜*" ebd.

SCHMELLER I,1481.– WBÖ IV,288.

[Schiff-leute]t. wohl wie →*[(Sankt-)Leonhard(s)]-t.*1: „am *Schiffleuttag*, wenn dem Tiroler Wein fleissig zugesprochen wurde" BRÜNNER Samerbg 13.

[Weiber-leute]t. Tag der hl. Anna, 26. Juli: „*Weiberleuttag* ... daß man die heilige Anna dem heiligen Leonhard als Viehheilige zugesellt hat" HAGER-HEYN Drudenhax 238.

[Licht(lein)]t. 1 wie →*[Frau(en)]t.*2a: *der Lichtltåg* Wasserburg; „am Liechtmeßtag (*Liechtltàg*), wo ... die Kinder ... eine Menge Wachslichterchen zu brennen pflegen" SCHMELLER I, 1431.– **2** Tag um die Sommersonnenwende, v.a. Tag des hl. Johannes des Täufers, 24. Juni: *Lichttag* Viechtach.

SCHMELLER I,1431.– WBÖ IV,289.

[Likolaus]t. →*[(Sankt-)Nikolaus]t.*

[Los]t. Lostag, °OB, °NB, °OP, MF vereinz.: *d'Lousdach* Zeit zwischen Weihnachten und Dreikönig Euerwang HIP; *Der Liachtmeßtag ... a Lostag fürs ganz Jahr* MATHEIS Bauernbrot 31.

SCHMELLER I,1519.– WBÖ IV,289f.

[Lösel]t. dass., OB, MF vereinz.: *Lößltag* „zwischen Weihnachten und Dreikönig" Rohr PAF.– Zu →*löseln* 'wahrsagen'.

[Sankt-Luzia]t., [Luz]-, †[-Luzien]-, [-Luzein]- Tag der hl. →*Luzia*, 13. Dezember, OB, °NB vereinz.: *Lutztog* Wasserburg; *an sant Luczeintag* Lererb. 31.

WBÖ IV,290.

[Mahd]t. 1 zum Mähen geeigneter Tag: *Mohdtog* Valley MB.– **2** †Tag, an dem als Frondienst Mäharbeit zu leisten ist: *ayn vasnacht hun vier Madtag und Neun gulden* Mchn 1402 ²MB XIX,70; „alljährlich ... *ain Madtag* ... also Frondienst" Gschwendt TÖL 1778 Zwiebelturm 9 (1954) 276.

WBÖ IV,290.

[Mai(en)]t. 1 wie →[*(Sankt-)Jakobs*]*t.*2, OB, °NB, OP vereinz.: *Måidåg* „1. Mai, Bauernfeiertag" Garham VOF.– **2** †13. Mai, erster Mai nach dem julianischen Kalender, in Phras.: *Auf den alten Mayen tag mueß man einer Eselin lassen hinter dem Linckhen ohr am Halß* Friedenfels TIR um 1700? Ernst Heilzauber u. Aberglaube Opf. 82.– Sachl. s. WBÖ IV,314.

Schmeller I,1550.– WBÖ IV,314.

†[Malefiz]t. Tag der Urteilsverkündung od. Strafvollstreckung: *bevilcht inen dem gefangnen ... einen peinlichen malefitztag zu verkunden* Straubing 16.Jh. Rosenthal Stadtrechtsgesch. 335.

[Man]t. →[*Mon*]*t.*

[Männlein]t. wie →[*Grün-donn(er)s*]*t.*: °*Manndltag* (Ef.) G'holzhsn RO; „Der Gründonnerstag ist heute noch vereinzelt 'Männerbeichttag' ... *Manndltag*" [Ef.] Hager-Heyn Drudenhax 161.

Mehrfachkomp.: **[Pimperlein-manns]t.** wie →[*Pimmerleins*]*t.*, in Phras.: °*dös dalebst bis zan Bimberlmannstoch ned* „niemals" O'wildenau NEW.– Spielform von →[*(Sankt-)Nimmerlein(s)*]*t.*

[(Sankt-)Marga(re)ten]t., [Margit(en)]-, [Gretel]- Tag der hl. →*Margarete*, 20. Juli, vereinz. 13. Juli (MB), °OB, °NB, °OP vereinz.: °*Margitag* Chieming TS; °*Gretltag* Gündlkfn LA; °*Regn am Margretentooch bringt vül Klooch* Tirschenrth; *Rengt's Margaretentag, bricht an Korn die Wurzel ab* Braun Gr.Wb. 390; *an erchtag vor sanndt Margrethn tag* Burghsn AÖ 1342 J. Dorner, Burghauser Urk.b. 1025-1503, Burghausen 2006, I,100.

WBÖ IV,309f.

Mehrfachkomp.: **[Seich-margareten]t., [-retel]-** dass.: °*Soachretldog* „weil es am 20.7. oft regnet" Aigen GRI.

[Markt]t. Markttag, OB, NB, OP, SCH vereinz.: *Moakdåg* Aicha PA; *daß zwoimal in da Woch die Bauan kumma zun Morkdoch* Niebler Mutterspr. 23; *daz an allen marchtagen in der wochen ... nieman chŏffen noch verchŏffen sol ... dann an dem marcht* 1318 Rgbg.Urkb. I,201; *außer den ... marktta^e^gen alles danzen ga^e^nzlich verbothen* Mchn 1781 Wüst Policey 170.

WBÖ IV,310f.

Mehrfachkomp.: **†[Jahr-markt]t.** wie →[*Kirch(en)*]*t.*3: *an den dreyn iarmarckt tägen* Hohenwart SOB 1477 MB XVII,205.

[(Sankt-)Markus]t., [Marks(en)]-, [Marksi]-, [Merksen]- Tag des hl. →*Markus*, 25. April, °OB, °NB vielf., °OP mehrf., SCH vereinz.: *an Markasdog geht ma um Buttamij a Biadlbo* „Prozession zur Filialkirche in Bittlbach, bei der man um viel Gras und Klee bittet" Erding; *ön Moaksdåg soö sö a Rob ön Koan und a Gåöslsdegga ön Howan vaschdögga kina* Gottsdf WEG; „Am *Markustag* ... ist allgemeiner Bittgang sämtlicher Pfarreien" Kriss Sitte 89; *dez pfincztag an sand Marx tag* Wasserburg 1415 J. Dorner, Burghauser Urk.b. 1025-1503, Burghausen 2006, I,300.

WBÖ IV,311.

[Marter]t. 1 †Tag, an dem jmd gemartert wird: *an dem martertag unsers herren Jhesu Cristi* KonradvM Sphaera 61,15f.– **2** wie →[*Kar-frei*]*t.*, OB, NB, OP vereinz.: *Moatatog* Rattenbg BOG.

WBÖ IV,311f.

[(Sankt-)Martin(s)]t., [Mart(e)lein(s)]-, [Martini]-, [-ä-]-, †[-Marteins]- Tag des hl. →*Martin*, 11. November, °OB, °OP, SCH mehrf., Restgeb. vereinz.: *Maschdastog* Elbach MB; *Moadinidog* Heiligenbg EG; *Mirtlastog* Schwarzach NAB; „Am *Martinstag* haben die *Höida* ... ihre Lichtmeß ... An diesem Tage stehen sie ... aus" Bärnau TIR um 1860 Heimatkalender für die Oberpfalz 22 (1998) 137; *Vo uns is an Martinstoch oft amal a Tanz agsagt* Neusorg KEM Oberpfälzer Leben, hg. von E. u. A.J. Eichenseer, Grafenau 2009, 342; *von dem tage hivte vntz* [bis] *auf sant Marteinstag der næhst chvmt* Rgbg 1293 Corp.Urk. III,24,12; *frist auf sant Marteystag* Lererb. 14.

WBÖ IV,312.

[Marx]t. →[(*Sankt-*)*Markus*]*t.*

[Palm-maunzelein]t. wie →[*Palm*(*en*)]*t.*1: *hutscherlo, heierlo, Kinderl schlaf ei, kimmt der Palmmaunzerltag* (Palmsonntag), *grad fallts ma ei* „Schlaflied" Pfatter R.– Zu →[*Palm*]-*maunzelein* 'Palmkätzchen'.

[Menscher]t. Tag, an dem ein Bursch sein Mädchen (→*Mensch*) ausführt: *Mendschadåg* „Ostermontag oder Stephanstag" Au BGD; *ob d Leni mit mir am Menschertag, am Stephistag, auf d Musi gehn derf* ANGERER Göll 133.
WBÖ IV,315.

[Mer(ch)]t. →[*Erge*]*t.*

[Merksen]t. →[(*Sankt-*)*Markus*]*t.*

[Blasi(us)-meß]t., [Blas-]-, [Bläsel-]- wie →[(*Sankt-*)*Blasi*(*us*)]*t.*, OB, SCH vereinz.: *Blasmestag* „3. Februar" Friedbg.– Schnaderhüpfel: *an Blasemeßdag, da moanscht, es is aus, da schreit jeda: Baur, mi zajst zerscht aus* Röhrmoos DAH.

[Vor-meß]t. Vormittag: °*Vormisdag* Peiting SOG; *vǫəʳməsdāg* Altenstadt SOG nach SBS VII,1,292.– Zu tir. *Vormeß* 'Frühstück' (vgl. Tir.Wb. 184)?

[Licht-meß]t., †**[-messe]-** wie →[*Frau*(*en*)]*t.*2a, OB, NB, OP, SCH vereinz.: *an Liachtmößtåg wiad da Lå auszåit* Mittich GRI; *Leicht glaabn's, es is da Leitmeßtag* SCHMIDT Altboarisch 26; *vntz* [bis] *auf den næhsten Liehtmessetag* Passau 1288 Corp.Urk. II,367,40; *do hueben an zben engl di mess am liechtmesstag* ARNPECK Chron. 487,17f.; *von vnser L. Frawen Liechtmeßtag biß über siben Wochen* HUEBER Granat-apfel 380.– Schnaderhüpfel: *da Liameßdag irgert de Baurn vor ajn, is s Gejd no so weni, aber an Lohn müasns zajn* Röhrmoos DAH, ähnlich HAGER-HEYN Drudenhax 122.– °*Heit is da Liamesstag, Baua zoi aus, sunst nimm i mei Ranzal u geh von Toa aus* Vilshfn.– *Heut is a lustiga Tag, singat d'Moisn, moargn is da Löichtmeßtag, möißma roisn* Runding CHA.
SCHMELLER I,1431.– WBÖ IV,315f.

[Met]t. 1 wie →*T.*3g, OB, NB vereinz.: *Meddåg* „erster Sonntag nach Ostern" Osterhfn VOF; „*Methtag*; Schönheits- und Stärketrunk in den Methhäusern" OB BzAnthr. 13 (1899) 90.–
2 †wie →[(*Sankt-*)*Kath*(*a*)*rein*(*s*)]*t.*: *Methtag* HÖFLER Volksmed. 83.

[Metten]t. wie →[*Bächel*(*s*)]*t.*1: *Mödndåg* „Heiligabend" Karlsbach WOS.

[(Sankt-)Mich(a)el(s)]t., [Mich(a)eli(s)]- wie →[*Apfel-schnittlein-kirch*]*t.*, OB, OP mehrf., Restgeb. vereinz.: *am Michastog* „29. September" Walkertshfn DAH; *Michltog* Wutschdf AM; *Michäisdog* HELM Mda.Bgdn.Ld 159; *zu sand Michels tag lagen si in der Türkey* ARNPECK Chron. 534,10; *Als maniges Blüemlein waxn mag, Von Ostern bis auf St. Micheli Tag* DAH WESTENRIEDER Beytr. IV,416.– Reime: *heint is da Michlsdoch, höit i zou, wou i moch* „singt der Hütbub" Hessenrth KEM.– *An Michelötåg is Kiada an Himmö und auf Erd, åba nöt auf an jedn Herd* „weil er nicht immer als Feiertag gehalten wird und es nicht überall Kücheln gibt" östl.OB.
WBÖ IV,317.

[Mick]t., [Mink]- →[*Mitt*]*woch.*

[Mitt]t.[1]**, -tág,** †**[Mitten]- 1** Mittagszeit, °Gesamtgeb. vereinz.: *kimmts eina, s is Midog* Staudach (Achental) TS; °*untan Mittogna* „während der Mittagszeit" Kchnthumbach ESB; *Machst as halt am Mitto* Bayerwald 24 (1926) 289; *Z'Mittog bleibt ar draß mid'n Vaich* Bärnau TIR SCHÖNWERTH Leseb. 88; *Meridiano ... mittitage* Rgbg 12.Jh. StSG. I,520,42-49; *Zwisch/en 10 vnd 11 vren vmb mittag* U. SCHMIDEL, Reise in die La Plata-Gegend (1534-1554), hg. von F. OBERMEIER, Kiel 2008, 81.– Phras.: *guten M.* Gruß in der Mittagszeit, OB, NB vereinz.: *Guanmidda!* Staudach (Achental) TS.– *Auf / zu M. essen* u.ä. die Mittagsmahlzeit einnehmen, °OB, NB vereinz.: *z'Mittåg össn* Mengkfn DGF; *Hats ebba nu niat a(u)f Mittóoch gessn* SINGER Arzbg.Wb. 149.– *M. läuten* um 11 od. 12 Uhr läuten, OB mehrf., NB, OP, MF, SCH vereinz.: *Middo leitn* Arrach KÖZ; *ets laits Mittoch* Kammerstein SC; „auf dem Lande ... *Mittagläuten* ... um 11 Uhr" SCHMELLER II,1176;– *da Simal vo Båleitn* [ON] *head nia Middåg leitn* „sagt man zu Kindern, die zu spät zum Essen kommen" Reisbach DGF.– *Von elf bis M.* u.ä. sehr kurze Zeit: *dös heeb eed* [nicht] *leenger åls va oalfi bis Midog* Derching FDB; *Es dauert nur von elf Uhr bis Mittag* Baier.Sprw. II,215; *Von elfi bis Mittåg (kann er sich was merken)* „überhaupt nicht" WAGNER Zuwanderung 12;– *von elf / zwölf bis / auf M. denken* u.ä. nicht nachdenken, überlegen, °OB, NB, °OP vereinz.: *er denkt nur grad von elfe bis Mittag* Pfaffenbg MAL; *dea denkt niad weidda, wei va zwelfa bis Middoch* KONRAD nördl.Opf. 89.– **2** Mittagessen, OB, NB, OP, SCH vereinz.: *n Mittoch naouchedrong* „aufs Feld" Fürnrd SUL; „*den Mittag* ... nahmen die Glasmachermeister ... *am Bankl* ein" HALLER Glasmacherbrauch 44.– **3** Mittagspause, °OB, °NB, °OP vereinz.: *Mittåg håitn* Fürstenfeldbruck; °*mach ma Mittoch* Dietfurt RID; *Mittooch måch'n* BRAUN Gr.Wb. 402.– **4** Süden, °OB, NB, OP vereinz.: *gega Mitoh* Naabdemenrth NEW; „Diese holzreiche Gegend leidet ... *gegen Mittag* ... noch anderer Verwendung" Ambg 1804 Wdmünchn.Heimatbote 24 (1991) 54; *an dem tail dez himels ... da der mittag ist* KONRADVM Sphaera 22,3f.; *vnd stôst daran ... von mittentag des Gendels ... gůter* 1459/1470 Urk.Schäftlarn 371; *Gegen Mittag am Tyroler Gebürg ertheilt sie ihre Gaben zu Etal/ vnd Peissenberg* HUEBER Granat-apfel 4.

SCHMELLER I,1691.– WBÖ IV,317-322.

Mehrfachkomp.: [**Vor-mitt**]**t., -tág 1** wie →[*Vormeß*]*t.*, °OB, °NB, °OP, SCH vereinz.: *am Voamidog woa i dord* Mchn; *Dou bist an ganzn Vormittoch afn Bauch in Schloam immergrochen* Selb L. ELLERMEYER, Und sie gingen in seltsamen Gewändern, Norderstedt 2009, 126; *ich gib iv die phennige morgen vor mittem tage* Landau 1304 OA 45 (1888/1889) 229.– **2** Brotzeit am Vormittag, °OB vereinz.: °*kemts an Vourmittag!* „ruft die Bäuerin die Dienstboten" Lenggries TÖL.

SCHMELLER I,1648.– WBÖ IV,322f.

– [**Nach-mitt**]**t., -tág** Nachmittag, °OB, °NB, °OP, SCH vereinz.: *an Nåmödag* Lichtenhaag VIB; *do werd a da Namedog ned lang* SCHWEIGER Hopfazupfa 72.– Phras.: *guten N.* Gruß am Nachmittag, OB, NB, SCH vereinz.: *guat Namitog!* „wird ab dem 12-Uhr-Läuten gesagt" O'audf RO; „gelegentlich ... *Guten Nachmittag*" Zwiebelturm 14 (1959) 4.– *Mit dem wird's bald nachmittag* „er stirbt bald" Drachselsrd VIT.

DWA XVI,K.9.– WBÖ IV,323-325.

[**Mitt**]**t.**[2] →[*Mitt*]*woch.*

[**Mon**]**t.,** [**Man**]**-,** [**Män**]**- 1** Montag, °Gesamtgeb. vielf.: °*da vergeaht koa Maada, wo der it* [nicht] *blaumacht* O'ammergau GAP; *da Moda i da Khoawocha* Stadlern OVI; *an Mada a da Früah gehst auf Holzkirch'* HALTMAIR Hartpenning 59; *der tac, der ander in der wochen, mântac* BERTHOLDVR I,53,20f.; *An mantag nach dem Crist-tag turnierten die ritter vast wol* FÜETRER Lanzelot 96.– Phras.: *blauer* / †*guter M.* arbeitsfreier Montag, Montag, an dem jmd nicht zur Arbeit erscheint, °OB, °NB, °OP mehrf., °MF vereinz.: *blo Möta* Peiting SOG; °*hast wida an blaua Moda gmacht?* Volkersgau SC; *Frühers hat a Maurer am blauen Montag bei dem Wort 'Arbat' rot g'sehng* Mchn.Stadtanz. 16 (1960) Nr.16,4; *Der Blâu Mæntag* „jeder Montag ... den die Handwerksleute zu einer kleinen Nachfeyer des Sonntags machen" SCHMELLER I,1608; *daß auf vnsern Bergwerkh von keinen ... Arbeithern ... kein gueter Montag soll gehalten* 1548 LORI Bergr. 260; *wie dann auch der sogenannte blaue Montag ... gänzlich abgeschaft seyn solle* 1779 Satzgn Landsbg 60;– *dö gånz Wocha blaua Måda* „jeden Tag blau machen" Aicha PA.– *Jmdm einen blauen M. machen* ein blaues Auge schlagen, °OB, °NB, °OP, °MF vereinz.: *oan an blåum Mounta machn* Naabdemenrth NEW.– *Aha, heint is wieda Mouta!* „wenn im Bäckerbrot Haare oder Steine sind" O'audf RO.– *Wer an Manda eisteht, der geht an Samsta scha wieder* OB.– *Kime am Monda niad, na kime am Irda* [spöttisch zu einem Trägen] BRUNNER Wdmünchen 396.– Reime: *önn Moda gehd d Wocha-r-o, önn Iata hon-ö no nix do, önn Migga muas-ö mö schigga, önn Pfinzda is s schdogfinsta, önn Fraida gliab ö Schaida, önn Samsta muas ö mö butzn und schern, daß ö önn Sunda a heilögö Möß ko hean* Reisbach DGF, ähnlich ROD U. KANZ u.a., Die Heimat auf der Zunge tragen, Regensburg 2012, 78, HAGER-HEYN Dorf 100.– *Am Monda da grond* [murrt] *er, am Irda da kiert* (kehrt) *er, am Micha da kiechert er, am Dunna da ruhmt* (anschaffen) *er, am Freida da schreit er, am Samsda da stampft er, am Sunnta kummt er hoam und hat Hosn voll Dreck* O'viechtach Dt.Gaue 15 (1914) 88.– *Wer z'Måunta schaut uu z'Däinsta gåfft, håut gwiis an Miitwa niat v(ü'll gschåfft!* BRAUN Gr.Wb. 394.– *Moda, Irda, Miga, Pfinzta, Freida, Samsta – kimmt der Sunda bal* „Spruch zum Schnellsprechen" OP.– **2** best. Montag im Kalenderjahr.– **2a** wie →*T.*3dβ, in Phras.: *unsinniger M.* °OB (AIB) vielf.: °*usini Modog* „Rosenmontag" Tuntenhsn AIB; *am unsinnigen montag in der vasnacht* AVENTIN V,271,5 (Chron.).– °*Der narisch Mora* Haarbach GRI.– *Damischer M.*: °*damischer Montag* Rathmannsdf VOF; „Am ... *Damisch'n Monta'*, wird in einzelnen Gebirgsorten der alte Vorfrühlingsbrauch des *Blochziehen* begangen" SCHEINGRABER Sternsingen 9.– *Schmalziger / geschmalzener M.* u.ä. °OB (ED), °südl.OP (v.a. BUL) mehrf., °NB vereinz.: °*schmalziger Montag* „weil es Krapfen gibt" Hohenpolding ED; °*der schmalzi Monda* Wiefelsdf BUL; *der schmalzreiche Monta* 19.Jh. Oberpfalz 21 (1927) 47.– *Feister M.* °OB (v.a. O), °NB (v.a. O), °OP (v.a. ROD) vielf.: °*heit is da Foastmåda, heit doama nix* Limbach PA; °*foister Moda* Stamsrd ROD; „Zur Bauernfasnacht am *foasten Montag* ... gab es ... Nudeln" HAGER-HEYN Drudenhax 136.– *Fauler M.*: °*am faulen Montag* Rottach-Egern MB; „Nichts geschafft wurde am *faulen Montag*" Brand WUN Heimat TIR 13 (2001) 175.– *Blinder M.*: °*der blinde Mänta* Ohlangen HIP; „Wenn ... der Sonntag der Haupttag des Faschings war ... folgte ihm *der blinde Montag*. Da blieb es ... *staad* im Dorf" HAGER-HEYN ebd. 137.– *Blauer M.* °OB, °NB vereinz.: °*da blau Mada* Lenggries TÖL; *Der Blâu Mæntag* „Montag vor Aschermittwoch (von der Farbe der Altarumhängung in den Kirchen)" SCHMELLER I,1608; „in Bayern ... der *blaue Montag* ... da die Handwerksgesellen ... alle Arbeit bey Seite legen" CH.G. HALTAUS, Jahrzeitb. der Dt. des MA, Erlangen 1797, 202.– **2b** †erster Montag der Fastenzeit, in Phras.: „Der Hauptmarkttag zu Nandlstadt [FS] ... jetzt *der blinde Mondtag* genannt" J.B. PRECHTL, Gesch. der vier Märkte Au, Wolnzach, Mainburg u. Nandlstadt in der Hallertau, Freising 1864, 199.– **2c** †Pfingstmontag, in Phras.: *auf den nagsten möntag nach dem heiligen pfingsstag genant der stolz möntag* Mchn 1456 MB XX,498.– **2d** Montag nach dem Tag des hl. Michael (29. September), in Phras. *lichtblauer M.*: °*lichtblauer Montag* „weil man zum ersten Mal Licht braucht" Reichenhall; „Am ... *lichtblauen Montag*, gaben die Handwerksmeister frei, aus Anlaß des Wiederbeginns der Lichtarbeit" KRISS Sitte 106.

Ltg: *mō(n)dα*, *-ō̃-*, *-dǭg* u.ä. OB, NB, südl.OP (dazu EIH; ND), *mā̊(n)dα*, *-ā̊̃-*, *-dǭg* u.ä. OB, NB (dazu BEI, NM, RID, VOH, WÜM; ER, HIP), *mādα* (LL; DON), *-di* (DON), *moundα* u.ä. nördl.OP (dazu PEG), *mõudα* u.ä. (GAP, TS), *mūdα* (M, RO), *mōrα*, *-ō̃-* (BOG, DGF, VOF), *mā̊rα*, *-ā̊̃-* (AÖ, LF; DEG, GRI, PA, REG, VOF), *mōrog*, *mā̊̃-* u.ä. (BGD, LF), *mondǭx*, *mån-* (KEH; AM, BUL, NM, RID, WEN; PEG; FÜ, HIP, LAU, N, SC), unter schriftsprl. Einfluß *mōndǭg*, *mondǫg* u.ä. OB, NB, SCH (dazu R), ferner mit Uml. *mą̄(n)dα*, *-ą̄̃-* OB, SCH (dazu BEI, NAB, NM, PAR; EIH, HIP, N, SC, WUG), *-di* (GUN, WUG), *mē(n)dα*, *-ē̃-* u.ä. MF (dazu FFB, DAH, LL, SOG, WM; SUL; FO; ND), *-di* (GUN; DON), *mẽidα* (FFB, LL, SOG, WM; FDB), *mę̄dα* (ER, HEB), *mętα* (KÖZ).

KRANZMAYER Wochentage 18-25, K.1, 11; WIESINGER in: Studien zum Frühnhd., hg. von P. WIESINGER, Göppingen 1988, 361-397.– SCHMELLER I,890, 963f., 1608; WESTENRIEDER Gloss. 151, 179, 368.– WBÖ IV,291-300.

Mehrfachkomp.: [**After-mon**]**t.** wie →[*Erge*]*t.*1, °westl.OB, °südl.MF, °SCH vielf., OP vereinz.: *Aftamöta* (Ef.) Hohenpeißenbg SOG; *Aftrmahndi* Dienstag Thannhsn NM; *i woaß it* [nicht], *isch Aftermenda ... oder Mikta gwösa* Kottgeisering FFB 2.H.19.Jh. OA 121 (1997) 182; *am suntage, am mantage oder an dem afftermantage* Augsburg 1276 Das Stadtb. von Augsburg, hg. von CH. MEYER, Augsburg 1872, 209; *am aftermontag im Aprilen zaiget man das heiltum zu Ach* ARNPECK Chron. 555,11f.

KRANZMAYER Wochentage 39-41, K.2f.– SCHMELLER I,46; WESTENRIEDER Gloss. 6.– WBÖ IV,300.

– [**Oster-after-mon**]**t.** wie →[*Oster-erge*]*t.*, OB, SCH vereinz.: *Oaschdraftrmeda* Mering FDB.

– [**Pfingst-mon**]**t.** wie →[*Mon*]*t.*2c, OB, NB mehrf., OP, OF, SCH vereinz.: „am *Pfingstmada* finden Hosenlaufen, Sackhüpfen, Hunds- und Ochsenrennen statt" Erding; *am Bfingstmoda Pfingstlridd und Kranzlrädn* Kötzting; *Wenn am Pfingstmontag alle Glockn 's Läutn ofangan* DITTRICH Kinder 108.

WBÖ IV,300-302.

– [**Licht-brätlein-mon**]**t.** wie →[*Mon*]*t.*2d: *Lichtbradlmontag* „am Montag nach Michaeli gab es abends einen Braten" O'nzell WEG.– Zu →[*Licht(lein)*]*braten* 'Mahl zu Beginn od. am Ende der Zeit, in der bei künstlichem Licht gearbeitet wird'.

WBÖ IV,302.

– [**Kirch-tag-mon**]**t.** wie →[*Bettel*]*t.*2, °NB vereinz.: °*da Kirtamoda is oiwei no aso a Bauernfeierdog, d'Bankn ham sogor zua* Pilsting LAN; „Der Gottesdienst am *Kurchdmeita*" WÖLZMÜLLER Lechrainer 46.

WBÖ IV,302.

– [**Tanz-mon**]**t.** wie →[*Mon*]*t.*2c: *Dånzmåda* „früher vielerorts Tanzmusik am Pfingstmontag" Nesselbach BOG.

– [**Fasching(s)-mon**]**t.** wie →*T.*3dβ, °OB, °NB, °OP, °MF vereinz.: °*Faschnmoda* „Rosenmontag" Mauern FS; *Am Faschingsmontag ... will*

der Toni ... die Nachbarsgemeinden abreitn STROBL Feiertäg 19.
WBÖ IV,302-306.

– [**Feist(en)-mon**]**t.** dass., °OB, °OP vereinz.: °*an Foastmoda do is bei ins da greßa Ball* O'neukchn MÜ.
WBÖ IV,295.

– [**Fraß-mon**]**t.** dass., °OB (v.a. RO) vielf., °NB vereinz.: °*Froßmoda* Prutting RO; „der ... Fastnachtsonntag, nach welchem der *Fraß-* oder *Freßmontag* ... folgte" WESTENRIEDER Gloss. 421.
WBÖ IV,306f.

– [**Freß-mon**]**t.** dass.: *Freßmontag* HAGER-HEYN Drudenhax 136.
WBÖ IV,307.

– [**Galgen-mon**]**t.** dass., °OP (NAB, NEW) mehrf.: °„am *Galgenmontag* werden *Galgenstrikke* gedreht, besonders haltbare Seile" Kaltenbrunn NEW; „In Lückenrieth [VOH] ist der ... *Galgenmontag* lebendig" FÄHNRICH Brauchtum Opf. 46; „Am *Galgen-* oder *Fastnachtsmontag*" Wdau VOH 19.Jh. Oberpfalz 21 (1927) 48.

– [**Geil-mon**]**t.,** [**Galt-**]**-,** [**Gäu-**]**-** dass., °OB, °OP vereinz.: °*da Goimoda* Au AIB; °*Gold-Montag* Gunzendf ESB; *Gaimoa(n)da* Leizachtal 224; *der streit geschach am gailmontag in der vasnacht* ARNPECK Chron. 482,1f.
WBÖ IV,295.

– [**Letzt-herbst-mon**]**t.**: „am *Letzthirgstmontag*, am letzten Montag vor dem Advent" HAGER-HEYN Liab 28.

– [**Kirch-mon**]**t.** wie →[*Bettel*]*t.*2, °OB, °NB vereinz.: °*Khiamoda* „Kirchweihmontag" Aiglsbach MAI.
WBÖ IV,307.

– [**Kreuz-mon**]**t.** Montag vor Christi Himmelfahrt, NB mehrf., OP vereinz.: *da Kreizmota* „Montag in der Bittwoche, an dem die erste Prozession stattfindet" Adlersbg R.
WBÖ IV,307.

– [**Fas(e)-nacht(s)-mon**]**t.,** [**Fast-**]**-** wie →*T.*3dβ, °OB mehrf., °OP, °MF, °SCH vereinz.: °*was doustn an Fosnmonda?* Wettstetten IN; °*Fosnochtmonder* „Rosenmontag" Laaber PAR.
WBÖ IV,307f.

– [**Oster-mon**]**t.** wie →[*Emmaus*]*t.*, OB vielf., °NB, OP, SCH mehrf., OF vereinz.: *d'Manaleid doan sö bei dö Weiwaleid d'Oa ofrima* [bestellen] *un an Ostamåda doans ös hoin* Aicha VOF; *am Åustamondag gema am Tånasberg nach Emaus* Gleiritsch OVI; *Ön Oustamoda do is s Aiapacklschenga da Brau gwön* KERSCHER Waldlerleben 106.
WBÖ IV,308f.

– [**Rosen-mon**]**t.** wie →*T.*3dβ, °Gesamtgeb. vereinz.: °*Rousnmoda* Wiesenfdn BOG; „*Fastnachtssonntag* und *Rosenmontag* sind Höhepunkte unseres ... Faschingsrummels" FÄHNRICH Brauchtum Opf. 46.

– [**Schaf-mon**]**t.** Montag, an dem Almabtrieb der Schafe ist: „beim traditionellen *Schafmontag* in Partenkirchen [GAP] ... wurden die Tiere vom Reintal zum Stall der Weidegenossenschaft getrieben" MM 8.9.1992, 1.

[**Monats**]**t.,** †[**Monat**]**- 1** wie →[*Zwölf-apostel*]*t.*2, OB vereinz.: *dö Monatstag* „sagen das jeweilige Wetter der verschiedenen Monate voraus" U'menzing M; „Tage vom Christtag bis ... Dreikönig ... *Monatstage*" Friedersrth NEW FÄHNRICH Brauchtum Opf. 319.– **2** †Tag eines Monats: *Beschechen zu Berchtersgaden, den zwaintzigsten monatstag Aprilis* 1618 WÜST Policey 338.
WBÖ IV,309.

Mehrfachkomp.: [**Zwölf-monats**]**t.** wie →[*Zwölf-apostel*]*t.*2: *Zwölfmonatsteg* „Zeit zwischen Weihnachten und Dreikönig" Haunswies AIC.

†[**Nach**]**t.** wohl wie →*T.*3hβ: *sol ... kein Hochzeit ... vber zween Tage weren/ vnd die Nach: oder Gesellentäge ... verbotten seyn* Landesord.1599 [19].

[**Fas(e)-nacht(s)**]**t.,** [**Fast-**]**- 1** einer der letzten drei od. sechs Tage der Faschingszeit: °*de drei Fåßnachtstag: Sunta, Månta, Mörchta* Ohlstadt GAP; *An unsinnin Pfinsta* [letzten Donnerstag im Fasching], *döis ischt früaha da irgscht Fosenochttog gwesen* Garmisch Altb.Heimatp. 10 (1958) Nr.2,4; *An denen drey Faßnachtstagen* 1793 SCHELLE Bauernleben 103.– **2** wie →[*Diens*]*t.*2, °OB, °MF vereinz.: *Fosinachtstag* „Faschingsdienstag" Spatzenhsn WM; *vāsənaxdsdāg* Dießen LL nach SBS II,272; *an dem*

Vaßnachtstag … hat ein ider … gwalt und macht in keller zu geen und wein u. pier selbest zu laßen Raitenbuch WUG 15.Jh. GRIMM Weisth. III,630.– Schnaderhüpfel: *Heut ist Fostnochtsto(g) sticht da Baua d'Naschn* [Muttersau] *o, und'n Bärn a dazua, hobma Fleisch gnua* 19.Jh. Oberpfalz 21 (1927) 47.

WBÖ IV,325.

[**Geb-nacht**]**t.** wie →*T.*3c: „*gẽnaxttåg* … Dreikönigstag [Ef.]" nach BRÜNNER Samerbg 150; *am vergangenen Gebnachttag habe sye ihne vfs Gässl gefrimbt* [bestellt] 1727 StA Mchn Hofmark Amerang Pr.16, fol.172r.– Zu →[*Geb*]-*nacht* 'Nacht vor dem Dreikönigstag'.

WBÖ IV,325.

[**Weih-nacht**(**s**)]**t.**, [**-nächt**(**s**)]- **1** wie →*T.*3bβ: „am *Weihnachtstag* (25. Dezember) soll man etwas Gutes tun" O'audf RO; „Am *Weihnachtstag* nach der Vesper ist *Stephaniewasserweihe*" BERGMAIER Ruhpolding 442; *an dem wichnacht tag* Schliersee MB 1295 Corp.Urk. III,335,24; *von dem Weichnettag bis auf Unser lieben Frauentag zu Lichtmeß* Kröning VIB 1428 ZILS Handwerk 47.– Phras.: °*wenn da Weihnachtstog in Summa is* „nie" Metten DEG.– **2** wie →[*Bächel*(*s*)]*t.*1, in Phras. *fastender W.* östl.NB vereinz.: *da fostad Wainichtsdog* O'diendf PA; „*fastender Weihnachtstag* … heißt im wäldlerischen Dreiburgenland [GRA, PA] der Heilige Abend" PEINKOFER Werke II,126.– **3** wie →*T.*3c, in Phras.: °*da gloa Weihnåchdsdåg* „Dreikönigstag" Grafenau.

WBÖ IV,325f.

Mehrfachkomp.: [**Fast**(**en**)-**weih-nacht**(**s**)]**t.**, [**-nächts**]- wie →[*Bächel*(*s*)]*t.*1, °NB vereinz.: °*Fåstnweihnichtstog* „Heiligabend" Ering PAN; *Fåstweihnachttåg* Haidenhf PA nach ADV K.51.

WBÖ IV,326.

[**Drei-nagel**]**t.** wie →[*Frei*]*t.*[1]2b: °*Dreinageltag* „schmerzhafter Freitag" (Ef.) Pfarrkchn.

WBÖ IV,326f.

[**Namens**]**t.** Namenstag, °OB, NB, OP, SCH vereinz.: °*an Samsdåg acht Dåg* (in einer Woche) *håb i Namensdåg* Siglfing ED; *da Namasdoch* Stadlern OVI; *i wá scha á' dein Namensdog kemmá zon grátálian* Garching AÖ Oettinger Ld 19 (1999) 255; *dös nacht märendä, für sein geburt und nahmens-tag* Stubenbg PAN 1796 PH. LENGLACHNER, Gesänger Buch I, München 2014, 137.– Phras.: °*der håt zwoamal Namenstag* von einem eingebildeten Menschen N'bergkchn MÜ, ähnlich °WOR.– Reim: *Heunt is mei Namenstag, heunt is mei Tag, wer mir was schenka wui, da is mei Sack* HAGER-HEYN Liab 124.

WBÖ IV,327.

[**Aller-welts-narren**]**t.** wie →[*Judas*]*t.*: *da Allaweltsnarrntåg* erster April Ingolstadt.

[**Ner**(**ch**)]**t.** →[*Erge*]*t.*

[(**Sankt-**)**Nikolaus**]**t.**, [**Nik**(**o**)**lo**]-, [**Niklas**]-, [**Klas**(**en**)]-, [**Likolaus**]- Tag des hl. →*Nikolaus*, 6. Dezember, °OB, °SCH mehrf., NB, OP vereinz.: *Liggalostog* Willing AIB; *n Glosdag* Friedbg; *Niklastoch! Daou kinnt heit aoumbd der Niklas!* SCHEMM Dees u.Sell 170; *dez freitag nach Seniklas tag* 1386 Runtingerb. II,6.

WBÖ IV,327f.

[(**Sankt-**)**Nimmerlein**(**s**)]**t.**, [**Nimmer**(**s**)]- Sankt-Nimmerleins-Tag, v.a. in Phras.: *am N.* °Gesamtgeb. vielf.: °*wennst recht hast, zahl i dir am Nimmerstag a s Bier* Ampfing MÜ; °*des gib a da nacha am Sankt Nimmerleintog* Vilzing CHA; *Des kräigst am Sangd Nimmerlasdooch* „das erhältst du nie mehr zurück" MAAS Nürnbg. Wb. 198;– erweitert: *am Nimmatooch wenn d'Humm'l brumma!* BRAUN Gr.Wb. 421.– (*Bis*) *auf den* / *bis zum N.* u.ä. °Gesamtgeb. vereinz.: °*dou koast wartn bis zan Nimmerleinstoch* Schönwd REH.

SCHMELLER I,1744.– WBÖ IV,328.

[**Nimmer-sieh-es**]**t.** dass., in Phras.: *einen pelzenen Kragen, den hat ein fahrender Pfaff dem Helmbrecht geliehen bis auf den heiligen Nimmersiechstag* HOFMILLER Helmbrecht 37.

[**Nudel**]**t.** **1** Tag, an dem es Dampf-, Rohrnudeln o.ä. Mehlspeisen zum Essen gibt, OB, NB vereinz.: *Freida is Nultag* Simbach PAN; *Heut is Dienstag! … Heut is Nudl-Tag!* W. FANDERL, Annamirl Zuckaschnürl, München 1977, 47.– **2** Pl., wie →[*Brot*]*t.*2, in Fügung mit Indef.-pron.: °*alle Nudltag* alle Augenblicke Augustenfd DAH; *um a bar nu·ldäg jiŋa* „um einige Wochen jünger" nach SCHWEIZER Dießner Wb. 134.

WBÖ IV,329f.

[**Oberst**]**t.** wie → *T.*3c, westl.OP, östl.MF mehrf.: *Uwaschdoch* Dreikönigstag Königstein SUL; *da ūwašdōx* Heldmannsbg HEB nach SMF V,297; *welcher vollkommene Steuer auf schierist kommenden Obristtag nicht gar zu bezahlen hat* Straubing 1510 BLH XVIII,152.

Schmeller I,17; Westenrieder Gloss. 393.

Mehrfachkomp.: [**Drei-obersten**]**t.** dass.: °*Drei-Oberstndoch* „Dreikönigstag" Witzlhf AM.

[**Öd**]**t.** für die Aussaat ungeeigneter Tag: °*Eddtog* „z.B. der Judastag (1. April), weil es dann nicht wächst" Riedering RO.

[**Ort**]**t. 1** Samstag.– **1a** Samstag allg., °östl.NB mehrf., °OB vereinz.: °*Eodtag* Breitenbg WEG; *Də' Samstə' is dər O'ttàg* Schwäbl altbayer. Mda. 111.– **1b** Samstag in der Winterzeit, °NB vereinz.: *Oattog* „arbeitsfreie Samstagnachmittage von Martini bis zum Beginn der Feldarbeit" Göttersdf VOF.– **2** Werktag vor einem Feiertag, °östl.NB mehrf.: *moan is an Oattåg* Bischofsmais REG; *Oattåg* „der Schlußtag vor Feiertagen z. B. ... Sylvester" Federholzner Wb.ndb.Mda. 162.– Auch Werktag zw. zwei Feiertagen, °NB vereinz.: °*Eachtog* Germannsdf WEG.– **3** Feiertag unter der Woche, °NB (WEG) mehrf.: °*Eorttag* Wildenranna WEG; *ǫad-dǫg* „arbeitsfreier Tag, Feiertag" nach Kollmer II,211.

WBÖ IV,330.

[**Oster**]**t. 1** Ostersonntag, °OB, °NB, SCH vielf., OP mehrf., Restgeb. vereinz.: *noch der Kircha am Oaschtertag* Hfhegnenbg FFB; *Eosdadog* Gottsdf WEG; *wos d'Henner en ... Oustertag glegt hammant, des hot 'Dirn krejgt* KÖZ, VIT BJV 1954,197; *andem Oster tag* Schliersee MB 1295 Corp.Urk. III,335,24; *den ersten Sontag nach dem H: ostertag* 1632 Haidenbucher Geschichtb. 91.– Phras.: *großer O.* dass., °OB, °NB vereinz.: °*am großn Ostertag gehts fei in Kirch* Lenggries TÖL; „Bei uns bekommen alle Kinder und Dienstboten je zwölf Eier am *'großen' Ostertag* und je sechs am *'kloan' Ostertag*" Miller Lkr.WEG 64.– „Wegfall der so beschwerlichen Nachtarbeit; *der Ostertag löscht 's Licht ab*" Oberpfalz 3 (1909) 65.– Bauern- u. Wetterregel: *Wenns am Ostertag regnet, wirds Korn wenig* Wdmünchn.Heimatbote 20 (1989) 63.– Auch Osterfeiertag u./od. Tag der Woche nach Ostern: *hür san scheane Oaschtadäg* „die auf das Fest folgenden Tage" Gallenbach AIC; *daß auf die heiligen Osterräg einem Jeden seine Seel auch soll auferstehn aus alle Sündn* M. Bernstein, D'Mali, Berlin 1903, 56f.; *die in an dem andern ostertag zu Elselo* [ON] *gesehen hetten* Hartlieb Dial. 271,30f.– **2** wie → *T.*3g, in Phras. *kleiner O.* °östl.NB mehrf.: °*am kloan Åustadag in d'Ladschaft geh* „die Verwandten besuchen" Wegscheid; „dem Weißen Sonntag, dem sogenannten *kloan Ousterta(g)*" Siebzehnriebl Grenzwaldheimat 194.

Westenrieder Gloss. 52, 403.– WBÖ IV,330f.

Mehrfachkomp.: †[**Blum-oster**]**t.** wie → [*Palm(en)*]*t.*1: *am Mittichen vor dem Pluemostertag* Passau 1351 K.H. Lang, M.P. v.Freyberg, Regesta sive Rerum Boicarum Autographa, Bd VIII, München 1839, 211.

WBÖ IV,331.

[**Quatember**]**t.** Quatember, NB vereinz.: *dö Quatembatäg san bo dö Christn Fasttäg* Hengersbg DEG; „*Quatembertage* ... vor Beginn eines neuen Vierteljahres ... Mittwoch, Freitag, Samstag" Fähnrich M'rteich 126.

WBÖ IV,331.

[**Rast**]**t.** wie → [*Dinsel*]*t.*2, °OB vereinz.: *Råschdåg* „Tag, an dem die Dienstboten nicht arbeiten" Kochel TÖL.– Spruch: *jiaz ham Glokn Rastdog, wei an Mesa* [Mesner] *s Saij ogrissn is* „an den Kartagen läuten die Glocken nicht" Erding.

†[**Rat(s)**]**t.** (Termin für eine) Ratssitzung: „Das Appellationsgericht ... theilt sich alle *Rathstage* in Senate" Mchn 1808 K.H.L. Pölitz, Die europäischen Verfassungen seit dem Jahre 1789 bis auf die neueste Zeit, Bd 1, Leipzig 1832, 108; *fur gericht zebringen volgend zu einem gelegnen rattag* Straubing 16.Jh. Rosenthal Stadtrechtsgesch. 333.

WBÖ IV,331f.

[**Rätsch(en)**]**t.** Karfreitag od. Karsamstag, OB, NB vereinz.: *Ratschtag* „Karfreitag, an dem man mit der Holzklapper ratscht" Tegernsee MB.

[**Raucher**]**t.,** [**-el**]- wie → [*Bercht(en)*]*t.*2: *Rachitag* Kchweidach AÖ; „5. Januar ... *Rauchertag*" Gündlkfn LA nach ADV K.67.

[**Rauh**]**t.** wie → *T.*3bγ: °„der Thomastag (21. Dezember) war einer der *Rauchtage* vor Weihnachten" Laberweinting MAL; „die Tage vom 25. Dezember bis 6. Januar (*Rauh- ... oder Klöpflestage*)" Obb.Heimatbl. 3 (1925) Nr. 23[,1].

†[**Recht(s)**]**t.** Gerichtstag, (Termin für eine) Gerichtsverhandlung: *der dritt chawff mus allzeit stät sein an demselben rechttag* Rgbg Ende 13.Jh. FREYBERG Slg V,44; *3 tag vor seinem angesezten rechtstag* Vilsbiburg 1652 HELM Obrigkeit 82.

WESTENRIEDER Gloss. 458.– WBÖ IV,332f.

Mehrfachkomp.: †[**Blut-rechts**]**t.** wie →[*Malefiz*]*t.*: *Der dritt rechtstag was ... ein bluttrechtstag über in* Rgbg 1552 Chron.dt.St. XV,216,3f.

– †[**Malefiz-recht(s)**]**t.** dass.: *auff heut ain peinlicher malefitz rechttag ernennt vnnd angesetzt worden* 2.H.16.Jh. OA 7 (1846) 437.

†[**Reichs**]**t. 1**: *Reichstag* „ein glücklicher, guter, reicher Tag" WESTENRIEDER Gloss. 466.– **2** Versammlung der Reichsstände: *auffm reichstag zu Augspurg* Rgbg 1517 Chron.dt.St. XV,29,25; *Spielleuth, schlacksnarren ... sollen auff disen wehrendten reichstag weder zu chur-fürsten ... noch deroselben abgesandten gehen* Rgbg 1663 WÜST Policey 796.

SCHMELLER I,591; WESTENRIEDER Gloss. 466.

[**Reise**]**t.** wie →[*Ab-be-hüt*]*t.*: *An dem 'Roas- und Gehwegtag' fetzten die Aussigstamperten* [zogen die ausgestellten Dienstboten um] HAGER-HEYN Drudenhax 123.

[**Alm-reit**]**t.**: *Oimroatdog* „Tag im Herbst an dem die Almbauern zusammenkamen um almwirtschaftliche Fragen ... zu besprechen ... später der *Almbauerntag*" HELM Mda.Bgdn.Ld 172.– Zu →*reiten* 'rechnen'.

[**Ge-richts**]**t.** wie →[*Recht(s)*]*t.*: *Grichtsto* Naabdemenrth NEW; *und muaß den nachstn Grichtstag ... D'Vobriefung sein* C. v.GUMPPENBERG, „Da bsunderne Ring", Landshut 1867, 72; *auff einen genanten gerichts tag, den der richter des orts ... sol fürnemen* Passau 1536 WÜST Policey 257 (Gerichtsordnung); *Bishero hat man nit nur die wochentl. gerichtstäg, und zwar maistenthails freytag und sambstag* Vilsbiburg 1725 HELM Obrigkeit 30.

WBÖ IV,334.

[**Vierzig-ritter**]**t.** wie →[*Wetter-herren*]*t.*2: „Der 10. März ist der *Vierzig-Ritter-Tag*" SCHEINGRABER Sternsingen 10.

†[**Robot**]**t.** wie →[*Fron*]*t.*1: „dem Leibgedinger zu Giebing ... seine sechs *Robattag*" Hittenkchn RO PEETZ Volkswiss.Stud. 308.

WBÖ IV,335.

†[**Rüge**]**t.** (Tag einer) Rügegerichtssitzung: „*Rügtage* ... wo die Familienväter vor der ... Geistlichkeit und dem Richterpersonal ... über ihre Familienglieder Rechenschaft ablegen mußten" Katholisches Sonntagsbl. 8 (1856) 118; *mit inen ein Ruegtag zu halten* OP 1566 VHO 42 (1888) 52.

[**Sams**]**t.**, [**Sans**]- **1** Samstag, °Gesamtgeb. vielf.: *Sonsta* M'nkchn MB; *ön Samsta wiad boid Feirambt wean* Hengersbg DEG; *Sånsba* Artelshfn HEB; *Übahaupts an koan Samschtag an Mist fahr'n, sinscht hagelt's* THOMA Werke VI,409 (Wittiber); *an dem samzetag* Pfründe Geisenfd 428; *an sanstztag nach Georgii* Frsg 1448 Sammelbl.HV.Frsg 11 (1918) 85.– Phras.: *blinder S.* Werktag vor einem Feiertag, °OB, °NB vereinz.: °*blinder Samstag* Thanning WOR.– *Samstag läuten* „den Sonntag am Vorabend einläuten" Haslach TS.– „Der Bauer stirbt ... legt ... *sich auf den 'langen Samstag'*" HAGER-HEYN Liab 131.– °*Bei dem is allweil gern Samstag* „er räumt nicht nur gern den Hof auf, sondern läßt auch gern etwas mitgehen" Walleshsn LL.– *Sie leb'n wahrhafti af der Welt Von Samsta af'n Sunnta* [sorglos dahin] MÜLLER Lieder 92.– Als Dim. Name für ein Kalb, das am Samstag geboren ist, südl.OB Dt.Gaue 41 (1949) 27.– **2** best. Samstag im Kalenderjahr.– **2a** letzter Samstag im Fasching, in Phras.: *(ge)schmalziger / -ener S.* u.ä. °OB (v.a. W), °SCH vielf., °NB, °OP, °MF vereinz.: *am schmolzana Samsta bacht ma Khüachln* Partenkchn GAP; *dr schmåizi Såmsda* „an dem man Schweine schlachtet" Derching FDB; *Am gschmalzna Samsta' gibt's besonders fette Dampfnudeln* BAUER Oldinger Jahr 42; *am mitwoch vor dem schmalzigen sambstag* 1600 MHStA Kloster Frauenchiemsee Amtsbücher und Akten 14,fol.7r.– *Schmotziger S.*: °*schmåziger Samsta* Polling WM; „Am *schmotzigen Samstag* wurden Schmalznudeln, Kücheln und Krapfen gebakken" CHRISTL Aichacher Wb. 30.– *Schmieriger S.* °OB vereinz.: °*da schmiari Samsda* Fahlenbach PAF.– °*Foasta Samsta* Bayerischzell MB.–

Rußiger S. °OB, °NB vereinz.: °*ruaßiga Samsda* Hzhsn VIB; „Der *ruaßige Samsta* war der Narrentag der Kinder" Altb.Heimatp. 10 (1958) Nr.7,9.– *Pflaumiger S.* °OB, °NB vereinz.: °*pflamig Samståg* Schellenbg KÖZ.– °*Der narrisch Samstag* Kchbg PAN.– °*Damischer Samstag* Schönbrunn LA.– „der *fidele Samstag*" Leizachtal 224.– *Galter S.*: °*golder Samsta* Fischbachau MB.– **2b** in Phras. *goldener / güldener S.*– **2bα** jeder der drei od. vier aufeinanderfolgenden Samstage nach dem Tag des hl. Michael (29. September), °sö.OB vielf., °NB vereinz.: *dö goidan Samsta* „vor Kirchweih" O'audf RO; „an den 3 … *goidan såmsta*, den ersten drei Samstagen im Oktober, können Ablässe gewonnen werden" nach Brünner Samerbg 152; „Die vier Samstage nach dem Michaelifeste heißen *die goldenen Samstage*" Delling II,120; *Die guldene dreÿ Sambstag wür sie nennen* Stubenbg PAN 1796 Ph. Lenglachner, Gesänger Buch I, München 2014, 345.– **2bβ** Samstag im Advent, °OB, °NB vereinz.: °*die güldenen Samstage* „vier Samstage vor Weihnachten" Limbach PA; „Die drei Samstäge im Advent heißen die *goldenen Samstäge*" Leoprechting Lechrain 153.

Ltg: *såm(b)sda, -dǭg, -dǭx, -di* u.ä., daneben *såum(b)s-* (AIC; FDB, ND), *såm(b)š-* u.ä. (DAH, SOB, SOG, STA), *såmsba* (AM, SUL), *såmbša* (RO), ferner *sån(d)sda, -dǭg* OB (v.a. SO), *sån(d)sba* (AM, ESB, SUL; PEG; HEB), *sån(d)ša* (RO; SUL), *sąmsda* (ESB).

DWA V[,K.11]; Kranzmayer Wochentage 57-60, 82f., K.10.– Delling II,120; Hässlein Nürnbg.Id. 112; Schmeller I,438, 896, II,282f.; Westenrieder Gloss. 199, 221, 258, 489f., 509.– WBÖ IV,336-343.

Mehrfachkomp.: [**Palm-sams**]**t.** Samstag vor Palmsonntag, OB, NB vereinz.: *Boimsamsda* Erding.

– [**Pfingst-sams**]**t.** Pfingstsamstag, OB mehrf., NB, OP, OF, SCH vereinz.: *margn is da Pfingstsansta* Erding; *am Bfingsdsamsda* „soll man früh ins Bett gehen" Schöllnstein DEG; *Pfingstsamsda* „Fasttag, an dem eine Fleischmahlzeit erlaubt ist" Stadlern OVI; *Pfingstsamsta … Naomittog wird s'Pfingstwassa gweiht* Bärnau TIR Schönwerth Leseb. 139.

– [**Kirch-tag-sams**]**t.** Samstag vor Kirchweihsonntag, OB, NB vereinz.: *Kiadasamsda* Lichtenhaag VIB; „Am *Kurchdsamsda* hing der Mesner zur Mittagsstunde … die Kirchweihfahne … aus dem … Kirchturm" Wölzmüller Lechrainer 45.

WBÖ IV,346.

– [**Tauf-sams**]**t.** Karsamstag, OB (BGD) mehrf.: „am *Dafsamsdåg* wird das Taufwasser geweiht" BGD.

WBÖ IV,346.

– [**Judas-sams**]**t.** dass., OB vereinz.: *Judassamsda* Haimhsn DAH; *Judas-Samstag* OB BzAnthr. 13 (1899) 89.

Delling II,120; Schmeller II,283; Westenrieder Gloss. 276.– WBÖ IV,348.

– [**Juden-sams**]**t.** verregneter Samstag, °OB vereinz.: °*Judnsåmsda* „davon soll es drei im Jahr geben" Parsbg MB.

WBÖ IV,348.

– [**Kar-sams**]**t.** Karsamstag, Gesamtgeb. vielf.: *Chorsaumsda* Rehling AIC; *Khoasåmsdana* „Mz." Schönau EG; *Polmkatzn wern am Karsamsta in die Feldflur gegen Haglweda gsteckt* Taxöldern NEN; *In Koarsamsta is … s Feia und s Wassa gweiht woardn* Heinrich Stiftlanda Gschichtla 11; *Dei in da Kirch'n gweiht'n Polm werd'n af Choarsamsta afghuab'm* Bärnau TIR Schönwerth Leseb. 121.

Vkde: Der *K.* war früher wie der →[*Kar-frei*]*t.* ein (*halber*) →[*Fast*]*t.* (FFB; GRI, MAL; TIR; AM SHmt 84 (1995) 105f.), dazu allg. →[*Beicht*]*t.* für Ledige.– Am Morgen findet die Weihe von →[*Oster*]*feuer* u. →[*Oster*]*wasser* statt, dazu „wird von jedem Bauernhof eines geschickt" Ettling LAN.– „Mit dem Gloria des Karsamstaghochamts kehren nach altem Glauben die Glocken zurück" Hager-Heyn Drudenhax 166.– Abends brennen die →[*Jaudas*]*feuer*, s.a. *Jude*.– Am *K.* soll man „nicht aufs Feld fahren" Kiemertshfn AIC.

Schmeller I,1276.– WBÖ IV,348-353.

– [**Oster-sams**]**t. 1** dass., °Gesamtgeb. vereinz.: *an Oustersamsta auf d'Nocht is d'Auferstehung* N'aschau RO.– **2** Samstag nach Ostern, OB, NB, OP, SCH vereinz.: *Oaschtasåmsda* Gallenbach AIC.

WBÖ IV,354.

– [**Weihen-sams**]**t.** wie →[*Kar-sams*]*t.*: *Weihasamsta* Neukchn MB.

– [**Kirch-weih-sams**]**t.** wie →[*Kirch-tag-sams*]*t.*: „Der *Kirwabaum* wird am *Kirwasamsta* … aufgerichtet" Alfd SUL Oberpfalz 3 (1909) 130.

WBÖ IV,355.

†[**Saum**]**t.** Tag, an dem die Arbeitsleistung nicht erfüllt wird: *Welt aver er seinen saumtag zehôch raitten* [rechnen] Frsg.Rechtsb. 20.

Schmeller I,594f., II,279.– WBÖ IV,356.

[Schalt]t. Schalttag, °OB, NB, OP, SCH vereinz.: *Schoitdag* „29. Februar“ Simbach PAN.– Phras.: *döi gits all Schalttogh* [äußerst selten] M'rteich TIR Häussler Oberpf.Kartoffelkochb. 134.

WBÖ IV,356.

†**[Kraut-schärb]t.** Tag, an dem als Frondienst Kraut kleinzuschneiden (→*schärben*) ist: *hat ij krautscharbtag* 1550 MHStA KL Baumburg 42½,fol.99[r].

[Schau]t. **1** Tag, an dem der Besitz des künftigen Ehepartners vor der Verlobung besichtigt wird, °OB, °NB vereinz.: °*der Schautag* Nottau WEG.– **2** wie →*[Dinsel]t.*2: °*Schautag* „Tag des Nichtstuns, unvorhergesehener Feiertag“ Malching GRI.

WBÖ IV,356.

Mehrfachkomp.: **[An-schau]t.** wie →*[Schau]t.*1: °*der Oschautag* Fronau ROD.

– **[Be-schau]t.** **1** dass., °NB mehrf., °OB, °OP vereinz.: °*gestern hams bei Nachbarn Bschautag ghabt* Pfarrkchn.– **2** Tag vor der Hochzeit: °*der Bschautag* „Tag, an dem der *Kammertwagen* gefahren wird“ Taching LF.

WBÖ IV,356f.

– **[Ge-schau]t.** wie →*[Schau]t.*1, °OB, OP, °MF, °SCH vereinz.: °*Gschautoog* „Tag, an dem das Anwesen von den Angehörigen der Braut gründlich besichtigt wird“ Wildenroth FFB.

[Schauer]t. wie →*[Bet]t.*1: °„die drei vor Christi Himmelfahrt liegenden *Schauertage*“ Ruderting PA.

WBÖ IV,357.

[Scheiß(er)]t. wie →*[Nach-dien]t.*: *Scheißtag* „an dem die Dienstboten für die Zeit nachdienen müssen, die sie bei der Notdurft verbracht haben“ Rosenhm; *Do hots no 'n Schäßerto(g) gebm … no-n Lejtmeßto'* KÖZ, VIT BJV 1954, 198.

Schmeller II,475.– WBÖ IV,357.

†**[Schiedung(s)]t.** wie →*[Blumen]t.*2, in Phras. *unser Frauen S.*: *Unser Frauen Schidungstag* OB BzAnthr. 13 (1899) 104; *an mitichen nach Vnnser Lieben Frauenn Schiedung tag* Burghsn AÖ 1480 J. Dorner, Burghauser Urk.b. 1025-1503, Burghausen 2006, II,260.

WBÖ IV,358.

[Schlacht]t. Schlachttag, °OB, °NB, °OP vereinz.: °*am Pfinzta hama Schlachttog* Walderbach ROD; *Auf geht's, heid is Schlachttag!* M. Schuster, A. Cavelius, Servus Bayern, München 2012, 64.– Spruch: *Iàzz bin-ii … gmõàd … hǫd d Sau gsǫgd, wià Schlachddǫg gween is* Kaps Welt d.Bauern 131.

WBÖ IV,358.

[Sieben-schläfer]t. Siebenschläfertag (→*[Sieben]schläfer*): „Am 10. Juli, dem sogenannten *Siebenschläfertag* … soll man … *Eiskraut* [Eisenkraut] gegen Kopfschmerzen und Schlafsucht eintragen“ Scheingraber Sternsingen 26; *Siebenschläfertag* „der 22. July“ Westenrieder Gloss. 536.

Westenrieder Gloss. 536.

[Schlenkel]t., [Schlenker(s)]-, [-ä-]- **1** wie →*[Bächel(s)]t.*6, °OB, NB, OP vereinz.: *Schlengadåg* „3. Februar, Ausstehtag der Dienstboten“ Kochel TÖL; „an den sogenannten *Schlenkeltagen* … Lichtmeß, Georgi, Jacobi und Michaeli“ Fentsch Bavaria Mchn 135; *Wenn da Schlenkltooch umme woar* (Maria Lichtmeß) *und d Äihhaltn ozuagn gwen san* Heinrich Stiftlanda Gschichtla 9; *der Schlänkltag* „der Tag, an dem man aus dem Dienste tritt“ Hübner Salzburg 978.– **2** für Dienstboten freier Tag zw. Mariä Lichtmeß u. Aschermittwoch, °OB, °NB, OP vereinz.: *hai^{n}t is a Schlankldåg* „Bauernfeiertage (alle Dienstage und Donnerstage) zwischen Lichtmeß und Aschermittwoch“ Mittich GRI; „auf den Fasching mit seinen *Schlankltagen*, da hat sich alles gefreut“ Lettl Brauch 24.– Zu →*schlänkeln* / →*schlenkeln* / →*schlenkern* 'den Dienst wechseln'.

Delling II,134.– WBÖ IV,358-360.

†**[Schlenz]t.** wie →*[Dinsel]t.*2: „So viele *Schlenztage* hat das arme Ludenhausen [LL]“ 1.H.19. Jh. Bayerld 22 (1911) 65.

WBÖ IV,360 (Schlenzel-).

[Eier-schmalz]t. best. Tag nach der Hochzeit, OB, NB, OP vereinz.: „am achten Tag nach der Hochzeit, dem *Oarschmalztag*, essen die Neuvermählten eine Eierspeise“ Kötzting; „*Eierschmalztag* … Am dritten Tage … die Eier und das Schmalz, das von dem Hochzeitsessen übriggeblieben war“ Die Grenzboten 38 (1879) H.2,193f.

WBÖ IV,360 (Eier-in-Schmalz-).

†[**Schnitt**]**t.** Tag, an dem als Frondienst Getreide zu mähen ist: *ist auch gezalt ain schnittag … vij d* 1475 MHStA KL Baumburg 44f.,fol.39ᵛ; *hat ein jeder Unterthan … folgende Schardienst zu verrichten … 2. Schnittäg* Steingaden SOG 1718 Lori Lechrain 523.

WBÖ IV,361.

[**Schors**]**t.** →[*(Sankt-)Georg(en)s*]*t.*

[**Schrannen**]**t.** Tag, an dem der Getreidemarkt stattfindet: *boi* [wenn] *ma von Schloß åm an Stadtploz oigschaut hot an an Schrannatog* Kölling ED; „Es war Mittwoch und *Schrannentag* in Dachau“ Thoma Werke III,113 (Hochzeit); *bey den Jahr- und Wochenmärkten, auch offentlichen Schrannentägen* 1680 Lori Münzr. III, 166.

Schmeller II,603.

[**Schreck**]**t.** wie →[*Sankt-Luzia*]*t.*: *Schrecktag* „13. Dezember, an dem Luzie den Bauch aufschneidet und Heu und Backsteine einsetzt“ Donaustauf R.

†[**Schreib**]**t.** Termin in einer Berufungsverhandlung, an dem der Prozeßverlauf erster Instanz aufgeschrieben wird: *da daz ding vnd der schreibtag awsgeret ward* Viechtach 1422 MB XII,229.

Westenrieder Gloss. 518.– WBÖ IV,361f.

Mehrfachkomp.: †[**Holz-schreib**]**t.** Termin, an dem die Holzbedürfnisse der Untertanen aufgezeichnet werden: „Da der Verfasser … anstatt der alten *Holzschreibtäge*, die wahre Kirchweihfeste für Jäger und Förster waren, die Holzlizitationen einführte“ Hazzi Aufschl. IV,2,167.

[**Schwänzel**]**t.** wie →[*Dinsel*]*t.*2: *„Heit is mei Schwanzltag …* Freier Tag“ MM 9./10.5.1998, J2.

[**(Ge-)Schwend**]**t.**, [**Ge-schwänd**]**- 1** wie →*T.*3j, °OB vereinz.: „an einem *Gschwendtag* läßt man die Kuh nicht zum Stier“ Prien RO; „Die drei ärgsten *Schwend-* oder *Unglückstage* im Jahr sind … der 1. April, an dem Judas der Verräter geboren wurde, der 1. August, wo der Teufel den Sturz vom Himmel in die Hölle machte, und der 1. Dezember, an dem Sodom und Gomorra versanken“ Elbach MB HuV 16 (1938) 25.– **2** †Tag, an dem gerodet wird: *Dise alle sollen jerlichen in jrn … waiden obestimbte tagwerch an gueten erwelten Schwenttagen Reitten und Raumen* Aschau RO 1558 Peetz Volkswiss. Stud. 377.

Schmeller II,637.– WBÖ IV,362-364.

[**Schwind**]**t.** wie →*T.*3j: „an den *Schwindtagen* (1., 30. April) darf man nicht zur Ader lassen“ O'audf RO.

[**Seel(en)**]**t. 1** wie →[*Toten*]*t.*, °OB, °NB, SCH vereinz.: *Sealdog* „Allerseelen“ Derching FDB; „Am *Seelentag* unterblieb alles geräuschvolle Werken, nirgends wurde gedroschen“ Hager-Heyn Drudenhax 270; „die Kinder, welche … um eine Gabe bitten … am Allerseelentag mit dem Rufe: *Selatog!*“ STA 1861 OA 121 (1997) 149; *dy lampen … prinnt pys auf den seelertag nach der proceß* Tegernsee MB nach 1519 Cgm 1148,fol.37ʳ.– †Auch in Phras.: „Am *großen Seelentag* macht man den Kindern … kleine Geschenke“ Westenrieder Mchn 286.– **2** übertr.: *an Seelatog bittn* „um einen Seelenwecken, Gebäck“ Finsing ED.

Schmeller II,257.– WBÖ IV,364.

Mehrfachkomp.: [**Aller-seelen**]**t.**, †[**-seel(e)**]**-** wie →[*Toten*]*t.*, OB, NB vereinz.: *Allasöntåg* Innviertel; *in Ojjerseejntåg, då därfånd dë Toutn wieder ââfstäh von Gråb* Haller Frauenauer Sagen 74; *an aller sel tag* 1327 Urk. Raitenhaslach 569; *an aller Seelen Tag … wurd sein unschuldiger Leib in den Pfarrlichen Freuthoff nach Ellau geliffert* Selhamer Tuba Rustica II,132.

WBÖ IV,364.

– [**Armen-seel(en)**]**t.** dass., °OB, NB, OP vereinz.: *Armaselldog* Wdmünchen; *Am Armaselndog sans niad in Fegfeier, hob'm koin Pein niad* Bärnau TIR Schönwerth Leseb. 155; *den hl. Neujahrs- für den Armen-Seelentag ansehen* 1749 Das kurfürstliche München 1620-1800, hg. von G.J. Wolf, München 1930, 214.

WBÖ IV,364.

[**Ge-sellschafts**]**t. 1** Tag, an dem man sich am Stammtisch trifft, °Gesamtgeb. vielf.: °*des is da Gsoischaftstog vo de Gschäftsleit* Wildenroth FFB; °*bei uns is jedn Tag beir andern Wirt Gsellschaftstag* Essenbach LA; *heut' is' do' Donnerstag, G'sellschaftstag beim Metzgerbräu* Lutz Zwischenfall 35.– **2** übertr. Kreis von Stammtischteilnehmern: *im Dorfwirtshaus, am Ofa-*

tisch, sitz da Gsellschaftstag beinand, da Lehra, a paar Gmeinderät Aicha PA.

[**Seppelein**]**t.** →[*(Sankt-)Josefs*]*t.*

†[**Siech**]**t.** Krankheit, Siechtum: „In den vierziger Jahren war eine Bäurin in Jedlstetten [LL] lange Jahre krank … War gar ein seltsamer *Siechtag*" LEOPRECHTING Lechrain 40; *die da sterbend von dez hertzen siehtagen* KONRADvM BdN 50,16f.; *Wer mit dem schweren Sieg-Tag beladen/ und solche Schwachheit empfindet* HOHBERG Georgica III,1,183.– Phras.: *Catharina Prelin … von München/ ist mit dem hinfallenden Siechtag* [Epilepsie] *sechs Jahr lang schwerlich behafft gewesen* J. IRSING, Historia Von der weitberühmbten vnser lieben Frawen Capell zu Alten-Oeting in Nidern Bayrn, München 1644, 220.

SCHMELLER I,594, II,214.– WBÖ IV,365.

[**(Sankt-)Silvester**]**t.** wie →[*Alt-jahr*]*t.*: *Silvestatag* Innviertel; *Sylvestertag* Wenzenbach R ADV K.53; *di starb an sand Silvester tag anno 1409* ARNPECK Chron. 535,15.

WBÖ IV,365.

[**Simmerleins**]**t.** wie →[*(Sankt-)Nimmerlein(s)*]*t.*: °*Simmerleinstog* „Tag, der nie kommt" Ried FDB.– Spielform von →[*(Sankt-)Nimmerlein(s)*]*t.*

[**Siwend**]**t.** →[*Sonn(en)-wend(s)*]*t.*

[**Sommer**]**t.** **1** Tag im Sommer: *Es is a Summertag* STIELER Ged. 82; *sein abgezalt worden achtvndzbenzig Sumertag von yedem zu lon xiij d* 1476 MHStA KL Baumburg 44,fol.20[v]; *Wen im heissen Sommertagen! schlossen alles niderschlagen!* Stubenbg PAN 1796 PH. LENGLACHNER, Gesänger Buch I, München 2014, 138.– **2** †wie →[*Hansdampf*]*t.*, in Phras.: *am pfintstag vor Sant Johans Sumertag* 1504 SCHMID Inschr. Rgbg 48.

WBÖ IV,369.

[**Sonn**]**t.**, †[**Sonnen**]- **1** Sonntag, °Gesamtgeb. vielf.: °*kemmts am Sunnta zum Kaffee* Landshut; °*am Sunndder deaf ma niad min Hammer umananderhauer, sunst schlaggt ma in Jesus am Greiz* Rottendf NAB; *D Sunddan Nomöddog is ma hoid meist so dö Ejddan hoam ganga* KERSCHER Waldlerleben 102; *daz ih den heligen sununtach … nieht so getuldet* 11./12.Jh. SKD 336,19f. (Benediktbeurer Beichte II); *an dē nehstē svnnitag nach sant Gallen tag* Sulzbürg NM 1286 Corp.Urk. II,191,7f.; *Am Sunntă … habn s'd'Türken å~griffă~* OP 1683 HARTMANN Hist.Volksl. II,62.– Phras.: °*a blinda Sunda* „Feiertag unter der Woche, weil die Knechte kein Sonntagsgeld bekamen" Kucha HEB.– *Armer S.* letzter Sonntag vor einem Zahltag, OB vereinz.: *da arm Sunta* Ascholding WOR.– „*A viafacha Sunda* ist der Dreifaltigkeitssonntag, weil die drei Personen und der Sonntag an einem Tag gefeiert werden" Aicha PA.– †: „*Der neue Sonntag* … findet statt, wenn an einem Sonntag der Mond neu wird" LEOPRECHTING Lechrain 153.– *Es ist nicht alle Tage S.* u.ä. es geht nicht immer lustig u. sorgenfrei zu, °OB, °NB vereinz.: *s is nöt oi Dag Sunda* Simbach PAN; *'S koa(n' neat ållawaal Sunnta saa(n!* BRAUN Gr.Wb. 637.– *Fia den deaffad d'Wocha lauta Sunda håm* „er arbeitet ungern" Aicha PA.– °*Da kimmt da Sunnda vorm Samschta* „der Unterrock schaut hervor" Benediktbeuern TÖL.– *Wann i dös in an Sunnta wa, wos si der d'Werta eibildt* „von einem eingebildeten Menschen" Passau, ähnlich FFB, KAPS Welt d.Bauern 81.– Reim: *Übar a Wāl, nao wird 's Sunta, brénnd ma-r an Hémstuak* [am Rumpf anliegender Teil des Hemdes] *zin Zuntar* Neuenhammer VOH SCHÖNWERTH Sprichw. 49.– **2** best. Sonntag im Kalenderjahr.– **2a** wie →[*Fasching(s)*]*t.*3, in Phras.: *da lumpö Sunnta* „Fastnachtsonntag" Peiting SOG.– °*Lafat Sunntåg* Schellenbg BGD.– †: „der *foiste Sonntag* … an dem … die Ehehalten soviel Fleisch und Würste essen können, als sie wollen" 19.Jh. Oberpfalz 21 (1927) 47.– **2b** in Phras. *weißer S.*– **2bα** wie →*T.*3g, °OB, °NB, °OP, SCH mehrf., Restgeb. vereinz.: *da waiß Sunta* „wegen der weißen Kleidung der erstkommunizierenden Mädchen" Herrnthann R; *am weißa Sunndda hot mei Bua sein erschda Kommuniondag* Mering FDB; „Der erste Sonntag nach Ostern heißt *der weiße Sonntag*" LEOPRECHTING Lechrain 176; *In Glonn hat amal an arme Häuslerin an Buam kriagt am weißen Sunnta* STEMPLINGER Obb.Märchen I,49; *ein jeder sölldner ain mezen khorn zu geben auf den Weissen Sontag verfallen* Weichering ND 1579 Rechtsquellen Pfalz-Neuburg 111.– Bauern- u. Wetterregel: *wäns ön wäßn Sundda röngt, röngts oö Sundda* St.Englmar BOG.– **2bβ** wie →[*Funken*]*t.*, OB, °NB vereinz.: *da waiß Sunda* „erster Sonntag in der Fastenzeit, an dem der Bursche sein Mädel ins Wirtshaus führt" Schwaibach PAN; *Heunt is da weiß Sunnta, heunt müaß ma d' Schö und d' Störk trinka!* SCHLICHT Bayer.

Ld 93; *von dem weizen svntag vntz* [bis] *auf den tack hiut* Rgbg 1291 QE V,453; *An sand Valteins tag … der da was an ertag nach dem beyssen suntag* ARNPECK Chron. 545,32.– **2c** in Phras. *grüner S.*– **2cα** wie →[*Palm(en)*]*t.*1, °OB, °NB, OP vereinz.: °*da greane Sunda* „Sonntag vor Ostern" Moosach FS; *grüner Sonntag* OB BzAnthr. 13 (1899) 87.– **2cβ** Sonntag im kirchlichen Jahreskreis, °NB vereinz.: °*die grean Sunta* „an denen der Pfarrer das grüne Meßgewand trägt" Breitenbg WEG.– Bauern- u. Wetterregel: *wie das Wetter an am greana Sunda is, so bleibts die ganz Wocha* Kirn PAN.– **2d** Judika, in Phras.: „der fünfte Sonntag *in der Fast'n* … gilt … als ein Unglückstag … *schwarzer Sonntag*" SCHEINGRABER Sternsingen 13.– **2e** Sonntag nach Fronleichnam, in Phras. *schöner S.* NB, OP vereinz.: *der schöne Sonntag* Cham.– **2f** in Phras. *goldener / -u- / -ü- / goldiger S.* u.a.– **2fα** wie →[*Drei-faltigkeits*]*t.*, °OB, °NB, °OP vereinz.: °*der goidan Sunnta* „Dreifaltigkeitssonntag" Gotteszell VIT; *guldner Sonntag* WESTENRIEDER Gloss. 221; *Da gulda Sunnta* „Dreyeinigkeitsfest" ZAUPSER Nachl. 21.– **2fβ** jeder von drei aufeinanderfolgenden Sonntagen im September od. Oktober, °NB (v.a. EG) mehrf., °OB vereinz.: °*drei goldene Sonntage* „Wallfahrtssonntage vor Kirchweih" Arnstorf EG.– Auch: °*kupferner, silberner und goldener Sonntag* „die drei letzten Sonntage im September, an denen eine Wallfahrt nach Heiligenberg stattfindet" Kohlstorf EG.– **2fγ** Adventssonntag, v.a. der vierte, °OB, °NB, °OP, °MF, °SCH vereinz.: °*der guldni Sunnta* Pittenhart TS; *Wenn der goldi Sunnta kinnt, koast daa Göld versaafm!* SCHEMM Dees u.Sell 160.– Auch *kupferner / bronzener* u. *silberner S.* zweiter u. dritter Adventssonntag, °OB, °NB, °OP vereinz.: °*kupferner, silberner, goldener Sonntag* „drei verkaufsoffene Sonntage vor Weihnachten" Ergolding LA.– **2fδ** †Festtag zu Ehren Marias, der auf einen Sonntag fällt: „*goldener Sonntag* … unter diesen ist *U. L. Frauen Kerzenweih* [Lichtmeß] der kräftigste" LEOPRECHTING Lechrain 153.– **2fε** jeder der vier Sonntage nach Quatember: °*goldener Sonntag* „jeder erste Sonntag im Quartal, einst mit Prozession" Allersbg HIP; *Der gulden Sunntag* „jeder Sonntag nach den Gold- (Quatember-)Fasten" SCHMELLER I,896; *Das salcz muß am gulden suntag geweicht sein ein ander suntag geh nit* Mchn 1535 Clm 9058,fol.23[r].– **3** wie →[*Feier*]*t.*1, °NB vereinz.: °*Sunta* „Feiertag" Neureichenau WOS.

KRANZMAYER Wochentage 13-18.– SCHMELLER I,438, 896, II,297; WESTENRIEDER Gloss. 151, 211, 221, 543, 662; ZAUPSER Nachl. 21.– WBÖ IV,369-387.

Mehrfachkomp.: [**Alleluja-sonn**]**t.** wie →[*Fasching(s)*]*t.*3: °*Allelujasunntag* Frasdf RO; „der *Alleluja-Sonntag* (Fastnachts-Sonntag)" Leizachtal 224.

– [**Aloisi(us)-sonn**]**t.** jeder von sechs aufeinanderfolgenden Sonntagen, an denen man beichtet u. kommuniziert: *Wie der Dismas iatz amoi zon Beichtn ganga-r is, weil er doh an dö Alisi-Sunnta kumminiziert hat* HALLER Dismas 38.

– [**Palm-sonn**]**t.** Palmsonntag, °OB, °NB, °OP vielf., °Restgeb. vereinz.: *hån a mö an Boimsunda midn Afsteh dumöt, das ö nöd da Boimösl woan bi* Wollabg WOS; *da Balnsunda güld als Beichddog für de Weiba u de ledinga Leid* Beilngries; *bring mr an Balmsunndda fei o a Bischala* „einen Palmbuschen" Mering FDB; *Äitza kummt scho da Palmsunntog … und du bist nu niat gwen* [beim Beichten]*!* MORGENSCHWEIS mei Schloch 56; *Zi jeidan Kreitz kummt a Polmstraißl von Polmsunnta* Bärnau TIR SCHÖNWERTH Leseb. 123; *nach dem heyligen Palmsontag in der vastenn* 1453 Stadtr.Ambg II,4; *das am Pallen Sontag … herein gefierte halb fierthl Weißpier* 1692 POSCHINGER Glashüttengut Frauenau 107.– Rätsel: *wen kema den di maistn Katsn tsam? Am Bålmsunda* Bruck ROD.– *wos des kälteste Fest is im ganzen Johr? Der Palmsunnta, weil da sogar d' Mannerleut Holz in d' Kirch tragn* Zolling FS Frigisinga 7 (1930) 96.– Bauern- u. Wetterregeln: °*schneibts dem Buam am Palmsonntag aufn Huat, regnets dem Dirndl am Antlas* [Fronleichnam] *aufn Kranz* Bayrischzell MB, ähnlich TÖL.– *Wie der Palmsonntag, so der Fronleichnamstag* Traunstein.– °*Wie das Wetter am Palmsonntag, so auch Sommer und Herbst* Rattenbg BOG.– *Regnet es am Palmsonntag, verregnet es die kleinen Gänse* BÖHM Falkenbg 190.

Vkde: Am *P.* findet die Weihe der Palmzweige (→*Palm*) mit anschließender Prozession statt, vereinz. mit mitgeführtem →[*Palm*]*esel* (R, ROD FÄHNRICH Brauchtum Opf. 87). Danach klopft der Pfarrer mit dem Kreuz dreimal an die Kirchentür, um eingelassen zu werden (DAH, TÖL; KÖZ, SR; CHA).– Der *P.* od. der Tag davor war allg. der →[*Beicht*]*t.* für Ledige.– „Am *Palmsonntag* werden die Kinder konfirmiert" Edelsfd SUL, s.a. SINGER Geburt 91.– „Wenn vor Sonnenaufgang die Maulwurfshügel eingeebnet werden, dann werden sie nicht mehr aufgeworfen" Mehring AÖ.

WBÖ IV,387-391.

– [**Weih-palm-sonn**]**t.** dass., NB vereinz.: *Weiboönsunda* Gottsdf WEG.
WBÖ IV,391.

– [**Passions-sonn**]**t.** wie →[*Sonn*]*t.*2d, OB, OP vereinz.: *da Båssionssunta* Stadlern OVI; „Der fünfte Fastensonntag … *Passionssonntag* genannt“ Oberpfälzer Ostern, hg. von E. u. A.J. EICHENSEER, Regensburg ²2001, 145.– Auch in Phras.: *lahmer Passionssonntag* SCHEINGRABER Sternsingen 13.
WBÖ IV,391.

– [**Beicht-sonn**]**t.** dass.: *Baichtsunda* „Sonntag vor Palmsonntag“ Garham VOF.

– [**Bet-sonn**]**t. 1** Rogate, Sonntag vor Christi Himmelfahrt: „In der mit dem fünften Sonntag (*Bittsonntag* oder *Betsonntag*) beginnenden Bittwoche“ Münchner Neueste Nachrichten 68 (1915) Nr.234,1 (Generalanzeiger).– **2** wie →[*Sonn*]*t.*2e, in Phras.: „der *Fronleichnamssunnta*, der … früher *zwölfstündiger Betsunnta* geheißen hatte“ FÄHNRICH M'rteich 216.– **3** Sonntag mit einer Bittprozession allg.: „der Dreifaltigkeitstag ist ein *Betsunda*, an dem Bittgänge und Wallfahrten gemacht werden“ Aicha PA.
WBÖ IV,392.

– [**Pfingst-sonn**]**t.** Pfingstsonntag, OB, NB, OP mehrf., Restgeb. vereinz.: *wenn am Pfingschtsunda schös Wöda is und nöt rengt, na däfan Mülla gon Wei geh und Baun gon Bia, wei da Woazn nöt brandi wäd* Valley MB; *Pfingstsunta … dao treibt da Höüda niad as* Bärnau TIR SCHÖNWERTH Leseb. 139.– Bauern- u. Wetterregel: *Wenn's am Pfingstsonntag rengnet, regnets 'Krautwürmer'* [Kohlraupen] Wdmünchn.Heimatbote 20 (1989) 63.
WBÖ IV,392-400.

– [**Birn-sonn**]**t.**: *Birnsunnta* „der letzte Sonntag im August, an dem seit 1949 die vertriebenen Egerländer in Schirnding [WUN] ein Heimat- und Erntedankfest feiern“ SINGER Arzbg. Wb. 36.
WBÖ IV,400f.

– [**Bitt-sonn**]**t.** wie →[*Bet-sonn*]*t.*1: *da Bidsunta* Zandt KÖZ; „Der fünfte Sonntag nach Ostern, auch *Rogate-* oder *Bitt-Sonntag* genannt“ SZ 8 (1952) Nr.116,4.
WBÖ IV,401.

– [**Blühen-sonn**]**t. 1** †wie →[*Palm-sonn*]*t.*: *Blühen-Sonntag* OB BzAnthr. 13 (1899) 87.– **2** Sonntag nach Christi Himmelfahrt: *Blüinsunda* „mit Feldumritt“ BEI.
WBÖ IV,401.

– [**Blumen-sonn**]**t. 1** †wie →[*Palm-sonn*]*t.*: *Blumen-Sonntag* OB BzAnthr. ebd.– **2** wie →[*Blumen*]*t.*2: *Blumasundoch* „Mariahimmelfahrtstag, 15. August“ BEI.
WBÖ IV,401.

– [**Bock-sonn**]**t. 1** Misericordias Domini, °OB vereinz.: *Bocksonntag* Tölz; *Der Bock-Sunntag* „(im Scherz) der zweite Sonntag nach Ostern, bis an welchen Sündenböcke die österliche Beicht verschieben“ SCHMELLER II,297.– **2** Sonntag, an dem Bockbier getrunken wird, °NB, °OP vereinz.: °*Bocksonntag* Geiselhöring MAL.
SCHMELLER II,297.

– [**Portiunkula-sonn**]**t.** Sonntag nach Portiunkula (2. August), OB vereinz.: *Pårzönnkalsunta* „an ihm kann der Protiunkulaablaß gewonnen werden“ Innviertel.
WBÖ IV,401.

– [**Prang**(**en**)**-sonn**]**t.** wie →[*Sonn*]*t.*2e, °NB mehrf., OB vereinz.: „am *Prångsunda* nach Fronleichnam dienen die Traggestelle der mitgetragenen Figuren als Altar“ Frauensattling VIB; *Am Pranga-Sunnta … hob i in da Früah no gar net dro denkt* Roider Jackl 8.– Zu →*prangen*[1] 'festlich gekleidet an einer Prozession teilnehmen'.
WBÖ IV,401.

– [**Brot-sonn**]**t.** Lätare: „Der heutige Sonntag Lätare … *Brotsonntag* (Sonntag-Evangelium von der wunderbaren Ausspeisung)“ Münchner Neueste Nachrichten 68 (1915) Nr.134,1 (Generalanzeiger).

– [**Corpus-Christi-Sonn**]**t.** wie →[*Sonn*]*t.*2e: *Koubas-Gristi-Sunda* „Sonntag nach Fronleichnam“ Michelfd ESB.
WBÖ IV,421.

– [**Kirch-tag-sonn**]**t.** Kirchweihsonntag: °*ab und zua hod a Wirt an Kirtasunnda füa de Junga no a Kirtahutsch* O'neukchn MÜ; *Am Kirtasonntag vor am Jahr war i auf da Bodenschneid* [Fln.] MM 18./19.10.2008, 16.
WBÖ IV,403.

– [**Roß-dieb-sonn**]**t.** Jubilate: *weil de, de iatz erscht zum Beichtn komma sand, net lauter Lamperlfromme gwen sand, drum … der Rossdiabsunnta* Oberpfälzer Ostern, hg. von E. u. A.J. Eichenseer, Regensburg ²2001, 346.

WBÖ IV,403.

– [**Ding-sonn**]**t.** Sonntag nach Mariä Heimsuchung (2. Juli): „der *Dingsonntag* … An diesem Tage strömen stellenlose … Dienstboten … zusammen, um sich über die Erntezeit zu verdingen“ Gäuboden Stemplinger Altbayern 59f.

– [**Toten-sonn**]**t. 1** wie →[*Brot-sonn*]*t.*: *Tåu(t'nsonnta* Braun Gr.Wb. 650; „4. Sonntag in der Fasten … *der Todten-Sonntag*“ OB BzAnthr. 13 (1899) 86; *Toden Sonntag* „der Sonntag Lätare, woran ehehin die Gözen hinausgetragen wurden“ Hässlein Nürnbg.Id. 132.– **2** †wie →[*Sonn*]*t.*2d: „5. Sonntag in der Fasten(zeit) … *Todtensonntag* OB BzAnthr. ebd. 87.– **3** Totensonntag: °*Doudnsunda* „letzter Sonntag des Kirchenjahrs“ Neufraunhfn VIB; *Allerhaaling, Allersölln … Taounsunnta!* Schemm Neie Deas-Gsch. 127.

Hässlein Nürnbg.Id. 132; Schmeller I,586, 632.– WBÖ IV,403.

– [**Totlein-sonn**]**t.**: °*Dudläsunta* „erster Sonntag der Faschingszeit“ Weiden.– Zu →*Tote* ‘Pate’.

– [**Beicht-end-sonn**]**t.** wie →[*Roß-dieb-sonn*]*t.*: *der Beichtendsunta, Beichtschlußsunta* „dritter Sonntag nach Ostern“ Passau.

– [**Ewigkeits-sonn**]**t.** wie →[*Toten-sonn*]*t.*3: „*Ewigkeitssonntag* … Diesen Namen trägt der … Totensonntag bei evangelischen Christen“ Fähnrich Brauchtum Opf. 289.

– [**Auf-fahrt-sonn**]**t.** wie →[*Blühen-sonn*]*t.*2: *Aufadsunda* „Sonntag nach Christi Himmelfahrt“ RO.

– [**Drei-faltigkeits-sonn**]**t.** wie →[*Drei-faltigkeits*]*t.*, OB, NB, OP mehrf., SCH vereinz.: *heili Dreifoidigeidssunda* Dorfen ED; „am *Dreifoitigkeitssunda* sind *d'Weda* besonders gefürchtet“ Frauensattling VIB; *Dreifålti(g)keitssonnta* Braun Gr.Wb. 101.– Bauern- u. Wetterregeln: *wenn es am Dreifaltigkeitssonntag regnet, regnet es neun Sonntage aufeinander* Ettal GAP.– *Wenns am Draifåltikaitssunda regnt, nå voregnt's d'Eadepfl* Bruck ROD, ähnlich Wdmünchn.Heimatbote 20 (1989) 63.– *Wenns an Dreifaltigkeitssunda rengd, nou wead da Woiz brandö, wei dou da Woiz blöüd* Beilngries.

Vkde: Am *D.* finden vereinz. Prozessionen u. Wallfahrten, v.a. zu Dreifaltigkeitskirchen statt (PA, VIB, VOF; BEI, NEN, TIR; AM, OVI Fähnrich Brauchtum Opf. 171-173).– Er war „einst häufige[r] Termin“ für die Konfirmation Singer Geburt 92.– Zum Schutz gegen Zahnschmerzen soll man am *D.* „eine blühende Getreideähre durch den Mund streifen und dabei *Gott Vater, Gott Sohn, Gott Heiliger Geist* sagen“ Beilngries.– „Am *D.* soll man nicht nähen, sonst schlägt der Blitz ein“ Wdsassen TIR.

WBÖ IV,405f.

– [**Fasching**(**s**)**-sonn**]**t.** wie →[*Fasching*(*s*)]*t.*3, °OB, °NB, °MF, °SCH vereinz.: °*Faschensunda* Germannsdf WEG.

WBÖ IV,407-410.

– [**Fasten-sonn**]**t.** Sonntag in der Fastenzeit: *wenns goa scho afn drittn oder viertn Fastnsunntog zouganga is* Morgenschweis mei Schloch 56.– Schnaderhüpfel: *Am ersten Fastensunda hat si'a jeds Paarl gern, die alt'n wia die junga und bsunders, die oans wer'n* M. Matheis, Bayer. Bauernbrot, Straubing 1954, 7.

WBÖ IV,410-414.

– [**Mitt-fasten-sonn**]**t.** wie →[*Brot-sonn*]*t.*: „In der Münchner Gegend ist für den Sonntag Lätare … *Mittfastensonntag* allgemein üblich“ Münchner Neueste Nachrichten 68 (1915) Nr.134,1 (Generalanzeiger).

WBÖ IV,414.

– [**Feisten-sonn**]**t.** wie →[*Fasching*(*s*)]*t.*3: °*da Foastnsonnta* Frasdf RO.

– [**Freuden-sonn**]**t.,** †[**Freud-**]- wie →*T.*3g, OB, OP vereinz.: *da Frainsunta* Herrnthann R; *Der Frêudensunntag* „der erste Sonntag nach Ostern, an welchem wieder … Tanzmusik gehalten werden darf“ südl.OB Schmeller I,808; *am FreySonntag, dz ist der 1.te Sonntag nach Ostern* StA Mchn Hofmark Amerang Pr.18 (20.12.1754).

Schmeller I,808, II,297.

– [**Funken-sonn**]**t. 1** wie →[*Funken*]*t.*: „Bis … 1932 wurden am 1. Fastensonntag, dem sog. *Funkensonntag* … Feuer abgebrannt“ Hofmann Lkr.SOG 64.– **2** wie →*T.*3g: *Funkensunda* „Weißer Sonntag“ Triftern PAN.

Schmeller I,732, II,297.– WBÖ IV,414f.

– [**Galt-sonn**]**t.** wie →[*Fasching*(*s*)]*t.*3: °*Gold-Sonntag* Gunzendf ESB.

– [**Um-gangs-sonn**]**t.** wie →[*Sonn*]*t.*2e, OB, OP vereinz.: *Umgangssunda* „Sonntag nach Fronleichnam mit Prozession" Altfalter NAB.

WBÖ IV,415.

– [**Herbst-gülden-sonn**]**t.**: °*Heastgüldasunta* „Sonntag nach Michaeli (29. September)" Kchnthumbach ESB.

– [**Kraut-häuptlein-sonn**]**t.** Reminiszere: *Graudheippösunda* „zweiter Fastensonntag, um jene Zeit werden Krautköpfe, aus denen Samen gewonnen werden, ins Freie gesetzt" Höhenstadt PA.

– [**Hering-sonn**]**t.** wie →[*Funken*]*t.*: *Heringsonntag* „erster Fastensonntag, an dem die Mädchen zum Met geführt werden, der Hering muß sie reinigen" ebd.

– [**Kar-sonn**]**t.** wie →[(*Sankt-*)*Nimmerlein*(*s*)]t., in Phras.: °*am Karsonntag* „nie" U'föhring M.

– [**Kränzlein**(**s**)**-sonn**]**t.** wie →[*Sonn*]*t.*2e, °OB, NB, OP, °MF, SCH vereinz.: *Kranzlassunnda* Sonntag nach Fronleichnam Gallenbach AIC.

WBÖ IV,421.

– [**Kreuz-sonn**]**t. 1** wie →[*Bet-sonn*]*t.*1, NB vereinz.: *Kräzsunta* „fünfter Sonntag nach Ostern, der die Bittwoche einleitet" Zandt KÖZ.– **2**: *Kreuzsunnta* „Sonntag um das Fest Kreuzerhöhung (14. September)" Langdf REG.

WBÖ IV,421.

– [**Ab-laß-sonn**]**t.** Sonntag, an dem ein Ablaß gewährt wird: „Ein *ǡwiassunta* ist jeder Ablass-Sonntag" nach Brünner Samerbg 152.

WBÖ IV,422.

– [**Ant-laß-sonn**]**t.** wie →[*Sonn*]*t.*2e, °OB mehrf., °NB, SCH vereinz.: *an Pfinsta noch an Antlaßsunda* Erding; „Der Sonntag nach Fronleichnam ist der *Antlaßsonntag*" Mchn SZ 9 (1953) Nr.128,4.– Bauern- u. Wetterregel: *wenn Antlaßsonntag schön Wetter, gibt's guts Heuwetter* Ettal GAP.– Zu →[*Ant*]*laß* 'Fronleichnam'.

WBÖ IV,422.

– [**Fron-leichnams-sonn**]**t.** dass., OB, NB, OP vereinz.: *Frahleichnamssunnta* Vohenstrauß; „Am Donnerstag der eigentliche Fronleichnamstag, am Sonntag drauf der *Fronleichnamssunnta*" Fähnrich M'rteich 216.

WBÖ IV,422f.

– [**Mai**(**en**)**-sonn**]**t. 1** erster Sonntag im Mai, NB vereinz.: *Maisunda* „gefeiert mit Musik und Tanz" Aicha PA.– **2** †wie →[*Brot-sonn*]*t.*: „4. Sonntag in der Fasten ... *Maien-Sonntag*" OB BzAnthr. 13 (1899) 86.

Schmeller I,1550.

– [**Monat**(**s**)**-sonn**]**t.** best. Sonntag im Monat, v.a. der erste, OB, NB vereinz.: *Monadssunda* „mit Bruderschaftsrosenkranz" Reisbach DGF; „Der *Manatssunnta* ... war der 1. Sonntag im Monat ... Prozession durch die Kirche" Fähnrich M'rteich 28.

Schmeller II,297.– WBÖ IV,423.

– [**Palm-mudel-sonn**]**t.** wie →[*Palm-sonn*]*t.*: *Bolmmudlsundda* Cham.– Zu →[*Palm*]*mudel* 'Palmkätzchen'.

WBÖ IV,424.

– [**Fas**(**e**)**-nacht**(**s**)**-sonn**]**t.**, [**Fast-**]- wie →[*Fasching*(*s*)]*t.*3, °OB, °OP, °MF, SCH vereinz.: °*da Fosntsunnta* „mit Tanz beim Dorfwirt" Kchnthumbach ESB; *An Foßnachtsunnta woar ... a schöine Blåusn basamma gsessn* Oberpfälzer Ostern, hg. von E. u. A.J. Eichenseer, Regensburg [2]2001, 63.

WBÖ IV,424.

– †[**Geb-nacht-sonn**]**t.**: „*Goebnacht-Sonntag*. Der erste Sonntag nach heil. 3 König" OB BzAnthr. 13 (1899) 80.– Zu →[*Geb*]*nacht* 'Nacht vor dem Dreikönigstag'.

Schmeller I,867.– WBÖ IV,424.

– [**Oster-sonn**]**t. 1** Ostersonntag, °Gesamtgeb. vielf.: *an Oustasunnda muaß a jeds voam Mitogmoih sei gweichts Oa essn* O'neukchn MÜ; *am Oaschdrsunnda weari auf Mincha neifahra* Mering FDB; *Am Oustasunnta af d Nacht ... gengan de Burschn af s Kammafensta vo de Deandla und holn si a gfabts Oa* Mintraching R Oberpfälzer Ostern, hg. von E. u. A.J. Eichenseer, Regensburg [2]2001, 340; *am Erichtag nach dem Ostersuntag* Dasing FDB 1407 K.H. Lang, M.P. v.Freyberg, Regesta sive Rerum Boicarum Autographa, Bd XI, München 1847, 405.– **2** wie →*T.*3g, in Phras.: „am *Kleinen Ostersonntag*, eine Woche nach dem Ostersonntag" Frauenau REG Haller Glasmacherbrauch 151.

Schmeller I,171.– WBÖ IV,424-434.

– [**Quatember-sonn**]**t.** wie →[*Sonn*]*t.*2fε, OB, NB, OP vereinz.: *Quatembasunda* Hengersbg DEG; *hat an ainem Quatember sontag seinen leithen nächtlicher weiln ainen dannz gehalten* Vilsbiburg 1640 HELM Obrigkeit 103.

WBÖ IV,434f.

– [**Rosen-sonn**]**t.** wie →[*Brot-sonn*]*t.*: *Rous·n-Suntə'* „Lätare oder *Mittfasten-Sonntag*, wo ... der Pabst vor seiner Messe eine Rose zu weihen pflegte" Isarwinkel SCHMELLER II,150.

SCHMELLER II,150.– WBÖ IV,435.

– †[**Schlenkel-sonn**]**t.** wohl Sonntag nach Mariä Lichtmeß (2. Februar): *vmb ain Ros, so Er ihme am Schlenckhl Sontag zukauffen geben* 1725 StA Mchn Hofmark Amerang Pr.16, fol.146v.– Zu →*schlenkeln* 'den Dienst wechseln'.

– [**Eier-schmalz-sonn**]**t.** Sonntag nach der Hochzeit: *der Oarschmoizsunta* „es gibt Rühreier für die Neuvermählten" NB.

– [**Schuster-sonn**]**t.** wie →[(*Sankt-*)*Nimmerlein*(*s*)]t., in Phras.: °*der heirat am Schustersunnta* „nie" Weiden.

WBÖ IV,436.

– [**Seelen-sonn**]**t.** Sonntag nach Allerseelen (2. November): „Am *Seelensontag* kamen keine Kinder zur Feyertagsschule" 1815 EISCH Klingenbrunn-O'kreuzbg 53; *sẹalasunta* nach MOSER Staudengeb. 43.

WBÖ IV,436.

– [**Silber-sonn**]**t.** Sonntag, an dem eine besondere Kollekte eingesammelt wird: °*Silbersonntag* „Kollekte für ortskirchliche Belange" Klingen AIC; *Silbersonntag* CHRISTL Aichacher Wb. 34.

– [**Suppen-sonn**]**t.** wie →[*Eier-schmalz-sonn*]*t.*: *Suppnsunda* „an dem die Frischvermählten zu Vater und Mutter *in d'Suppn* gehen und das Heiratsgut ausbezahlt wird" Gallenbach AIC.

– [**Palm-weih-sonn**]**t.** wie →[*Palm-sonn*]*t.*: *an Poinweichsunda kimst* Ostin MB.

WBÖ IV,438.

– [**Kirch-weih-sonn**]**t.** wie →[*Kirch-tag-sonn*]*t.*: °*Kirwasunta* Kemnath; „Am *Kirwasunta aßen wir ... Kirwa-Karpfen*" FÄHNRICH M'rteich 227.

WBÖ IV,438f.

[**Spatzen**]**t.** wie →[*Knödel*]*t.*: „Dienstag und Donnerstag waren die *Spotzentage* unter der Woche" FÄHNRICH ebd. 122.– Zu →*Spatz* 'Knödel'.

†[**Specht**]**t.** wie →[*Sankt-Luzia*]*t.*: „der Luzietag ... *Spechttag*" Bechtsrieth NEW SCHÖNWERTH Leseb. 162.– Zu →*Specht* 'hl. Luzia, Schreckgestalt der Vorweihnachtszeit'.

[(**Ge-**)**Spend**]**t.** Tag, an dem Spenden ausgeteilt werden: *Gspendtag is heut!* HAGER-HEYN Drudenhax 263; *damit an dem Spendtag Niemand Unbekannter mit Waffen ... in unsre Stadt Neuburg gelassen* Landshut 1495 Collectaneen-Bl. für die Gesch. Bayerns 9 (1843) 41; *an Hl. Ægidi, das ist an dem gespendtag, wan ain fleisch ÿberbleibt, gibt man ain jeden ain claines Stikhl* Asbach GRI 1740 MHStA KL Asbach 60, 71.

[**Spitzlein**]**t.** wie →[*Spitzlein-feier*]*t.*, °OB, °OP vereinz.: *d'Spitzltaach* „Allerheiligen und Allerseelen, da ißt man Spitzwecken" Steinlohe WÜM; „An Allerheiligen, dem *Spitz'ldoch* ... erhielt das Patenkind vom Taufpaten ... ein *Spitz'l*" Oberpfalz 80 (1992) 145; „Spenden am *Spitzltag* (Allerseelen)" Tännesbg VOH 1580 VHO 86 (1936) 353.

WBÖ IV,366.

[**Ver-spruch**(**s**)]**t.** wie →[*Geb*]*t.*, °OB vereinz.: °*da Vaspruchdog* Tag der Verlobung Hirnsbg RO.

[**Städte**]**t.** Versammlung der Vertreter der Reichsstädte, ä.Spr.: *in dem ausschreyben dises stettags, was derhalben zů handlen sey* 1523 Urk.Juden Rgbg 426.

[**Ein-stands**]**t.** Tag, an dem die Dienstboten ihren neuen Dienst antreten, °OB vereinz.: *da Eistandståg* „meist am Dienstag oder Donnerstag nach Lichtmeß" Innviertel; *ai*n*štantztag* „Tag nach dem Blasiustag" SCHWEIZER Dießner Wb. 8.

WBÖ IV,366.

[**Aus-steh**]**t.** wie →[*Ab-be-hüt*]*t.*, °NB, OP vereinz.: *da Asschdüido* „Tag, an dem die Dienstboten aus dem Dienst scheiden" Nabburg.

[**Ein-steh**]**t.** wie →[*Ein-stands*]*t.*, OB, NB, OP vereinz.: *Eisteadåg* Kochel TÖL.

[(Sankt-)Stephans]t., [Steff(e)lein(s)]-, [Stephani]- **1** Tag des hl. →*Stephanus*, 26. Dezember, °OB, °NB, °OP, MF, SCH vielf.: °„am *Steffedog* wird alles Unaufgeräumte auf dem Dorfplatz aufgestapelt“ Schonstett WS; *Schdefanödag* Winzer DEG; *da Stefflasto* Naabdemenrth NEW; „Am *Steflastag* ... werden die Mädchen *gepfeffert*“ Eschenbach SCHÖNWERTH Leseb. 169; „Die Entlohnung der Dienstboten ... Für die *Mannsbüder* am *Schdeffasdaag*“ WÖLZMÜLLER Lechrainer 69; *an sand Steffans tag in den Weynachtfeyertägen* 1427 J. DORNER, Burghauser Urk.b. 1025-1503, Burghausen 2006, I,363.– Spruch: *Stefanötåg, wås dö Mukn gähna måg, Silvestatåg an Hahnaschroa, Heilig-Dreikinö-Tåg, wia weit da Hiarsch springa måg, Sebastöanö a hååbö Stund, z'Liachtmeß a ganzö Stund* „wächst die Länge des Tages“ Innviertel.– **2** Tag der Auffindung der Gebeine des hl. →*Stephanus*, 3. August: „*St. Stefanstag in dem Schnitt* (in der Erntezeit)“ WINKLER Heimatspr. 166; *das geschach an sant Steffanstag in der tult* Lererb. 168.

SCHMELLER II,735.– WBÖ IV,366f.

[Sterbe]t. **1** wie →*[Jahr(es)]t.*2, °OB, °NB, °OP vereinz.: °*auf d'Wocha is an Vatan sei Schterbtag* Garching AÖ; *So is nachher heut'der Sterbtag von dein'Mann?* MEIER Werke I,54 (Elend).– **2** wie →*[Kar-frei]t.*, in Phras. *unserem Herrn sein S.* u.ä. OB, NB, OP vereinz.: *insers Herrn Sterbdogk* Bernau RO.

WBÖ IV,367.

†**[Stift]t.** Tag, an dem Abgaben an den Grundherren zu entrichten sind: *den solt man an dem dritten stiftag gänzlich entsetzen* Geisenfd PAF Ende 15.Jh. GRIMM Weisth. VI,186; *Soll der Grund-Unterthan bey dem anberaumten Stift-Tag selbst persönlich erscheinen* Landr.1756 385.

WBÖ IV,368.

Mehrfachkomp.: †**[Ab-stift]t.** Tag, an dem ein Untertan das Gut des Grundherrn verlassen muß: *Als mich mein geñ. hr̃n ... nymer leiden wolten auf Irem ... gut ... mir ein abstifft tag benennten* Indersdf DAH 1491 OA 25 (1864) 167.

[Stöber]t. Putztag, NB vereinz.: *haint is Stöwerdag* Mittich GRI.

†**[Streit]t.** Kampftag: *als aber der gesaczt streittag kam* ARNPECK Chron. 590,10f.

[Stuck]t. **1** wie →*[Spitzlein-feier]t.*, °OB vereinz.: *Stucktog* „Allerseelen, die Kinder gingen von Haus zu Haus und bettelten um ein gewürztes Brot, den *Stuck*“ Au BGD; *an jeden Godnkind gib i aufn Stucktag sein Stuckgeld, bis s verheirat san* ANGERER Göll 216.– **2**: °„am *Stucktag* wird das Vieh beim Almabtrieb den jeweiligen Besitzern zurückgegeben“ Bayrischzell MB.– **3**: °*Stucktog* „Werktag nach einem Feiertag, der durch Blaumachen drangestükkelt wird“ Fischbachau MB.– **4**: °*des is dr Stucktag, da müaß mrs zahlt han* „Stichtag“ Rehling AIC.

†**[Suhn]t.** wie →*T.*3i, auch in Phras. *jüngster S.*: *daz uuir de ze demu suonotakin furi inan kahaltana pringan muozin* 9.Jh. SKD 43,17-19 (Freisinger Paternoster A); *an dem jungesten suontage* BERTHOLDvR I,123,13; *in der sibenten werlt solt deu werlt gar zergên und solt der suontach chomen* Frsg.Rechtsb. 64.

SCHMELLER II,303.

[Summer]t. →*[Sommer]t.*

[Sunn]t. →*[Sonn]t.*

[Suwend]t. →*[Sonn(en)-wend(s)]t.*

[Kammer-wagen]t., [Kammet-]- wie →*[Beschau]t.*2, °OB vereinz.: °*Kamertwogntog* Polterabend Anzing EBE.

[Kuchel-wagen]t., [Kuchen-]- dass., °OB (v.a. S) vielf.: °*Kuchlwagntag* „Tag, an dem der *Kuchelwagen* der Braut in das Haus des Bräutigams gefahren wird“ Reichersbeuern TÖL; „Polterabend ... *khuxäwǫŋtǫg* ... *khuxaiwǫŋtǫg*“ MAIER südmbair.Mda. 193.

[(Sankt-)Walpurgi(s)]t., [-purgen]-, [-per(n)]-, [-pers]-, [-perl(eins)]- Tag der hl. →*Walpurga*, 1. Mai, OB, NB, OP vereinz.: *am Wolpadoch afd Nacht* „versammeln sich die Hexen an einem Ort, wo viele Birken sind“ Passau; *am Wålbasdoch wern Bolm asgschdegd* „aufs Feld“ Michelfd SUL; *Oam Walberntooch ... mou ma a Bachschissl vul Erdepfl steckn* SINGER Arzbg. Wb. 60; *vnz* [bis] *ovf sande Walpurgentach* Friedbg 1292 Corp.Urk. II,701,43; *zw sant Wolpurgentag* Lererb. 134.

WBÖ IV,441.

[Wander]t. **1** wie →*[Bächel(s)]t.*6, NB, OP, MF vereinz.: *Wandadag* „3 Tage nach Lichtmeß zwischen Aus- und Einstand der Dienstboten" Aicha PA; *Moargn is mei Wanderdog* Oberpfälzer Weihnacht, hg. von E. u. A.J. Eichenseer, Regensburg [10]2000, 430.– **2** Tag des Wohnungsumzugs: *Wandertag* Mchn.– **3**: *Wandertag* „Tag, an dem eine Wanderung unternommen wird" ebd.– **4** wie →[*Ge-sellschafts*]*t*.1: °*Wandertag* Schönbrunn LA.

WBÖ IV,441-446.

[**Wasch**]**t.** Waschtag: °*heid is Woschdåg* Grafenau; *D Mutta hout Waschtooch ghat* Heinrich Stiftlanda Gschichtla 34.

WBÖ IV,446f.

[**Seel(en)-weck(en)**]**t.** wie →[*Spitzlein-feier*]*t.*, OB, °NB vereinz.: *um d'Söiwöcktag* Dietersburg PAN; *am Seelwecktag hab'n s'ihn mir tot, – derschoss'n vor d'Füass' g'legt* Meier Werke I,54 (Elend).

WBÖ IV,447.

[**Geh-weg**]**t.** wie →[*Ab-be-hüt*]*t.*, OB, NB vereinz.: *Géwedåg* „4. Februar, Tag nach Blasius" N'taufkchn MÜ; *Am Gehwegtag, dem Blasltag … gehn die Hochzeitn wieder auf* Strobl Feiertäg 14; *Gehwegtag* „Dienstentlassungstag" um Waging LF Hübner Salzburg 963.

Schmeller I,861.

[**Weh**]**t., -dam, -ding, -dung, -tum 1** körperlicher Schmerz, Krankheit, °Gesamtgeb. vielf.: *dea woizt sö vo lauta Wehdamm* Hohenpeißenbg SOG; *an Wedung håm midn Zendnan* O'kreuzbg WOS; *is dös a Wäiting in Khuabf* Fichtelbg BT; *O wöiala! o wöiala, mei Wöihtung* Falkenstein ROD Ernst Opf.Heilzauber 269; *I hou sölli Weadaaga, daß i mi bal nimmer bölza* [es nicht mehr aushalten] *kaa* Wölzmüller Lechrainer 147; *der bitter wêwetage der twinget im den zaher … ûz den ougen* BertholdvR I,382,4-6; *Sye habe … einen großen Wehetumb an ihrer linggen Handt gehabt* Rott WS 1677 Heimat am Inn 13 (1993) 83.– **2** Wunde, schmerzende Stelle, °OB, NB vereinz.: *kim ma net an main Wehdam ani* Wasserburg; *der Herr Professer schneidt den Wehdarm am Fuß* Queri Von kl.Leuten 199.– **3** Kummer, Leid, OB, NB, OP vereinz.: *i muaß'n trestn a sein Wehdam* Haslach MAI; *damit's* [Herz] *eahm nöt z'springa kann vor lauter Zeitlang und Wehdam* Stemplinger Obb.Märchen I,9; *Was lieb … was wetam* Tegerns.Hym. 30,216f.– **4** von Menschen.– **4a**: °*er ist ein Wehdåm* „kranker Mensch" Mainburg.– **4b** auch F., wehleidiger Mensch, °OB mehrf., °NB, °OP vereinz.: *ewiger Wehdam* „einer, der immer jammert" Berchtesgaden; °*d'alte Wehdam* Attenhsn LA; °*Wehdammerl* Rdnburg; *Der Wê-darm* „spottende Benennung … eines Menschen, der jeden Schmerz gleich unerträglich findet" Schmeller II,824.– **4c** †: *Der Wê-darm* „spottende Benennung … eines Menschen, der Andere um das Ihrige beneidet, nie genug kriegt" Bay.Wald ebd.

Etym.: Mhd. *wêtage* swm., *-tac* stm.; Kluge-Seebold 976. Formen auf *-dam*, *-ding*, *-dung* kontrahiert aus dem Pl. des swm. u. teilw. nicht von mhd. *wêtuom* stm. zu unterscheiden; vgl. DWB XIV,1,1,317, 323f.

Ltg, Formen: Bestimmungsw. *wę̄-* OB, NB, OP (dazu EIH, HIP, N, SC; FDB), *węɑ-* westl.OB, SCH (dazu AM; HIP), *wiɑ-* (VIT), *węi-* OP, OF (dazu IN; KÖZ, PA, REG, VIT; EIH, HEB, HIP, SC, WUG; ND), *węiχ-* (WÜM).– Grundw. *-dåg* (MB), *-dāgɑ* u.ä. SCH (dazu FFB, LL, SOG, WM), *-dåŋ*, *-doŋ*, *-duŋ*, *-dɑn* u.ä. OB, NB, OP (dazu EIH, HEB; FDB), *-diŋ*, *-deŋ* OP, OF, SCH (dazu AIC, IN; EIH, HIP, SC, WUG), *-dåm*, *-dɑm* u.ä. OB, NB, OP (dazu HEB, N, SC; FDB), *-daum* (MB), *-dum* NB (dazu AM, R), *-dɑ* (SOG), *-riŋ* (AIC), *-darn* (AIC, LL), ferner *-dǫɑm* u.ä. OB (dazu BOG, GRI, PA; AM, CHA, OVI) wohl mit volksetym. Anschluß an →*Darm*.– Pl. *węɑdāgɑ*, *-dāgɑx* (LL).– Dim. *wę̄dɑl* (SR), in Bed.4b *wę̄dåmɑl* (LF, STA; VOF; RID) mit volksetym. Anschluß an →*Thomas*.– In Bed.4b auch F. nach natürlichem Geschlecht.

Delling II,201; Schmeller I,540, 594f., II,824f.; Westenrieder Gloss. 654.

Mehrfachkomp.: [**Augen-weh**]**t.,** †[**-wehe**]- Schmerz an den Augen, OB, NB vereinz.: *da Aungwedang* Mittich GRI; *wie ihne … ein jämmerlicher Augenwehethumb angestossen* Wunderwerck (Benno) 176f.

– [**Bauch-weh**]**t.** Bauchschmerz, MF (EIH) mehrf., OB, NB, OP vereinz.: *Bachwäiding* Pollenfd EIH; *Bauchwehdung* Pondf RID DWA IV,11.

Schmeller II,825.

– [**Hals-weh**]**t. 1**: *Holswäiding* gewöhnliche Halsentzündung Pavelsbach NM.– **2**: °*Hålsweadam* „Mumps" Pöcking STA.

– [**Kopf-weh**]**t.** Kopfschmerz, OB, OP, OF vereinz.: *Khuapfwäitöng* Lauterbach REH; *Kopfweding* Helena NM DWA III[,K.8].

Schmeller II,825.

– [**Zahn-weh**]**t.** Zahnschmerz, OB, NB, OP, OF, MF vereinz.: *an Zowejding ho-i* Ambg; „im Vollmonde … wird der *Zoañwaiding* … unter dem … Gränzstein vergraben“ Bärnau TIR SCHÖNWERTH Opf. II,67.

†[**Eben-weih**]**t.** wie →[*Jahr(es)*]*t.*5: *andem eben wich tag* Passau 1297 Corp.Urk. IV,12,32; *Am Eben weichtag* Indersdf DAH 1493 HuV 17 (1939) 212.– Zu →[*Eben*]*weihe* ‘dass.’.

SCHMELLER I,15, II,882; WESTENRIEDER Gloss. 116f.– WBÖ IV,447.

†[**Kirch-weih**]**t.** wie →[*Kirch-tag*]*t.*: °*da Kirwabaam werd aufgstellt zu de Kirwatag* Neustadt; *Hom m'a ausgschloffa de Kiahwatäg* SCHUEGRAF Wäldler 73; *Es sol chain gast flaisch vail haben … an den chirichweitagen* Mühldf 2.H.14.Jh. Chron.dt.St. XV,396,24f.

WBÖ IV,447f.

†[**Kräuter-weih**]**t.** wie →[*Blumen*]*t.*2: „Der Kräuterbüschel wird am Mariahimmelfahrtstage … *Kräuterweihtage* … kirchlich geweiht“ DAH, FFB OA 41 (1882) 147.

WESTENRIEDER Gloss. 295.

[**Wurz-weih**]**t.**, [**Maria-Würz-**]- dass.: *Maria Würzweihtag* Wasserburg; „Am 15. August … *Wurzweihtag* werden sie zur Kräuterweih' in das Gotteshaus gebracht“ SCHEINGRABER Sternsingen 32.

[**Sonn**(**en**)-**wend**(**s**)]**t.**, [**Sünn-**]-, †[**Sonn-wenden**]- wie →[*Licht(lein)*]*t.*2, °OB, NB vereinz.: *Suwendtå* Bischofsmais REG; *suwẽnt-dǫ* „Sonnwendtag (21. Juni), auch Johannistag (24. Juni)“ KOLLMER II,248; „die Sonnenwende (*der Siwendtag*)“ STA 1861 OA 121 (1997) 101; *des næhsten tages nach dem Svnwentag* Rgbg 1291 Corp.Urk. II,619,33; *am Pfinztag vor dem heiligen Sunbentag* Rosenhm 1437 MB II,78; *bis endtlichen Cleger am heurig-verwichnem Sůbentag die negst darbey wohnhafft 2. Beclagte erdappt* StA Mchn Hofmark Amerang Pr.18 (15.9.1749).– Bauern- u. Wetterregeln: *wens an Suwentåg rengt, foönd d Nuß å* Aicha PA;– *Wenn's am Sunnwendtag regn't, wer'n d'Haselnuß wurmig* GRA Bayer.Heimatschutz 23 (1927) 126.

SCHMELLER II,302.– WBÖ IV,448.

[**Werk**]**t.**, [**Wer**(**ch**)]-, [**-en**]-, [**Werkel**]- Werktag, °Gesamtgeb. vielf.: *an dö Werchda braune Khobfdiachlen mit Bloame* Hfhegnenbg FFB; *a Gwand af d'Weata* Mengkfn DGF; °*ån an schleadn* (normalen) *Wachatoch gäiht dea ins Wiatshaus!* Windischeschenbach NEW; *Wenn oaneran Werkatoch unverhofft Freindschaft kumma is* SCHEMM Stoagass 10; *Firn Feyatog wird a bamwullas Hemd gnumma, fir d'Wargadog … obar a leinas* Bärnau TIR SCHÖNWERTH Leseb. 86; *so hat der rihter gewalt, daz prot ufzehefen alle tag, waerichtag und veiertag* 1310-1312 Stadtr.Mchn (DIRR) 264,18-20; *saufen trinken raslen praslen werchtag, feiertag die nacht bis an den tag* AVENTIN IV,60,7f. (Chron.).– Phras.: *ea håd a an Werda Goidhaubm auf* „von einem Hitzkopf“ Mittich GRI.

Ltg: *węada, węrda* u.ä. OB, NB, südl.OP, SCH (dazu HIP), *-dǭg, -x* OB (dazu LA, MAL, REG, SR; NEN, PAR, R; ND), *węara* NB (dazu ED, LF), *węašda, -dǭg* sö.OB, *wę̄šda* (MB), *waršda* (FFB), *węagda, węrkχda, -dǭ* u.ä. westl.OB (dazu DGF, WEG; ND), *-dǭx* MF (dazu DON), *-di* (WUG; DON), *węaxda, węrxda* OB (dazu GRI, PA; EIH, HIP; DON, FDB), *-dǭx* (AM; LAU, SC, WUG), *-di* (GUN, WUG; DON), *warχda* u.ä. westl.OB (dazu FDB), *wȫxda* u.ä. (EIH; ND), *wạ̄(r)xda* (NM; EIH, HIP), *wörada, węarada* u.ä. SCH (dazu AIC, DAH, SOB), *węaredǭg, węarǭg* (BGD, LF), meist jünger *węagdǭg, -x* OB, NB, OP (dazu ND), ferner *węrgadǭ(x), węaga-* OP (dazu ER, HEB, LAU, N; PEG, WUN), *wę̄gadǭx* OF (dazu AM, BUL, ESB, NEW, TIR; HEB), *węaxadǭ(x)* u.ä. OP, *węaa-* (KEM), *węahadǭg* (BOG), *wạ̄(r)xadǭ(x)* OP, *wạ̄(r)kadǭ(x)* (NM, SUL, TIR; HEB, N) sowie *węakldǭg* (IN, PAF).

DWA XVI,K.10.– SCHMELLER II,986.– WBÖ IV,448-451.

Mehrfachkomp.: [**Schar-werk**]**t.** Tag, an dem Scharwerk zu leisten ist, °NB vereinz.: *Schåwadåg* „in der Erntezeit als Gegenleistung für einen überlassenen Bifang im Kartoffelfeld“ Reisbach DGF.

†[**Wetter**]**t. 1** Tag mit günstigem Wetter: *erfordert die Notturfft, daselbst zu wettertagen alles zu bereiten* Sechsämterld 1499 SINGER Schacht 158.– **2** wie →[*Wetter-herren*]*t.*1, in Phras.: *bald ist aller Herren Wettertag (Johann und Paul)* MEIDINGER Verfall 66.

SCHMELLER II,1051; WESTENRIEDER Gloss. 670.– WBÖ IV,452.

Mehrfachkomp.: [**Donner-wetter**]**t.** wie →[*Dreifaltigkeits*]*t.*: *Donnerwettertag* „Dreifaltigkeitssonntag“ Mchn.

[**Winter**]**t.** Wintertag: *Windadag* Lichtenhaag VIB; *A Wintadooch* Oberpfälzer Weihnacht, hg. von E. u. A.J. EICHENSEER, Regensburg [10]2000, 444; *xj winttertag von yedem zelon xij d* 1476 MHStA KL Baumburg 44,fol.20[r]; *ab 6 Wüntter tag à 14 Kr* Kapfelbg KEH 1766 WAGNER Kapfelbg u. Poikam 142.

WBÖ IV,452.

Mehrfachkomp.: [**Halb-winter**]**t.** Pauli Bekehrung, 25. Januar: „*Pauli Bekehr – Winter halb hin, halb her*; heißt darum auch der *Halbwintertag*“ LEOPRECHTING Lechrain 158.

SCHMELLER I,1088, II,962.– WBÖ IV,452.

[**Wochen**]**t.** **1** wie →[*Werk*]*t.*, OB, MF vereinz.: *Wochatag* K'höbing HIP; *Wochatog* Eysölden HIP DWA XVI,K.10.– **2** Tag der Woche: °*d'Wochadåg* Ebersbg; *Wochadaach* JUDENMANN Opf.Wb. 173.– Rätsel: *mir sann allwei inser 7 Briada, gleich altri, do mit Namasunterscheid, frißt ins so nachanand die Zeit und schpeipt dann oan nachn andern wieda – de Wochatåg* Staudach (Achental) TS.

WBÖ IV,452f.

[**Wolfgangi**]**t.**, [**Gangelein**]**-**, †[**Sankt-Wolfgangs**]**-** Tag des hl. →*Wolfgang*, 31. Oktober: „am *Gangerltag* … ziehen die *Kirmfrauen* [Frauen mit Körben] durchs Dorf“ Bay.Wald SZ 6 (1950) Nr.252,12; *am su(n)tag vor sandt wolfgangs tag* 1490 SCHMID Inschr.Rgbg 42.

[**Wurm**]**t.**: „hütet man sich, an Donnerstagen (und Dienstagen) Rettiche zu säen, denn diese Tage sind *Wurmtage* (d.h. die Rettiche werden wurmig)“ AIB, WS MARZELL Volksbot. 106.

WBÖ IV,453 (Würm-).

[**Zahl**]**t.** wie →[*Geld*]*t.*, OB, NB vereinz.: *Zoido* Wdkchn WOS; *wenn da Freitag zuara kimmt, dann is da Zahltag da* SCHMALHOFER Brautweiser 48.

WBÖ IV,453.

[**Hoch-zeit(s)**]**t.** **1** Hochzeitstag.– **1a** wie →*T.*3hα, °OB vielf., NB, °OP mehrf., Restgeb. vereinz.: *dös Gschmußgeld kriegt der Hoazetlader am Hoazetda* Hfhegnenbg FFB; *Håuzaddag hand dö eastn drai Dag ö da Wocha* Aicha PA; „warten … die Gstanzlsänger auf den bestohlenen Bräutigam: *Ja liaba Herr Bräutigam, dös geht guat o, hams da am Houzattag 's Weib scho davo!*“ LETTL Brauch 151; *so soll auff ainem heurats tag* [Verlobungstag] *nit mer dann aine, aber auff ainem hochzeit tag aine oder zwo maltzeit … gehalten … werden* um 1552 WÜST Policey 448.– **1b** wie →[*Ehr(en)*]*t.*2b: °*heit, an unsam dritten Houzatdog* Arnschwang CHA.– Phras. *goldener H.* 50. Jahrestag der Hochzeit, °OB, °OP vereinz.: °*goldener Hochzeitstag* Gleißenthal NEW.– **2** †wie →[*Fest*]*t.*: *jährlich 3 Hochzeittag, den ersten zu Ostern, den andern zu Pfingsten und den dritten zu den Weihnachten* N'traubling R 1584 HARTINGER Ordnungen II,748.

WBÖ IV,453f.

Mehrfachkomp.: [**Nach-hoch-zeit(s)**]**t.** wie → *T.*3hβ, OB, OP vereinz.: *da Nochhouzadtog mit dem Nochhouzadamt* Erding.

[**Zelten**]**t.** wie →[*Spitzlein-feier*]*t.*: „Auf den *Stuck- oder Zeltntag* freute man sich … das ganze Jahr“ BERGMAIER Ruhpolding 453.

†[**Zes**]**t.**: „Ungewisser Tag – *Zestag*“ Teisendf LF HÜBNER Salzburg 159.– Wohl aus *des jenes Tages* o.ä.; SCHMELLER II,1065f.

SCHMELLER I,113 (änstag), 592, II,1066, 1159.

[**Zieh**]**t.** **1** wie →[*Ab-be-hüt*]*t.*: *Zöihtooch* „2. Februar … Neujahrs- und … Dreikönigstag“ BRAUN Gr.Wb. 928.– **2** wie →[*Wander*]*t.*2: *Ziechtag* „Tag, an dem ein Wohnungsumzug stattfindet“ Mchn.– **3** Tag, an dem ein Teich abgelassen wird: „der unterste Teich wird zuerst gezogen (*Ziehtag*)“ UNGER Teichwirtschaft 16.

WBÖ IV,454.

Mehrfachkomp.: [**Ab-zieh**]**t.** wie →[*Ab-be-hüt*]*t.*: *Ozöichto* „4. Februar“ Naabdemenrth NEW; *Oozöihtooch* BRAUN ebd. 446.

[**Um-zieher**]**t.** wie →[*Bächel(s)*]*t.*6: „Maria Lichtmeß … *Umziagadog*“ WILDFEUER Kchdf.Ld 7.

[**Zundel**]**t.** wie →[*Kar-sams*]*t.*: *Zundltag* „Karsamstag“ Tegernsee MB.

[**Zwickel**]**t.**: °*Zwickltog* „Werktag zwischen zwei Feiertagen“ Germannsdf WEG. A.S.H.

-tag, -tage(n)

Adv., nur in Komp.: †[**heuntigs**]**t.** heutzutage: *heuntigstag saan's froh drum* GUMPPENBERG Bergamseln 37.

WBÖ IV,140.

[**mitt**]**t.** mittags, OB, NB, OP vereinz.: *haint mittoch gits a Hian* Zuchering IN.

WBÖ IV,318.

Mehrfachkomp.: [**vor-mitt**]**t.** vormittags, °NB, OP vereinz.: *ön Oustatåg voumitåg* Rottal; *Vormittoch imma zeahna homs die Fensterlaa(d)n … zougmacht* SCHEMM Dees u.Sell 66; *On Moun-*

da wird Vormiddog a bisl garbed, Naomiddog danzt Bärnau TIR SCHÖNWERTH Leseb. 113; *daß sye nachmittag wider umbkhern, was sye vormittag handlen* Vilsbiburg 1643 HELM Obrigkeit 192.

WBÖ IV,322f.

– [**nach-mitt**]**t.** nachmittags, °OB, °NB, OP vereinz.: °*i mecht bei dir ånleitn, obd heid namittåg Zeit håst* Tölz; *stäiht die Sunn … aweng schreech wöi meistns naamittoch* SCHEMM Neie Deas-Gsch. 70; *daß … auf dem lande alle da^e nze um ein uhr nachmittag anfangen* Mchn 1781 WÜST Policey 170.

WBÖ IV,324f.

[**often**]**t.** manchmal, →*oft*.

[**werk**]**t.** werktags: *Weada und Sunda håt ar oan Gwand an* FEDERHOLZNER Wb.ndb.Mda. 244.

[**heu(n)t-zu**]**t.** heutzutage, °OB, NB, °OP, SCH vereinz.: *i kumm haitztåg mit main Gejd nimma draus* Ingolstadt; °*hainddsadoch iis ållas ånaschd* Windischeschenbach NEW; *mäijaras kamma heizadonga suwüisu niad valanga* LODES Huuza güi 35; *sich … heutzutag … ewiger straffen zu befarn* [auszusetzen] Neuburg 1568 WÜST Policey 620.

WBÖ IV,139. A.S.H.

Tagadin →*Terpentin*.

Tagalt, Zeitvertreib, Spiel, →[*Tag*]*alt*.

Taganari, Geschlechtsverkehr, →*Taconari*.

tageinen
Vb.: *tageina touts* jetzt wird's Tag! Wutschdf AM.

WBÖ IV,456. A.S.H.

Dagel, Dohle, →*Tahe*.

tägel
Adj.: „hell werden … *əs iš tẹ̄gl woərə*“ Rottenbuch SOG nach SBS X,649. A.S.H.

tägeln[1], nachlässig schreiben, →*täckeln*[1].

tägeln[2], **-a-**
Vb. **1** Tag werden, dämmern, °OB mehrf., °NB, OP vereinz.: °*es daagelet* O'ammergau GAP; °*steh af, es taglt scho* Metten DEG; *dàgln* ZEHETNER Hallertau 80.– Übertr.: °*es dogalat* „man versteht mich bald“ Fischbachau MB.
2 als Tagelöhner arbeiten, °OP vereinz.: °*dea göht dogln* Sulzbach-Rosenbg.

WBÖ IV,457.

Komp.: [**feier**]**t.** Feiertag werden, auf einen Feiertag zugehen, °OB, °NB, °OP vereinz.: °*es feiertaglt* Barbing R.

[**mitt**]**t. 1** Mittag werden, auf Mittag zugehen, °OB vielf., °NB, °OP mehrf., °MF, °SCH vereinz.: *Luggä, lins auf Bladdä* [Zifferblatt], *obs no net båid mittagld* Mchn; °*es mittoglt scho* Würding GRI; *mittågen tuats* „die Mittags-Essenszeit ist da“ FEDERHOLZNER Wb.ndb.Mda. 151.– **2** zu Mittag essen, °OB, °NB, °OP vereinz.: °*jetz däan ma mittoglan* Brunnen SOB; *Nach dem Mittagln schlaft er alle Tag* Altb.Heimatp. 7 (1955) Nr.21,7.

WBÖ IV,457.

[**sonn**]**t. 1** Sonntag werden, auf den Sonntag zugehen, °OB, °NB, °OP vereinz.: °*es sunntaglt scho* „am Samstagnachmittag“ Aidenbach VOF.– **2** ein Sonntagsmahl einnehmen, °OB vereinz.: °*heit tean ma bärig sonntagln* Weilhm.– **3**: °*sonntagln* „an einem Werktag nichts arbeiten“ Bayersoien SOG.

[**werk**]**t.**: °*werktagln* „Werktag werden“ Weilhm.

Mehrfachkomp.: [**ver-werk**]**t.**: °*bei dem wird alles gleich verwerktaglt* „er zieht seine neuen Kleider schon bald an Werktagen an“ Schongau. A.S.H.

tägeln[3], stehlen, →*täheln*.

†dagen
Vb., schweigen, still zuhören: *das ers in allein solt sagen, sy wollten all geren dagen* HAVICH St.Stephan 12,791f.

Etym.: Ahd. *dagên*, mhd. *dagen*, germ. Wort idg. Herkunft; WBÖ IV,457.

SCHMELLER I,492.– WBÖ IV,457.

Komp.: †[**ge**]**d. 1** dass.: *des soltu sweigen vnd stil gedagen* HAYDEN Salmon u.Markolf 331,

897.– **2** verschweigen: *ob ir des welt gedagen* Füetrer Trojanerkrieg 27,1.

Schmeller I,492.– WBÖ IV,458f.

Abl.: *-dagen.* A.S.H.

tagen, †-ä-
Vb. **1** Tag werden, dämmern, OB, NB, OP vereinz.: *es togt* Schnaitsee TS; „es fängt an *dsen dāgə* [Ef.]" Kissing FDB nach SBS X,654; *Inlucescat tage* Tegernsee MB 10./11.Jh. StSG. I,479,15; *Nu morgens alls es tagte* Füetrer Persibein 17,62.

2 eine Versammlung abhalten, verhandeln, OB, NB, OP vereinz.: *der Verein tågt* Hengersbg DEG; *Do tägtten sy mit Dem vom wolfstain* 1394 Stadtarch. Rgbg Cam. 3, fol.10[r]; *Dieweil er und die andern von frids wegen mit den Behamen tagten* Aventin V,202,8f. (Chron.).

3 †: „sprechen, plaudern, besonders im Geheim. *Wàs hàuts mitənan'ə' 'tákt?*" OP Schmeller I,594.

4 †jmdm einen Termin, eine Frist setzen: *so sol in der richter paiden tagen mit fronboten auf daz naechst taedinch* 1340 Stadtr.Mchn (Dirr) 334,16f.; *bracht in also lebendig mit im darvon in künig Ludwigs her … tägt in, schenket im ain gaul* Aventin V,436,2f. (Chron.).

5 †vorladen, prozessieren.– **5a** vorladen, vor Gericht bringen: *denn daz der kunig aber die herrn all tagt auf 8 tag geen Amberg* Mchn 1401 Chron.dt.St. XV,493,35-494,1.– **5b** †prozessieren, vor Gericht streiten: „Im Lammerwinkel … haben sie Hang zu Zänkereien und Prozessen (sie heißen es *Tägen*)" KÖZ Hazzi Aufschl. IV,1,295; *Taign, tagen* „Prozeß führen" [Ef.] Bay.Wald Zaupser Nachl. 40.– Auch: *`tagen* „streiten, zanken überhaupt" Bay.Wald Schmeller I,593f.

Etym.: Ahd. *tagên*, mhd. *tagen, tegen*, Abl. von →*Tag*; Kluge-Seebold 904.– In Bed.5 möglicherweise kontrahiert aus →*teidingen*; Frühnhd.Wb. II,1454 (austagen).

Schmeller I,593f.; Westenrieder Gloss. 575; Zaupser Nachl. 40.– WBÖ IV,459-462.

Komp.: †[**aushin**]**t.**: *Austágng, ə~ Sach au'i tágng* „so lange fortprocessieren, bis die Sache erledigt wird" Schmeller I,594.

Schmeller I,594.– WBÖ IV,464.

†[**be**]**t. 1** wie →*t.*5a: *die sol man betagen fur iren hern* Obb.Landr.1346 117; *Ob in … marggraf Albrecht nit … darzue komen wolt lassen und betägn* Aventin V,581,22f. (Chron.).– **2** einstweilen gegen Bürgschaft freilassen: *alle gevangen, die beidenthalben in dem chrieg betægt oder auzgenumen sint umb gůt* 1328 Rgbg.Urkb. I,312; *die eroberten oder nidergeworffne* [Übeltäter] *keins wegs betägen noch ledig lassen* Landr.1616 724.– **3** gebären: *von all weiplichen menschen auf erd nie ward so schöne frucht betaget* Füetrer Trojanerkrieg 64,184.– **4** zuteil werden, widerfahren: *ob mir petagt das haile, gerecht vnd stäte mynn* ders. Persibein 23,86.– **5** refl., sich besprechen: *Auf solich … Klag haben* [sie] *sich … in angedingten Rechten durch Iren Vorsprecher betacht* Rain ND 1480 MB XV,135.– **6** Part.Prät., betagt: *betagter Mann* „ein alter Mann" Westenrieder Gloss. 47.

Schmeller I,593f.; Westenrieder Gloss. 47.– WBÖ IV, 462f.

Mehrfachkomp.: †[**alt-be**]**tagt** Part.Prät., hochbetagt: *dannoch wollen altbetagte Hausleut sich nit dran kehren* Bayer.Barockpr. 223 (Christoph Selhamer).

†[**ver**]**t.** wie →*t.*5a: *Wo ainer auff clagers anru[o]effen eruordert vnnd vertägt wirdet* Passau 1536 Wüst Policey 268 (Gerichtsordnung).

Schmeller I,594; Westenrieder Gloss. 627.– WBÖ IV, 463f.

†[**für**]**t.** dass.: *der sol in darumb fůrtagen* 1340 Stadtr.Mchn (Dirr) 306,20.

Schmeller I,594.

[**mitt**]**t.** zu Mittag essen: *mittagn* Mchn.

WBÖ IV,464.

[**ver-weh**]**t.**: *vawęitan* „vor Schmerz vergehen … närrisch werden" Wintershf EIH nach Weber Eichstätt 66. A.S.H.

†-dagen
Konj., nur in: [**ge**]**d.** geschweige: *so ains ain veint hat es chumbt yn gar hart an das er yn nur an sol sechenn gedagen das er yem ettwas seins guts darczue gäb* Reichenhall 14./15.Jh. Clm 16515,fol.207[v].– Erstarrter Inf. von →[*ge*]*dagen*; WBÖ IV,458.

Schmeller I,492.– WBÖ IV,458f. A.S.H.

-tagen
Adj., nur in Komp.: [**all**]**t.** für den Alltag, Werktag geeignet, bestimmt: *a åldochas Fiada* Stadlern OVI.

[**feier**]**t.** für den Feiertag geeignet, bestimmt: *'s* [Ihr] *seids uns a feiertogener Gost* sö.OP Bayerld 3 (1892) 496.
WBÖ IV,459.

[**werken**]**t.** wie →[*all*]*t.*: *a werchatochanö Hosn* Stadlern OVI.
WBÖ IV,459. A.S.H.

Tager(er), -damer(er)
M., Tagelöhner, °OB, °OP, °MF vereinz.: °*er geht im Summer als Tagrer zu an Bauern* Bayersoien SOG.

Komp.: [**Mitt**]**t.**, †[**Mitten**]- **1** jmd, der als Gast zu Mittag ißt, °OB, °OP vereinz.: °*Mittagerer* „Handwerker, die im Haus arbeiten und ihr Mittagessen erhalten" Pemfling CHA.– **2** Mittagszeit, NB, OP vereinz.: *Midogara* „von 12 bis 15 Uhr" O'pfreimd NAB.– **3** †Meridian: *Der mittemtager ist ain kraiz, gend durch die hymelspitzen und durch unsern haubtpunct* KONRADvM Sphaera 28,12f.– **4** †: *Der Mittager* „altes bayr. 12 Kreuzerstück, das auf 11 Kreuzer herabgesetzt ist" SCHMELLER I,1691.
SCHMELLER I,1691.

†[**Sonn**]**t.** jmd, der nur sonntags Fleisch bekommt: *Die man sunntager heizzet, der git man nivr des sunntages vleisch* Pfründe Geisenfd 440.

[**Weh**]**t.** wehleidiger Mensch, °OB, °OP vereinz.: °*Wehdamerer* Rosenhm; °*des is so a Wäidåma* Pertolzhfn OVI. A.S.H.

-tagig, -ä-, -tägicht, -damig
Adj., nur in Komp.: [**ein**]**t.** eintägig: °*oadágö* Fischbachau MB; *ōətḗgəds hae* Peiting SOG nach SBS IX,2,275; *dise hat sich ... mit ... eindägiger wahlfarth dahin verlobet* 1736 Mirakelb. Aunkfn 126.

[**feier**]**t.** für den Feiertag geeignet, bestimmt, OP vereinz.: *a feiatogigi Huasn* Naabdemenrth NEW; *allas mächat s'Eine raschn* [sammeln] *In ihra feiadooche Daschn* SCHWÄGERL Dalust 121.
WBÖ IV,467.

[**sams**]**t.** jeden Samstag stattfindend, wiederkehrend: *die samsteriche Zeiting* SINGER Arzbg. Wb. 195; *bed dem bißherig Sambstägigen Traydtmarckht* Mchn 1731 G.M. GANDERSHOFER, Kurze chronologische Gesch. der Stadt Moosburg in Bayern, Landshut 1827, 138.

†[**siech**]**t.** krank: *Siechtägig* SCHÖNSLEDER Prompt. Dd6v.
SCHMELLER II,214.

[**über**]**t. 1**: °*übertagig* „vom Vortag" Grafing EBE.– **2**: °*iwadagig* „abgestanden, nicht mehr frisch, vom Essen, Futter" ebd.

[**weh**]**t.**, †[**wehe**]- **1** †wie →[*siech*]*t.*: *ob das Vieh ... wehetagig ... sei* Sulzbach 1794 VHO 52 (1900) 275.– **2** wehleidig: °*du wehdarmigs Gschöpf!* Brunnen SOB.

[**werk(en)**]**t. 1** für den Alltag, Werktag geeignet, bestimmt, OP vereinz.: *wakadochis Häm* Floß NEW.– **2**: °*die Werktagigen* „Arbeiter, die erst am Abend auf die Hochzeit kommen" Polling WM.
WBÖ IV,467. A.S.H.

-tagisch
Adj., in Komp.: [**all**]**t.** für den Alltag, Werktag geeignet, bestimmt: *Dös is maa alltoochischa Huasn* SINGER Arzbg.Wb. 19.
WBÖ IV,467.

[**feier**]**t.** für den Feiertag geeignet, bestimmt, dem Feiertag entsprechend: *a feiatogisch Füada* Naabdemenrth NEW; *Bin feiertogisch aufg'legt Im alten Werktogsgwandl* sö.OP Bayerld 3 (1892) 509.
WBÖ IV,467.

[**werken**]**t.** wie →[*all*]*t.*: *soll's Gwand feiatogisch oda wargatogisch sa?* Naabdemenrth NEW; *a werkatochischa und a sunntochischa Huasn* SCHEMM Neie Deas-Gsch. 130. A.S.H.

Tagler[1], **-ä-**
M., Tagelöhner, °MF mehrf., °OB, °NB, °OP, °SCH vereinz.: °*der tuat als Dogla arban* Burggriesbach BEI; °*Tochla* Thalmannsfd WUG; *Tögler* „Gelegenheitsarbeiter" BERTHOLD Fürther Wb. 232.

Komp.: [**Werk**]**t.** Arbeiter, der erst am Feierabend zur Hochzeit kommt, °sw.OB mehrf.: °*auf d'Nacht kemma d'Werkdogler auf d' Hochzeit* Peißenbg WM. A.S.H.

Tagler[2] → *[Tag]lohn.*

täglich, -a-

Adj. **1** täglich, Gesamtgeb. vereinz.: *öitz derf oins fråu sai ums tegla Bråud* Stadlern OVI; *Drum laoußt a tagle in Gebet: 'Gegrüaßt Maria' aus* Schuegraf Wäldler 76; *Diuturnum ... tacolihan* 8./9.Jh. StSG. I,106,17; *daz di levt tægelichen habent* Passau 1292 Corp.Urk. II,710,9f.; *Ein yeder richter sol taglich in das gasthaus sehen was von gesten vorhanden sei* Indersdf DAH 1493 BJV 1993,23.– †Phras. *t.s Tag(s)* tagtäglich: *tegli's Tàgs* „einen Tag wie den andern" Schmeller I,592; *hat grosen schmerzen schür degliches dag geliten ann pote grab* 1632 Haidenbucher Geschichtb. 85.
2 für den Alltag, Werktag geeignet, bestimmt, ä.Spr., in heutiger Mda. nur im Komp.: *Ich schaf, waz ich tåglichs gewandes hon ... das man das tail under mein ehalden* 1410 Runtingerb. III,63.
3 †am Tag, bei Tageslicht stattfindend: *der tegleich aufgank* KonradvM Sphaera 34,3.

Etym.: Ahd. *tagalîh, tago-*, mhd. *tegelich, tage-*, Abl. von → *Tag*; Pfeifer Et.Wb. 1407.

Schmeller I,592.– WBÖ IV,468-470.

Komp.: **[all]t. 1** tagtäglich, OB, OP vereinz.: *oidegli* Mchn; *Mit dem Gedanka leg i mi Olltägle af mei Bett'l hii* Schuegraf Wäldler 101.– **2** †wie → *t.*2: *Zween wägen, seind mit Iren altdeglichen Decken versechen* Mchn 1581 MJbBK 16 (1965) 142 (Inv.).

Schmeller I,1604 (aller-).– WBÖ IV,470.

†**[pfinz]t.** jeden Donnerstag stattfindend, wiederkehrend: *Pfleger soll ... sambt seinen Zugehörigen ... dem Umgang pfinzteglich ... beywohnen* Ambg 1660 JbfVK 21 (1998) 39.

[tag]t. wie → *[all]t.*1, NB vereinz.: *dågdeglö* Aicha PA.

WBÖ IV,470.

[feier]t. 1 für den Feiertag geeignet, bestimmt, OB, OP, SCH vereinz.: *feirtagli* Derching FDB; *Feüerdeglich zu begen. die aller heilligiste Muetter St: anna:* 1641 Haidenbucher Geschichtb. 141.– **2** an jedem Feiertag stattfindend, wiederkehrend, ä.Spr.: *aus lendtige krämer, die sich son- vnd feÿertäglich herein schleichen* Berchtesgaden 1691 Wüst Policey 341.

WBÖ IV,470f.

[fest]t. für den Festtag geeignet, bestimmt, dem Festtag entsprechend: *feschtagli* Kochel TÖL; *da solles Man Föstdeglich begehen* 1641 Haidenbucher ebd.

WBÖ IV,471.

[werk]t. 1 wie → *t.*2, OB, NB vereinz.: *ganz weagtäglö daheakemma* Simbach PAN; „13 Messbücher (davon sechs *werktägliche*)" Straubing 1802 A. Huber, Gesch. des Franziskanerklosters Straubing, Straubing 2006, 123.– **2**: °*die Werktäglichen* „Arbeiter, die ungeladen nach dem Abdanken zur Hochzeitsfeier kommen" Schongau.

WBÖ IV,471. A.S.H.

†**Tagner**

M., Tagelöhner: *Wolfel airwaiter sol w. umb Ch. den tagner* 1348 Rgbg.Urkb. I,761.

Etym.: Kontrahiert aus mhd. *tagewaner*; Spätma. Wortsch. 302. Grundw. wohl zu mhd. *winnen* 'sich abarbeiten' (→ *-winnen*); Frühnhd.Wb. V,74.

Schmeller II,917 (Tagwener). A.S.H.

tags, -tägs, -tagens, †tages

Adv. **1** tagsüber, bei Tag, ä.Spr., in heutiger Mda. nur in Phras. u. Komp.: *Swer den andern fv̊tert* [von einem anderen Futter holt]/ *tages oder nahtes* Rgbg 1281 Corp.Urk. I,411,35f. A; *bei so nachts als tags begebenten gefährlichen auflauff vnd romorn* Berchtesgaden 1691 Wüst Policey 350.– Phras.: *bo Tags* Hengersbg DEG.
2 in Phras.: *Tags darauf* [am darauffolgenden Tag] *Hornvieh- und Pferdemarkt* Königlich-Baier. Intelligenzbl. von Ingolstadt 20 (1821) 97.

Etym.: Mhd. *tages*, urspr. Gen. von → *Tag*; Duden Wb. 3846.

WBÖ IV,116f.

Komp.: **[zu-feier]t.** feiertags: *Futtern tut man wie z'Feiertägs und melken auch* Christ Werke 347 (Mathias Bichler); *z Feirtə's* „am Feyer-... tag" Schmeller II,1066.

Schmeller II,1066.

[vor]t. 1 vor Tagesanbruch, °OB, NB, °OP vereinz.: °*i bin heint scho vortogs affgschdandn* Wettstetten IN; *mia me-in tsmaa·kəšn* [morgens] *fǫatǫǫs tręšn* Schernfd EIH Weber Eichstätt 156; *das furthin alle neue eheleuth ... nit mer ... vortags jn die kirch zusamen gegeben* Neuburg 1568 Wüst Policey 647.– **2** plötzlich,

°OB vereinz.: °*bis i mi umschau, vodaks war's gschehn!* Inzell TS.

WBÖ IV,102.

[heu(n)tigen]t., [heu(n)tig(en)s]- heutzutage, °OB, NB, OP vereinz.: °*des brauchts heitintags alls nimma* Benediktbeuern TÖL; *D'rum hoaßt mar 's aa' no' heuntigs Tags Die übergoßn' Alm* KOBELL Ged. 231f.; *hẽdes-dǫgs* nach KOLLMER II,148; *Sein Leib hieher, wurde begraben, wie wir noch heuntigstags ihn haben* Steingaden SOG 1527 Die Inschriften des Lkr. Weilheim-Schongau, ges. u. bearb. von M. MERK, Wiesbaden 2012, 77,27f.

WBÖ IV,115, 139f.

[mitt]t., †[mittigs]- mittags, OB, OP, SCH vereinz.: *midogs is er kemma* Mchn; *SJe mitdistags von dem konige kerten* HAYDEN Salmon u.Markolf 357,1759.

WBÖ IV,318.

Mehrfachkomp.: **[vor-mitt]t.** vormittags, OB, OP, SCH vereinz.: *voamitochz woa ich dut* Kohlbg NEW; *khombt er des morgens vor mittags* Trostbg 1457 WÜST Policey 188.

WBÖ IV,322.

– **[zu-mitt]t.** wie →[*mitt*]*t.*: *z mitos is a khuma* Stadlern OVI; *bis man zu Mittags gegessen* Wunsiedel 1544 ZILS Handwerk 23.

WBÖ IV,318f.

[sonn]t. sonntags: *sunnta(r)s* Waldershf TIR BRAUN Gr.Wb. 638.

Mehrfachkomp.: **[zu-sonn]t.** dass.: *ts suntas* Kochel TÖL; *D·s Suntə's* „des Sonntags, d.h. am Sonntag" SCHMELLER II,297.

SCHMELLER II,297, 1066.– WBÖ IV,372.

[unter]t., [ünter]- wie →*t.*1, OB, NB, OP, SCH vereinz.: *inttadågs a Schlaffal måucha* Mittich GRI; *Wós ma-r untar Dógs dénkt, kumd óin z' Nàhts in' Drăm* Neuenhammer VOH SCHÖNWERTH Sprichw. 45; *zu Morgens ain Supp … zugeben, und under Tags den Knaben Prot genug* Burghsn AÖ 1509 OA 2 (1840) 435.

WBÖ IV,102f.

[zu-werk]t. werktags: *a Gwand af z'War*[ch]*das* „Alltagskleidung" Kochel TÖL; *z Wertə's* „am … Werk-…tag" SCHMELLER II,1066.

SCHMELLER II,1066.

[heu(n)t-zu]t. wie →[*heu(n)tigen*]*t.*, NB, OP vereinz.: *heutstags* Hengersbg DEG; *Wer heinzatoochs neat råffaniert iis, der bringt's za neks!* BRAUN Gr.Wb. 249; *Nix feit bei meini Buabn, wo's oft Heunz'tags weitmächti feit* EBERL Kräutl 2.

WBÖ IV,123, 139. A.S.H.

Tagung, †-tägung

F. **1** Versammlung, Zusammenkunft, OB, NB vereinz.: *Tagung* Passau.
2: *Tagung* „Gerichtsverhandlungstag" Mchn.

Komp.: **†[Aus]t.** wohl Auslöse aus Gefangenschaft od. gerichtlicher Verfolgung: „daß die verlangte *austågung* der J. der Stadt *merklichen zukůnftigen schaden* bringe" 1478 Urk.Juden Rgbg 149. A.S.H.

Tahe, Tach(t)en, -el, Tale, Dohle

F., M., N. **1** Vogel.– **1a** Dohle, v.a. Alpendohle, °Gesamtgeb. vielf.: °*Dache* „gelb- und rotschnäblige Alpendohle" Rosenhm; °*des Dowerl* Gögging KEH; °*Douhla* Thiershm WUN; *Dou gaggan … düi Dachala van Kiachasduan oara* LODES Huuza güi 27; *Monedula taha* Tegernsee MB 11.Jh. StSG. II,607,21; *gros haufen der storchen hätzen tahen … und cräen und dergleichen geflügl* AVENTIN V,485,6f. (Chron.); *Die Dulen lassen sich abrichten wie die Papagey* SELHAMER Tuba Rustica I,186.– Phras.: *schwarz wie ein(e) T.* tiefschwarz, OP vereinz.: *schwoaz wöi a Dacherl* Höll WÜM.– *Frech wia a Dachei* Neubeuern RO.– *Stehlen wie ein(e) T.* u.ä. °OB mehrf., °NB, °OP, °SCH vereinz.: *stöln wöi a Dogal* Etzenricht NEW; *Der Kerl stiehlt als wiar a Dache!* ILMBERGER Fibel 40.– *Stinken wie ein(e) T.* °OB, °NB, °OP vereinz.: °*du stinkst wia a Dåchal* Herrnwahlthann KEH.– *Jmdm haben die T.n das Hirn ausgesoffen / -gepeckt* u.ä. jmd ist dumm, geistig beschränkt, °OB mehrf., °NB, °OP, °MF vereinz.: °*dem Hitler ham d Dachee s Hirn ausgsuffa* Anzing EBE; °*dem ham a Dåchaln s Hirn auapeckt* Wiesenfdn BOG;– °*dem habn d Dachln ins Hirn gschissn* Hohenpeißenbg SOG;– °*dem ham Doochal ins Hirn einebröit* Pertolzhfn OVI;– °*den habm Dachl erwischt* „er hat nichts im Hirn" Thanning WOR.– °*Döi singt wöi a Docharl* „sie singt falsch" Wdmünchen.– Ortsneckerei: °*Duulä* „Spitzname für Thiersteiner [WUN]" Selb.– „Hochstätt (Rosenheim): *Dacheln*" BRONNER Schelmenb. 131.– „Schon-

stett (Wasserburg) *Dacheln*" ebd. 136.– **1b** Elster, °OP vielf., °OB mehrf., °NB, OF, MF vereinz.: *Dacha* Tüßling AÖ; *Dachala* Pursruck AM DWA IV,14.– **1c** Krähe, °OB, NB vereinz.: *der Dachl* Passau; *Cornicvla taha* Rgbg 11./12. Jh. StSG. III,464,32.– **1d**: °*a Dachei* „Rabe" Hohenschäftlarn WOR.
2 von Menschen.– **2a** Dieb, °OB, °OP vereinz.: °*Dächl* Kohlgrub GAP; *Der … is a rechta Doin … hat … immer Erdäpfel gestohln* Irschenbg MB Queri Bauernerotik 114.– †Auch habgieriger Mensch: *Pey der tahen versten ich die geytigen wůchrår, di … iren vleizz … auf gelt legent* KonradvM BdN 233,22f.– **2b** †: *Dachel* „ein dienstlos Herumirrender, hier und da schlachtender Mezger oder Kochknecht" Westenrieder Gloss. 95.– **2c** ungehobelter, unverschämter Mensch, °OB, °NB, °SCH vereinz.: °*so a Dachtn!* Gangkfn EG.– **2d** dummer, einfältiger, unbeholfener Mensch, v.a. Frau, °OP mehrf., °OB, °NB, °MF vereinz.: °*dös is a so a Dachä* Reichersbeuern TÖL; °*Daagl* „langsame, unbeholfene Frau" Braunrd ROD; *Dachtel* „ängstliche, blöde Person" Delling I,111; *Dochal* „beschränkte Frauensperson" Konrad nördl.Opf. 10.

Etym.: Ahd. *tâha*, mhd. *tâhe*, *tâle*, *-ô-*, *tâhele* swf., westgerm. Wort unklarer Herkunft; Kluge-Seebold 208.

Ltg, Formen: *dǭxα* u.ä. (BEI; EIH, HEB, HIP, WUG), *-ǫu-* (FÜ), *dǫχα* u.ä. (AIC, DAH, FFB, FS, WOR; EIH; FDB), vgl. Lg. § 27i3, *-αrα* (AM; MAK), *dǭx(α)n*, *-h-* (LF, RO, SOB, TS, WM), *dǫχn* (BUL), *dǭα* (MÜ, LF, TS; HEB, LAU), *dǭαn* (LF, MÜ, RO, TS), *dōwα*, *-αl* (KEH, KÖZ; CHA), ferner *dǭxl*, *-αl(α)* u.ä. OP (dazu BOG, KEH, MAI; EIH, HIP), auch *-ǫu-* (R, SUL), *daxl* u.ä. (LL; HIP), *dǭgαl* (SR; NEW), *dǫχtn* (MB; EG; FDB), *-l* (ROD; FDB), *dǫuχtl* (GRI), mit Uml. nach dem Dim. *dạ̄x(α)l*, *-e*, *-ai*, *-ę* u.ä. OB, NB (dazu RID, WÜM; EIH), auch *-g-* nördl.NB, OP (dazu AIC, IN; SR), *dạχtl* (MB), ferner *dūlα* (KEM, NEW, TIR; SEL, WUN; EIH), *-u-* (NEW; EIH), *-ō-* (AIC; EIH), *-ǫu-* (WUN), *dǫln* (HEB), daneben vereinz. ugs. *doln*, *doin* u.ä.

Delling I,110f.; Schmeller I,494, 598; Westenrieder Gloss. 95; Zaupser 20.– WBÖ IV,472-478, 484, V,139f.

Abl.: *täheln*, *taherln*.

Komp.: [**Berg**]**t.** Alpendohle, °OB mehrf., °NB, °OP, °MF, °SCH vereinz.: °*de Bergdachl san do, es wird boid schneibn* Lenggries TÖL.

WBÖ IV,478, V,140.

†[**Birg**]**t.** dass.: *Die Birgdáhhel* Schmeller I, 494; *die Birgdachl* Hübner Salzburg 866.– Zu →*Birg* 'Gebirge, Berg'.

Schmeller I,274, 494.– WBÖ IV,478.

[**Turm**]**t.**, [**Turn**]- Dohle, °OB, °NB, °OP vereinz.: *krachetzen konns wia a Turmdachl* Traunstein.

WBÖ IV,478.

[**Kirchen**]**t.** dass., in Phras.: °*stehln wia a Kirchadachl* Mühldf.

[**Stehl**]**t.** wie →*T.*2a: °*Stöhldocherl* „diebischer Mensch" Haselmühl AM.

[**Stein**]**t.** wie →*[Berg]t.*, °OB, °NB, °OP vereinz.: °*Stoadachö* Schönbrunn LA; „Kreisen die *Stoadachln* … um die Felstürme, so bleibt das Wetter gut" südl.OB HuV 15 (1937) 293.

WBÖ IV,478. M.S.

täheln, -a-

Vb., stehlen, °OB vielf., °NB, °SCH vereinz.: °*wia i mei Rall oamoi ned zuagschbehrd hob, hams mas dached* Stammham AÖ; *dagln* O'kreuzbg MAI; „daß ich … daran gedacht habe, ein Votivbild zu *dacheln*" Altb.Heimatp. 53 (2001) Nr.3,6.

Komp.: [**abhin**]**t. 1** dass.: °*abidachen* Ampfing MÜ.– **2**: °*wia da anda de Millionen obedached hod, do ham sa si olle mitanand schdaad ghoitn* „veruntreut, unterschlagen" Stammham AÖ.

[**be**]**t.**: °*bedachln* „ausschmieren, betrügen" Bayrischzell MB.

[**zu-sammen**]**t.** zusammenstehlen, °OB vereinz.: °*der hat si ganz sche was zsammdachlt* „heimlich beiseite geschafft" Schrobenhsn. M.S.

Dahen, -ent, Dahel, Ton

M., F. **1** Lehm: *Daa* Bonbruck VIB; *Doacha* Tirschenrth Oberpfalz 24 (1930) 229.– Auch: °*Dacha* „Morast" Ingolstadt.
2 Ton, Töpfererde, Gesamtgeb. vereinz.: *Doa* Binabiburg VIB; *Tōāl* „Hafnerton" Bauernfeind Nordopf. 148; „aus dem aufgeschwemmten, von *Thon*, *Leim* und Mergel gemischten Gehügel" Mering FDB Hazzi Aufschl. II,1,243; *daz uaz der dahen* Windbg.Ps. II,8; *Weine, die mit andern Sachen, als Tahen … Milch, Salz und Eyern temperirt und bereitet worden* 1450 Gemeiner Chron. III,188.
3 Graphit, Graphitmasse zum Eisenschwärzen, °NB vereinz.: *da Docher* „Ofenschwärze" Pas-

sau; „der Graphit (hier *Dacher* genannt)" O'nzell WEG Bavaria I,1046.

Etym.: Ahd. *dâha*, mhd. *dahe*, *t-* swf., germ. Wort idg. Herkunft; KLUGE-SEEBOLD 920.

Ltg, Formen: *dǭxa*, *-h-* u.ä. (IN; PA, WEG, WOS; TIR), *dǭxad* (TIR), *dǭxl* (PA, WEG), *dǭuhn* (WUN), ferner *dǭa*, *dǫa* u.ä. (AIC; GRI, LA, PA, VIB, VOF; WUN; LAU), *dā̃*, *dā̃* u.ä. (EG, VIB), *dǭ* u.ä. (WEG; RID), *dǭu* u.ä. (TIR; WUN), *-l* (WUN), *dǭal* (NEW, TIR; WUN); *dǭwa* (GRI, LA, VIB).

SCHMELLER I,597.– WBÖ IV,479-483.

Abl.: *dähe(r)n*, *dähig*.

Komp.: †[**Eisen**]**d.** wohl Mischung aus Graphit u. Ton: *ain sewl daz Haubt waz uon gold … der fuezz an ainen tail eysentachen* Ebersbg 1466 Cgm 414,fol.120r; „Graphit … mit Eisenocker gemengt, heißt … *Eisentogen* und wird … zu … Schmelztiegeln verarbeitet" GRI M. v.FLURL, Beschreibung der Gebirge von Baiern u. der oberen Pfalz, München 1792, 305.

SCHMELLER I,597.– WBÖ IV,483.

[**Herren**]**d.**: *Herrndoa*, *Herrndower* „Magerer Ton" GRASMANN Hafner Kröning 383.

[**Ofen**]**d.** Ofenschwärze: °*Oferdochl* Passau. M.S.

taherln

Vb., stehlen, °OP vereinz.: °*dea håut am Kiawastånd a Plätzl dåucherlt* Sulzbach-Rosenbg. M.S.

dähe(r)n, tönern

Adj., tönern, OF (WUN) vielf., OB, OP, MF vereinz.: *dachara Hofa* M'rrohrenstadt NM; *a dągas kriagl* nach KOLLMER II,79.

WBÖ IV,483f. M.S.

dähig

Adj., tönern: *e daaricha Tuapf* Lauterbach REH. M.S.

dähleln

Vb., schlafen (von kleinen Kindern): °*tua sche dallin!* Günzlhfn FFB. M.S.

dahlen

Vb. **1** undeutlich od. schwer verständlich sprechen: °*s Kind dallt* Pöcking STA; „stottern … *Dalen, Dahlen*" ZAUPSER Nachl. 15.

2 †sich kindisch benehmen: *Dalen* „thun / wie die kleine Kinder" J.C. WACK, [Toldot ve-aschkenazit], Regensburg 1713, 121.

Etym.: Onomat.; KLUGE-SEEBOLD 178.

DELLING I,112; HÄSSLEIN Nürnbg.Id. 55; SCHMELLER I,498.

Abl.: *dähleln*, *dahlern*, *Dahli*.

Komp.: [**hin-ein**]**d.** refl., sich hineinkuscheln, -schmiegen, °OB vereinz.: °*do hobi mi neidalt* „ins Bett" Hohenpeißenbg SOG.

[**da-her**]**d.** wie →*d.*1: °*der dalt daher* Schnaittenbach AM.

[**hin**]**d.** wie →[*hin-ein*]*d.*, °OB, °OP, °SCH vereinz.: °*er dallt si hi* Inzell TS. M.S.

dahlern

Vb. **1** sich einkuscheln, schlafen, kindersprl.: °*dua du schea dalan* Tandern AIC.

2: °*dea dalart lauta Unsinn* „faselt" Traidendf BUL.

Komp.: [**hin-an**]**d.** auch refl., wie →*d.*1, °OB vereinz.: °*tua di schea naodaian* Todtenweis AIC.

[**hin**]**d.** refl., dass., °OB vereinz.: °*jetz duast di schö hidalan* Brunnen SOB. M.S.

Dahli

M. **1** kindischer, naiver, einfältiger Mensch, NB, °OP, °SCH vereinz.: *Dalli* „läppischer Mensch" NAB; *dåle* „kindischer, geistig zurückgebliebener Mensch" nach KOLLMER II,80.

2: °*Dali* „Tollpatsch" Maushm PAR.

3: *dōli* „verrückter, unberechenbarer Mensch" DENZ Windisch-Eschenbach 120.– Auch: „Hundename" ebd.

4 in Phras.: *dåle ā̃ošlǭŋ* „Verstecken spielen" Adelzhsn AIC nach STÖR Region Mchn 895.

5 in Phras. *D. machen* schlafen (von kleinen Kindern), °OB vereinz.: °*tua Dalli macha!* Autenzell SOB. M.S.

daig

Adj. **1** hiesig, von hier, einheimisch, °OB mehrf., °NB, °OP vereinz.: °*war der a Doohiga oda a Zuazonga?* Stammham AÖ; °*dö dåinga Leit* Schaufling DEG; „Die Einheimischen … die *Daigen*" K.A. v.MÜLLER, Unterm weißblauen Himmel, Stuttgart 1952, 215.

2 mit best. Art. als Dem.pron., derjenige: *man sol ... chayn gnad ... beweysen den daygen dye vergezzn oder undänckper sind* Schliersee MB 1389 OEFELE I,379.

Etym.: Abl. von →*da*[1]; WBÖ IV,485.

SCHMELLER I,476.– WBÖ IV,485-488. A.R.R.

Daille →*Medaille.*

Taille

F. **1** Taille, Gürtellinie, °OB vereinz.: °„*Einbieg* oder *Einbug*, die Jugend sagt *Taille*" Mchn.– Phras.: *in Taille schneidn* „taillieren" ebd.
2 Teil der weiblichen Kleidung.– **2a** die Taille bedeckender Teil, OB, OP vereinz.: *Tåile* Kohlbg NEW.– **2b** geschnürtes Oberteil des Trachtenkleids, OB, NB vereinz.: *Dolje* Wasserburg.

Etym.: Aus frz. *taille*; KLUGE-SEEBOLD 904.

WBÖ IV,488. M.S.

Tailleur

M., Maßschneider: *Talleur* „in der Kundensprache" Rgbg.

Etym.: Aus frz. *tailleur*; Fremdwb. V,26. M.S.

Taja, Almhütte, Viehunterstand, →*Teie.*

-takeln

Vb., nur in Komp.: **[ab]t. 1**: °*abdackln* „abmontieren, abbauen" Tacherting TS.– **2** absetzen, aus der Stellung entfernen, °OB, °MF vereinz.: °*der is odacklt wourn* „hat seinen Posten verloren" Lauf; *ə˜n Beamt·n à'táck·ln* SCHMELLER I,583.– **3** übertreffen, besiegen: °*da Bläß hat an Fuchs abdacklt* „beim Rennen übertroffen" Ingolstadt.– **4** zurechtweisen, fertigmachen, beschimpfen, °OB, °OP vereinz.: °*odackln* Freudenbg AM.– Aus seemannssprl. *abtakeln* 'das Takelwerk entfernen', nd. Herkunft; KLUGE-SEEBOLD 904.

SCHMELLER I,583.– WBÖ IV,75.

[abher]t. 1 wie →*[ab]t.*4: °*obadackln* „ausschimpfen, abkanzeln" Zell REG.– **2** stehlen, unterschlagen: °*dös hab i mir abadacklt* „auf die Seite gebracht" Baumburg TS.

[abhin]t. 1 wie →*[ab]t.*2, °OB vereinz.: °*den hams vo sein Postn abidacklt* Erding; *Iətz is dər 'A'poleon àbitáck·lt* „hieß es im Jahre 1814" SCHMELLER I,583.– Auch unpers.: °*bei da letztn Woi hotsn owidagglt* „hat er verloren" Hzkchn MB.– **2** wie →*[ab]t.*3, °OB, °NB mehrf., °OP, °OF vereinz.: °*jetzt ham ma eich awedacket* „beim Kegelscheiben" U'föhring M; °*den dackli min Åltn owe* „steche ich mit dem Eichelober" Ursulapoppenricht AM.– **3** wie →*[ab]t.*4, °OB, °NB, °OP vereinz.: °*da Schef håtn gånz schöh åbödaklt* Wimm PAN.– Auch einschüchtern, °OB, °OP vereinz.: °*der lout si leicht oidackln* Kohlbg NEW.– **4**: °*oidackln* „bei anderen heruntermachen, verleumden" Utzenhfn NM.– **5** wie →*[abher]t.*2, °OB, °NB vereinz.: °*der hat ma mei Messa obidacklt* Moosthenning DGF.

SCHMELLER I,583.– WBÖ IV,75.

[auf]t. meist refl., zurechtmachen, sich auftakeln, °OB mehrf., °Restgeb. vereinz.: *auftaklte Hoar* auffallende Haartracht Kiefersfdn RO; °*dö hot si aufdacklt* M'rfels BOG; *Schau ner, wei dēs Mādla auftaklt is!* BERTHOLD Fürther Wb. 12.

WBÖ IV,75.

[ver-hoi]t., lächerlich machen, →*[ver]honackeln.* J.D.

Takt

M. **1** rhythmische Zeiteinheit eines Musikstücks, Tanzes, Arbeitsvorgangs, OB, NB vereinz.: *da Takt* „beim Getreidedreschen" Wasserburg; *I hob doch gsagt, dass I erst nach dem vierten Takt mit dem Singa anfang* Schwandf Oberpfälzer Heimatspiegel 26 (2002) 54.– Phras.: °*dea håud si niat asn Dagd bringa låua* „ließ sich nicht irritieren" Windischeschenbach NEW, ähnlich BRAUN Gr.Wb. 640.
2: *Takt* „feines Anstandsgefühl" Passau.

Etym.: Aus lat. *tactus* 'Berührung'; KLUGE-SEEBOLD 904.

WBÖ IV,489f. M.S.

takt

Adj. **1** zuverlässig, verläßlich, °OB vereinz.: °*aufn Irgl kossd de volassn, dea is daggd* G'holzhsn RO; *tākt* „pünktlich, in Ordnung" RASP Bgdn.Mda. 147.
2: *dákt* „tüchtig; fleißig" HEIGENHAUSER Reiterwinkerisch 7.

Etym.: Zu lat. *intactus* 'unberührt, unversehrt'; WBÖ IV,490.

WBÖ IV,490. M.S.

dal →*da*[1].

Tal
N., Tal, tiefer Einschnitt in der Erdoberfläche, °OB mehrf., °Restgeb. vereinz.: °*an Doi unt* Neufraunhfn VIB; °*håut åle Baim in Tool aasgrißn* Plößbg TIR; *de Wiesn en Toj ... herint han oamoj sched* [nur] *gmaht worn* KÖZ, VIT BJV 1954,202; *'s Tálé* M'nwd GAP SCHMELLER I,597; *dal* Aldersbach VOF 12.Jh. StSG. III, 262,58f.; *daz wir ... verchauffen ... vnser Grafschaft ... vnd swaz darzů gehöret · ez sei aigen oder lehen ... Perg oder Tal* Passau 1297 Corp. Urk. IV,43,23-27; *in den Bach/ der bey dem Berg in dem Thal vorbeylieffe* SELHAMER Tuba Rustica II,160.– Phras. *gen / zu T.* (steil) abwärts, bergab, °OP mehrf., OB, °NB, °MF vereinz.: *z Toi fåhrn* Chieming TS; *götoö komat dö öötn Roß a nå nåchå* Bischofsmais REG; *Schwaa gäiht's am Beach aaffi, gedohl gäiht's reat g'schwing* SCHWABENLÄNDER Woldnoo 119; *Der Pairisch wein fvert zu tal, der geit niht* [zahlt keinen Zoll] Abbach KEH um 1270 MB XXXVI, 1,524;– flußabwärts, OB, NB, OP vereinz.: *gedoi* Kreuzbg WOS;– nach unten allg.: *Na ... hot ma'n Spo ... a bißl getoi ... gricht, na hot er weider brunna* KÖZ BJV 1952,31; *wer der mag* [Magen] ... *glat, so glit daz ezzen ê der zeit ze tal* KONRADvM BdN 55,14f.; *den ... künig er durch den halsperg schlueg zer achsel ein zue tal ab gen den lenden* FÜETRER Trojanerkrieg 109, 403;– übertr. auf eine schlechte wirtschaftliche Situation zu, NB vereinz.: *seit da Bauer auf d Jagd geht, geht's mitn Bauernhof gedåj* Passau.– Häufig als u. in ON, Fln. u.ä., z.B. °*Tal* Mchn.

Etym.: Ahd., mhd. *tal* stn./m., germ. Wort wohl idg. Herkunft; KLUGE-SEEBOLD 904f.

SCHMELLER I,597.– WBÖ IV,491f.

Abl.: *Taler²*, *talern*.

Komp.: †[**Dämpf**]**t.**: *Dempftal* „scherzh., der Bauch" SCHMELLER I,511.– Zu →*dämpfen* 'schlemmen'.

SCHMELLER I,511.

[**Jammer**]**t. 1** Jammertal: *o Jammertal!* „Ausruf beim Seufzen" SINGER Arzbg.Wb. 112.– **2** weinerlicher Mensch, OB, NB vereinz.: *er is a Jåmertål* Wasserburg.

WBÖ IV,492.

[**Seß**]**t.**, Schiffsmitte, →*-stall*. M.S.

Dalake, Delle, Vertiefung, →*Dulke*.

-dalamentieren, †-mantschier-
Vb., nur im Komp.: [**ver**]**d. 1** †: *və'daləmántschiə'n* „heimlich verthun, bey Seite schaffen" SCHMELLER I,498.– **2**: °*wohi hostn de Papiere wieda vadalamentiert?* „verlegt, verschlampt" Stammham AÖ.– **3** verschleudern, vergeuden, °OB, NB vereinz.: *vodalamentiern* Metten DEG.

Etym.: Herkunft unklar.

SCHMELLER I,498f. M.S.

talang →[*tag*]*lang*.

Talar
M. **1** Sutane, OB, NB vereinz.: *im Talar gehn* Endlhsn WOR.
2: *Doiar* Kleidung der Brautjungfer Gallenbach AIC.

Etym.: Aus lat. *talaris*; KLUGE-SEEBOLD 905.

WBÖ IV,493. M.S.

Dalchtel
M., Grobian: *doichtl* „grober Mensch" KOLLMER II,89; *Der Doichtl* Bayr.Wald SCHMELLER I,487.

Etym.: Wohl Weiterbildung zu →*Dalk*; WBÖ IV,493.

SCHMELLER I,487.– WBÖ IV,493. M.S.

Dale, Delle, Vertiefung, →*Dalle*.

Tale, Dohle, →*Tahe*.

dalen →*dahlen*.

Talent
N., Talent, Begabung, °OB, °OP vereinz.: °*der hout a Talent* Schwend SUL; *Gleiseinbind'n, zu dem hamms Talent* FRIEDL Gsangl 102; *nach dem Talent, daß mir mein GOTT verliehen* HAGGER Kochb. I,Vorrede XX3ᵛ.– Phras. *dasitzen / schauen mit seinem T.* ratlos sein: °*göll, dåu schaust mit dein Dålend* „weißt du nicht mehr weiter" Windischeschenbach NEW; *dåusitz'n mit sein Tålent* BRAUN Gr.Wb. 641.

Etym.: Aus lat. *talentum* 'best. Gewichtseinheit, Summe Geldes'; PFEIFER Et.Wb. 1409.

WBÖ IV,494.

Abl.: *talentisch*. M.S.

talentisch
Adj., talentiert, begabt: *talentisch* Babenstein WS. M.S.

Taler[1]
M. **1** Taler, Münze, v.a. Dreimarkstück, °OB, °NB, °OP, °OF, °MF vereinz.: *Tåla* Anhängsel an der Uhrkette Aicha PA; *dåu homs Dola gfuna* Rieden AM; *sechs Tala nehma für a so a Glump, ja, schaamst di net?* DINGLER bair. Herz 113; *hat man Jedem ain daller gëben* 1609 HAIDENBUCHER Geschichtb. 8; *Spielleut seids kreuzwohlauf, Heut geht a Tola drauf* STURM Lieder 81.– Phras.: *der könnt die Stubn mit Thaler pflastern* „hat viel Geld" Mchn.– *Einem ein paar Taler auf die Augen legen* [jmdn mit Geld bestechen] WINKLER Heimatspr. 63.– *Wǫs hejffd-s, wann … d Laus àn Dalà gejdd und mà hǫd kõàne* „wenn etwas viel wert ist … und man hat ausgerechnet davon nichts" KAPS Welt d.Bauern 99.– Spiel: *„Ich schenk dir einen Taler, was kaufst du dir drum …* Frage- und Antwortspiel" Altenthann R Oberpfalz 63 (1975) 256.– Auch Fünfmarkstück, °OB, °NB, °OP vereinz.: °*Taler* „schön geputztes Fünfmarkstück als Taufgeschenk des Paten" Haarbach GRI; *Oamoi mit da Achtabahn fahrn kost an Tala* BINDER Bayr. 214.
2 übertr.– **2a** Messingscheibe am Pferdegeschirr, NB, OP vereinz.: *Dala* Neukchn KÖZ.– **2b** Wucherblume (Chrysanthemum Leucanthemum): *Taler* Margerite Vilseck AM.– **2c**: *Dala* Fettauge auf der Suppe Aicha PA.

Etym.: Kurzf. aus *Joachimsthaler Guldengroschen*, einer seit 1518 in Joachimsthal (Böhmen) geprägten Silbermünze; PFEIFER Et.Wb. 1409.

SCHMELLER I,597f.; WESTENRIEDER Gloss. 580.– WBÖ IV, 494f.

Komp.: [**Dar-an**]**t.** Geld für die Dienstboten beim Antritt einer Arbeitsstelle: *Dro'tala* „Geld auf Vorschuß für Dienstboten" JUDENMANN Opf.Wb. 45.

[**Erd-äpfel**]**t.** gebratene rohe Kartoffelscheibe, °OB, °NB vereinz.: °*dö Eröpfötala sand mia vui liaba ois dö Eröpföbazl* Wimm PAN.

[**Frauen-bild(lein)**]**t.** Silbermünze mit Marienbild, NB, OP vereinz.: *Frauabüldltola* Beratzhsn PAR; *„Ehtholer …* früher waren es meistens sog. *Frauabildlthola"* BEI Mitt.u.Umfr. 3 (1897) Nr.2,2.

WBÖ IV,495.

[**Ein-bind**]**t.** Silbermünze, die der Pate dem Täufling schenkt: °*Einbinddoller* „wurde dem Täufling ins Taufkissen eingebunden" Neunburg; „von dem Tage an, wo der *Göd* seinen *Einbindtaler* dem Täufling in die Windeln steckt" THOMA Werke VI,209 (Andreas Vöst).

[**Braut**]**t.**, [**-äu-**]- Münze als Verlobungsgeschenk des Bräutigams an die Braut, OB, °NB, °OP vereinz.: °*Brauttaler* „fünf glänzend geputzte Fünfmarktaler" Heilbrunn BOG; *1 Preitthaller mit 1 fl. 45 x* M'rfels BOG 1692 BJV 1962,212.

SCHMELLER I,371.– WBÖ IV,495.

[**Preußen**]**t.** best. Silbermünze, NB, °OP vereinz.: °*Breisntåler* „Firmgeschenk" Cham; *Wo hast denn dein Preußentaler?* THOMA Werke III,71.

WBÖ IV,495.

[**Tauf**]**t.** Silbermünze, die der Pate dem Täufling schenkt, °OB, °NB, °OP, °SCH vielf., °Restgeb. vereinz.: °*da Daafdåla von Daafgöd* Hirnsbg RO; °*an Dafdola eibindn* „ins Wickelkissen" Kchnthumbach ESB; „War der Täufling einmal erwachsen, würde der *Tauftaler* als *Schatztaler* an der Uhrkette oder am Miedergeschnür hängen" Chiemgau HAGER-HEYN Liab 107.

WBÖ IV,495f.

†[**Tölpel**]**t.** spanisch-burgundischer Philippstaler: *weil sie der Krumme nur außlachte und mit ihnen den Telppel-Thaler nit theilen wolte* 1695 MOSER-RATH Predigtmärlein 204.

SCHMELLER I,603.– WBÖ IV,496.

[**Toten**]**t.** wie →[*Tauf*]*t.*, °OP, °MF vereinz.: *da Duantoola* Taufmünze Naabdemenrth NEW.– Zu → *Tote* 'Pate'.

[**Ehe**]**t.** wie →[*Braut*]*t.*, OP mehrf., OB, NB vereinz.: *Öidoller* „bekommt die Braut, wenn sie ihr Ja-Wort gegeben hat" Wdsassen TIR; „Das Drangeld besteht in den sogenannten *Ehethalern*, meistentheils *Frauenbild-Thalern*, in ungerader Zahl, wenigstens zu drey Stücken" SCHÖNWERTH Opf. I,56.– Auch als Verlobungsgeschenk der Braut an den Bräutigam, OB, OP vereinz.: *Ehetaler* „die Braut ließ sich den Taler als Brosche einfassen, der Bräutigam trug ihn an der Uhrkette" Hfhegnenbg FFB.

WBÖ IV,496.

[**Firm**]**t.** Silbermünze, die der Pate dem Firmling schenkt, °OB, °NB, °OP vielf., °SCH mehrf., °MF vereinz.: °*Firmtåla* „kommt bei den Mädchen ans Miedergeschirr" Parsbg MB; „Das Firmgeschenk ... ist ein Gebetbuch gewesen, ein Rosenkranz und ein *suiberner Firmtaler*" HALLER Dismas 29.

†[**Vogel**]**t.** wohl preußischer Vereinstaler: „sogenannte *Voglthaler*, auf welche ... der Preußenvogel mit ausgespannten Flügeln geprägt ist" SR SCHLICHT Bayer.Ld 352.

[**Frauen**]**t.** wie →[*Frauen-bild(lein)*]*t.*, °OB, NB, °OP vereinz.: *Frauntåla* „Anhängsel an der Uhrkette" Hohenpeißenbg SOG; „Das wickelt sie samt einem *Frauentaler* in ein linnenes Tüchlein" CHRIST Werke 520 (Rumplhanni).

SCHMELLER I,802.– WBÖ IV,496.

[**Georgs**]**t.**, [**Georgi**]-, [**Girgen**]-, [**Girgs**]-, [**Girgi**]-, [**Jörges**]- Silbermünze mit dem Bild des hl. Georg, OB mehrf., NB, OP, OF vereinz.: *Gerchitala* „an der Uhrkette" Passau; *Giagntoola* „Hochzeitsgeschenk des Bräutigams, von der Braut als Brosche verwendet" Beratzhsn PAR; „*Georgi-Thaler* ... Soldaten-Amulett" OB Bz Anthr. 13 (1899) 90.

WBÖ IV,496.

[**Göten**]**t.**, [**-o-**]- wie →[*Tauf*]*t.*, °OB, NB vereinz.: *Gedndåja* Aspertsham MÜ; *Da hast dein Gödentaler* STEMPLINGER Obb.Märchen I,11.– Zu →*Göte* / →*Gote* 'Pate'.

WBÖ IV,496.

[**Häftel**]**t.**, [**Haft**]- **1** wie →[*Dar-an*]*t.*, °OB, °NB, °OP vereinz.: °*Hafteltaler* „Drangeld für die Dienstboten" Gögging KEH.– **2** wie →[*Braut*]*t.*, °OB, °OP vereinz.: „früher wurden der Braut bei der Verlobung ein bis zwei Dutzend *Haftltaler* (meistens *Marienthaler*) gegeben" Rdnburg.

WBÖ IV,496.

[**Heirats**]**t.** wie →[*Braut*]*t.*, OB, NB, °MF vereinz.: *Häratzdalla* „Taler, den der Bräutigam der Braut schenkt" Zandt KÖZ.

[**Jörges**]**t.** →[*Georgs*]*t.*

[**Judas**]**t. 1**: °*Judastaler* „unredlich angeeignetes Geld" Schwandf.– **2** Samen, Pfln.– **2a** Samen des Klappertopfs: °*Judastaler* Mantel NEW; „die scheibenförmigen Samen vom Klappertopf ... *die Judastaler*" Traunstein MARZELL Himmelsbrot 24.– **2b** Stumpfes Silberblatt (Lunaria annua), °OB, °NB, °OP vereinz.: °*Judastaler* Michelsneukchn ROD.

[**Kron(en)**]**t.** best. Silbermünze, OB, NB, OP vereinz.: *a Kranatåöa* „2 Gulden 42 Kreuzer" Burghsn AÖ; „Für einen Büschel auf seinen Hut hat er einen *Kronenthaler*, aber für meine Pfarrkirche ... blos elendige drei *Sechser*!" NB SCHLICHT Bayer.Ld 346.– Phras.: *dea kannt Kronatala mit Scheffi messn* „ist wohlhabend" Ingolstadt.– Schnaderhüpfel: *Solang möcht i allaweil Auf der Welt da no bleibn, Bis 's Spitzbuabn taat regna Und Kronentaler schneibn* STEMPLINGER Altbayern 52.

SCHMELLER I,1373.– WBÖ IV,497.

[**Kuh**]**t.** Kuhfladen, °NB vereinz.: °*Kuataler* Pleinting VOF.

WBÖ IV,497.

[**Marien**]**t.** wie →[*Frauen-bild(lein)*]*t.*, °OB, °OP vereinz.: °*Marientaler* „vom Paten dem Taufkind ins Taufkissen gebunden" Ambg; „Knöpfe an Rock und Weste ... *Marientaler*" SCHLAPPINGER Niederbayer II,39.

†[**Reichs**]**t.** Reichstaler: *Diser Altar ... so angenommen worden pr. 1186 Reichsthaller* 1633 PIENDL St.Emmeram 126.

[**Rüssel**]**t.** Silbermünze mit dem Bild Kaiser Leopolds I.: *Rüassltåla* Reisbach DGF; „der *Rüsseltaler* ... die berühmte Habsburger Lippe ... tritt dabei besonders auffällig hervor" STEMPLINGER Altbayern 52.

[**(Ge-)Schau**]**t.** Münze, die der Bräutigam nach dem Besichtigen des künftigen Besitzes der Braut schenkt, °OB, °NB, °OP vereinz.: °*Schautaler* Eiting MÜ.– Auch: „wenn Brautführer und Kränzeljungfrau die Braut abholen, reicht ihr der Brautführer den *Schautaler*" Kirn PA.

Mehrfachkomp.: [**Be-schau**]**t.** dass.: °*Bschautaler* Verlobungsgabe Weilhm.

[**Silber**]**t. 1** wohl wie →*T.*1, °OB, °NB vereinz.: °*Silbertaler* „Patengeschenk, das als Andenken aufgehoben wurde" SR; *De Suibatåla ... Muass zöin, obs schdimma* ENDE Goggolori 115.– **2** wie →[*Judas*]*t.*2b: °*Silbertaler* „Gartenblume mit silbrigen Blättern" Kemnath. M.S.

Taler[2]
M.: °*Toija* „Talbewohner" Nußdf RO.
WBÖ IV,498. M.S.

Taler[3] → *Teller*.

[Seß]taler, Schiffsführer, → *-staller*.

Däler(l) → *Medaille*.

talern, -ä-
Vb., einen Abhang hinuntergleiten lassen, °OB, °NB vereinz.: °*Hoiz tälern* Thanning WOR; °*dåjan* „einen runden Gegenstand hinabrollen lassen" Dengl GRI. M.S.

dalest, endlich, zu guter Letzt, → *[da]letzt*.

Dalfe
F., schwatzhafte Frau, °NB, °OP vereinz.: °*dös is an alte Dalfm* Eslarn VOH. M.S.

dalfeln, -el-
Vb., undeutlich od. schwer verständlich sprechen, °OB, °NB, °SCH vereinz.: °*wos doifitst scho wieda?* Geisenfd PAF.
WBÖ IV,1444. M.S.

dalfen, -el-
Vb., undeutlich od. schwer verständlich sprechen, °NB, °OP, MF vereinz.: °*deifn* Kelhm; *Delfen* „mit der Zunge anstosen" Hässlein Nürnbg.Id. 56.
Etym.: Wohl onomat.; WBÖ IV,500.
Hässlein Nürnbg.Id. 56.– WBÖ IV,500, 1444.

Abl.: *Dalfe, dalfeln, Dalfer, -dalfer, Dalferei, Dalferer, Dalferin, dalfern*. M.S.

Dalfer, -el-
F. **1** schwatzhafte Frau, °OB, °OP vereinz.: °*des is a so a Doifan* Bganger EBE.
2 weibliche Person, die undeutlich od. schwer verständlich spricht: °*Dalfern* „Frau mit Sprachfehler" Treidling ROD; *doivan* nach Kollmer II,89.
3 Nörglerin: *dolvan* nach ebd.
WBÖ IV,500. M.S.

-dalfer, -el-
N., nur in: **[Ge]d.** Geschwätz, dummes Gerede, °OB, °OP vereinz.: °*der hat nimmer aufghört mit seim Gedelfer* Reichenhall. M.S.

Dalferei
F. **1** Geschwätz, dummes Gerede: °*mir is scho ganz zwida worn, dem sei Doiferei!* Perchting STA.
2: °*Dalferei* Geschimpfe, Geschrei Ensdf AM. M.S.

Dalferer, -el-, Delferner
M. **1** jmd, der undeutlich od. schwer verständlich spricht, °OP vielf., °OB, °NB mehrf., °MF, °SCH vereinz.: °*der Dåiferer bringt pFotzn wieder net gscheit auf* Wiesenfdn BOG; °*dös is a alter Dalferer* „redet stockend und etwas stotternd" Ambg; *dalvara* „einer, der schnell und schlecht spricht" nach Schweizer Dießner Wb. 197.
2 Mensch mit feuchter Aussprache, °OB, °OF vereinz.: °*Doiferer* Ebersbg.
3 Schwätzer, °OB, °NB, °OP, °SCH vereinz.: *so a Dalferer!* Manching IN.
4 Nörgler, °OB, °NB, °OP, °MF vereinz.: °*der is a rechta Dolfera* Wald ROD; *a so an oita doivara* nach Kollmer II,89.
5: °*Dalferer* „unbeholfener Mensch" Aicha SUL.
Delling I,112.– WBÖ IV,500. M.S.

Dalferin
F., schwatzhafte Frau, °OB, °NB, °OP vereinz.: °*Doiferen* Dachau. M.S.

dalfern, -el-
Vb. **1** undeutlich od. schwer verständlich sprechen, °OP vielf., °NB mehrf., °OB, °MF, °SCH vereinz.: °*der duifat a so* Günzlhfn FFB; °*der deifat scho ganz sche* „ein Betrunkener" Marching KEH; *Dalfern* „mit heräbhangenden [sic] Lippen unvernehmlich sprechen" Westenrieder Gloss. 96; *dolfern* „stottern" Zaupser Nachl. 14f.– †Auch: *dalfern* „verächtlich: sprechen" Schmeller I,504.
2 beim Sprechen Speichel verspritzen, °NB, °OF vereinz.: °*der dalfert wieder* „feuchte Aussprache" Schönbrunn LA; *dolfern* „Im Reden den andern begeifern, ihm den Speichel ins Gesicht spritzen" Zaupser ebd.
3 viel reden, schwätzen, °OB, °NB, °OP vereinz.: °*doifan* Ismaning M.

4 Unmut äußern, nörgeln, °OB, °NB vereinz.: °*doifern* „stänkern" Rimbach KÖZ; *Dea doivad … åwe a so voat* nach KOLLMER II,384.

DELLING I,112; SCHMELLER I,504; WESTENRIEDER Gloss. 96; ZAUPSER Nachl. 14f.– WBÖ IV,500f., 1444.

Komp.: [**an**]**d.** anfaseln, anquatschen: °*der Kerl doifat mi o, vostana hob i nix, wosa gsågt hot* Pörnbach PAF; *Gä, dalfer mi ned o … !* MM 4./5.12.1999, J2.

[**da-her**]**d. 1** wie →*d.*1, °OB, °NB, °OP, °MF, °SCH vereinz.: °*dea doafat daher, wia wenna Zung net hem kannt* Ruhstorf GRI.– **2** wie →*d.*3, °OB, °OP vereinz.: °*der hout so an Schmarrn daherdalfert* Waidhs VOH.

[**nach**]**d.**: °*noudalfern* nachmaulen Parsbg. M.S.

Talg

M., Talg, festes Tierfett, °OB, °NB, °OP, MF, SCH vereinz.: *Toig* U'neukchn AÖ; °*Talg* „für Kerzen verwendet" Schnaittenbach AM; *Talg* „Unschlitt" WESTENRIEDER Gloss. 577.

Etym.: Aus nd. *talch*; KLUGE-SEEBOLD 905.

WESTENRIEDER Gloss. 577.– WBÖ IV,501.

Komp.: [**Hirsch**]**t.** Hirschtalg, OB, NB, OP, SCH vereinz.: *da Hiaschdåig* „Mittel gegen Hautwolf" Mittich GRI.

WBÖ IV,501.

[**Rinds**]**t.**, [**Rinder**]- Rindstalg, °OB, °OP vereinz.: °*Rindertalg* Aicha SUL; *Rindstalg* [4]ZEHETNER Bair.Dt. 288. M.S.

†Talier, Tai-

N. **1** textile Schnittware: *Ez sol … niemant mit tayliern noch mit chramgewant … vor der kirchen sten* 1333 Stadtr.Mchn (DIRR) 457,22-24.
2 Teller, Platte: *Im sullen auch dieselben Kirchpröbst … geben … drey schilling Müncher phening aus den Stöcken vnd von der Sambung* [Sammlung] *auf das Talier* Mchn 1437 MB XIX,411.

Etym.: Mhd. *talier* stn., Abl. von →*talieren*. M.S.

†Talier(er)

M., Stoffhändler: *von allen Gwandtschneidern … und Taliern zue Landsperg* Landsbg 1386 LORI Lechrain II,84.

SCHMELLER I,598. M.S.

talieren

Vb. **1** †: *talieren, umhertalieren* „müßig gehen, herumgehen" Bay.Wald SCHMELLER I,598.
2 gestikulierend reden: *taliern* Naabdemenrth NEW; *dalian* nach DENZ Windisch-Eschenbach 266.

Etym.: Aus ital. *tagliare* 'schneiden'; vgl. Frühnhd. Wb. V,100.

SCHMELLER I,598.

Abl.: *Talier, Talier(er)*. M.S.

Dalk, -en, -el-

M. **1** ungeschickter, dummer, alberner Mensch.– **1a** ungeschickter, unbeholfener Mensch, °OB mehrf., °NB, °OP vereinz.: °*der Dalk bringt des doch net zamm!* Ingolstadt; *Talkn, du druckst mir ja dös ganz Fenster ein* ANGERER Göll 183; *a Talkerl* ZAUPSER 76.– Auch: °*unsa gloans Dalkerl* „Kosename für Kinder" Ingolstadt.– **1b** dummer, einfältiger Mensch, °OB, °NB mehrf., °OP, °OF vereinz.: °*mit dem Doikal kann as ja macha* Ainau PAF; °*Doigg* „einfältiger, allzu gutmütiger Mensch" Simbach PAN; *d'Leut soll'n net sag'n, daß der jung Reutbauer a Dalk is* MEIER Werke I,49 (Elend); „Blödsinnige … *Dalken*" OP um 1800 VHO 52 (1900) 246.– **1c** alberner, kindischer Mensch, °OB, °NB mehrf., °OP, °SCH vereinz.: *Doikal* Erwachsener, der sich kindisch benimmt Hengersbg DEG.– **1d** Mensch mit Sprachfehler, °OB, NB, °OP vereinz.: °*reddn wiara Daikei* unverständlich reden Taching LF.
2 Ungelenkes, Mißgebildetes, Verkümmertes.– **2a** ungelenkes, steifes Körperglied, °NB vereinz.: °*i håb heut lauta Dåikn an meine Händ* „steife Finger" Malching GRI.– **2b** mißgestaltetes Körperteil, Lebewesen, °OB, °NB vereinz.: *Dalk* „Krüppel" Röhrnbach WOS; *Dalkn* „Mißbildungen" LAUTENBACHER Ged. [129].– **2c** verkümmerte Frucht, °OB, °NB, °OP vereinz.: °*heuer is a schlechts Zwetschgnjåhr, die Hälft hänga nur Dålkn drån* SR.– **2d**: *Talk* der kleine Brotlaib aus dem Teigrest Hshm NM.
3 Beschädigtes, Mißlungenes.– **3a** Beschädigtes, °OB, °OP vereinz.: °*der faule Dalkn* „faule Kartoffel" Eslarn VOH.– **3b** Mißlungenes, °OB, °NB, °OP vereinz.: °*Dalkn* „verpfuschte Schuhe" Neukchn KÖZ.– Auch: *an Dålkn mocha* einen Fehler machen Stein TIR.
4 Beschädigung, Krankheit.– **4a**: „Fallfleck am Apfel … *dålgan*" Vorra HEB nach SMF VIII,103.– **4b** Pilzkrankheit der Zwetschge: °*die Zwetschga hobn an Tålk* Cham.

5 Teiges.– **5a** teigige Masse allg., °OB, °NB, OP vereinz.: °*Doikn* Julbach PAN; *Dåigg'n* „Futterbrei für Kälber (Leinmehl, Kleie angerührt)" SOJER Ruhpoldinger Mda. 9.– **5b** spundiges Brot, Gebäck, zu teigig geratene Mehlspeise, °OB, °NB, °OP, °OF vereinz.: °*dös han lauter Talgn* „verunglückte Brotlaibe" Fronau ROD; *D· Nudln sán'ə˜ lautərə' Dàlkng worn* SCHMELLER I,505; *Dalk* „mißratenes Gebäck" SINGER Arzbg.Wb. 49.– Phras.: *Aus dèrə' Pastêt·n wird ə˜ Dàlkng* „daraus wird nichts, das gelingt nicht" SCHMELLER ebd.– *Si sán'aə˜ Herz und aə˜ Dàlkng* „die innigsten Freunde" ebd.
6: *Deine Doikn* „dein Busen" HELM Mda.Bgdn. Ld 56.

Etym.: Wohl aus mhd. *talke* swm. 'klebrige Masse'; WBÖ IV,502.

DELLING I,112; HÄSSLEIN Nürnbg.Id. 55; PRASCH 24; SCHMELLER I,505; WESTENRIEDER Gloss. 577; ZAUPSER 76.– WBÖ IV,502-504, 1446.

Abl.: *dalk, Dalke*[1], *dalkeln, dalken, Dalker(er), Dalkerei, Dalkerling, dalkern, dalketzen, Dalketzer, dalkicht.*

Komp.: [**Zwetschgen**]**d.** wie →*D.*4b: °*Zwetschgndalk* Ingolstadt. M.S.

dalk
Adj.: *doik* „ungeschickt, unbeholfen" KOLLMER II,89. M.S.

Dalke[1]
F. **1**: °*Doojggn* „unbeholfene, dumme Frau" Wasserburg.
2: °*die Dalk* „eine kleine, runde Zwetschgenart mit großem Stein" Gangkfn EG.

WBÖ IV,504. M.S.

Dalke[2], Delle, Vertiefung, →*Dulke*.

dalkeln, -el-
Vb. **1**: *talkeln* „sich ungeschickt benehmen" KILGERT Gloss.Ratisbonense 162.
2: *doikln* „taumeln" Unterer Bay.Wald KOLLMER II,323.
3: *talkeln* „Späße treiben, die andere wenig amüsieren" KILGERT ebd.
4 reden.– **4a** undeutlich od. schwer verständlich sprechen, °OB, NB vereinz.: °*der hot bloß a bißl doikln kinna* Schrobenhsn.– **4b**: *talkeln* „Unsinn reden" KILGERT ebd.

WBÖ IV,505.

Komp.: [**um-ein-ander**]**d.** herumprobieren, °OB vereinz.: °*der döiket umanand und bringt do nix fertig* Halfing RO.

[**ver**]**d.**: °„ein Werkstück *vertoiglt*, ruiniert, kaputtgemacht" Ruhmannsdf WEG.

[**da-hin**]**d.**: *dahidåikln* „ungelenk gehen" Mittich GRI.

[**zu-sammen**]**d.**: °*dea dåigld wos zamm* unleserlich schreiben, schmieren Wildenroth FFB. M.S.

Dalken
M., kleines in Fett gebackenes Hefegebäck, meist mit Marmelade gefüllt, OB, NB, OP vereinz.: *da Doign* rund, mit Grübchen in der Mitte Staudach (Achental) TS; „und gibt dann mit einem Löffel die *Dalken* (runde Nudeln) in heißes Fett" Altb.Heimatp. 45 (1993) Nr.46,17.– Auch in Phras. *böhmischer D.* NB, °OP vereinz.: *böimisch Dalkng* „mit gekochter gezuckerter Milch übergossen" Naabdemenrth NEW; „Von den übrigen Schmalzbäckereien ... nenne ich ... den *böhmischen Dalken* mit *Powidl*" STEMPLINGER Altbayern 77f.

Etym.: Aus tschech. *(v)dolek*, Pl. *(v)dolky*; WBÖ IV, 505. Anders DUDEN Wb. 742.

SCHMELLER I,505.– WBÖ IV,505.

Komp.: [**Röhren**]**d.**: „*Nè Miebè becht mè Rèih*[r]*ndalkn* ... teigige Speise von Kartoffeln und Mehl" VOGT Sechsämter 17. M.S.

dalken, -ol-, -el-, -ul-
Vb. **1** ungeschickt sein, sich ungeschickt anstellen, NB vereinz.: *dåiggn* „etwas ungeschickt machen" Reisbach DGF; *Dalken* „etwas ungeschickt verrichten" DELLING I,112.
2 reden.– **2a** undeutlich od. schwer verständlich sprechen, °OB mehrf., °NB vereinz.: °*doigg doch it* [nicht] *aso, da vasteht ma ja nix!* Hzhsn WOR; „im Redefluß nicht recht fortkommen ... *er håut scho(n hü(b)sch gredt, oowa-r-a påa(r)måål håut a duu(ch dålkt*" BRAUN Gr.Wb. 82; *Dulken* „mit überschnappendem Schlund sprechen, oder die Worte heraus stossen, stottern" WESTENRIEDER Gloss. 113; *dalckt mit der Zung* Landstreicherord. 16.– †Auch: *dalken, dolken, dulken* „verächtlich: sprechen überhaupt" SCHMELLER I,505.– **2b** †: *dalken, dolken, dulken* „im Sprechen den Speichel von sich spritzen" ebd.– **2c** dummes Zeug reden,

°OB, °NB vereinz.: °*der däukt wiare ABC-Schütz* Metten DEG; *dalken* „ungeschickt, läppisch daherreden" [4]Zehetner Bair.Dt. 89.
3: °*doign* unleserlich schreiben, schmieren Prutting RO.

Delling I,112, 139f.; Schmeller I,505; Westenrieder Gloss. 113; Zaupser 76.– WBÖ IV,507.

Komp.: [**um-ein-ander**]**d.** **1** herumprobieren, -murksen, °OB, °NB, °OP, °MF vereinz.: °*was doikst denn umanand, daßt nit firti werscht!* Fischbachau MB.– **2** herumalbern, ausgelassen sein, °OB, °NB vereinz.: °*umanadadoikn* „herumtollen" Ampfing MÜ; *etzat spial auf Schorschl und laß dös Umanandtalgen mit da Lisl sei* Kroher Ache 418.– **3** herumtorkeln, schwankend gehen, °NB, °OP vereinz.: °*der is umananderdalkt* Aicha SUL.

†[**einhin**]**d.** hineintaumeln: *Dee Muckerl in d' Faderln* [Spinnwebe] *Talken s' eini wia blind* Pangkofer Ged.altb.Mda. 42.

[**ver**]**d.** **1** verpfuschen, vermurksen, °OB, °NB, °OP vereinz.: °*paß auf, daßd s Essn ned sauba vadoikst* Fischbachau MB; °*durch dej Gschicht hot er se sei ganz Lem verdålkt* Maxhütte BUL; *Da ko'ma'si'irr'n, Und verdalkt's oft gar sauber* Kobell Schnadahüpfln 87.– **2** verschmieren, verschmutzen: *vadeigt* fleckig, schmutzig Hengersbg DEG; *verdalken* Schmeller I,505.– **3** Part.Prät., spundig, °OB, °NB, °OP vereinz.: °*der Brotloab is da vielleicht vodelkt* Taching LF.

Schmeller I,505.– WBÖ IV,507f.

[**um**]**d.** **1** wie →[*um-ein-ander*]*d.*1: *umdalkn* endlos herumprobieren Froschau WEG.– **2** wie →[*um-ein-ander*]*d.*2: °*umdalkn* „sich gegenseitig necken und kitzeln" Passau.

WBÖ IV,508.

Mehrfachkomp.: [**her-um**]**d.** **1** wie →[*um-ein-ander*]*d.*1: °*wie lang dalkst denn no rum?* Endlhsn WOR; *du dalkest da lang herum, bis du einmal fertig wirst* Delling I,112.– **2** wie →[*um-ein-ander*]*d.*3: °*a jungs Kalb dalkt herum* „ist noch schlecht auf den Beinen" Pauluszell VIB.– **3**: °*der dalkt rum* „sucht tastend nach etwas" O'högl BGD.

Delling I,112.– WBÖ IV,508. M.S.

Dalker(er)

M. **1**: *Dalga* Murkser, Pfuscher Türkenfd FFB.

2 Mensch mit Sprachfehler, °OB, °NB vereinz.: °*Doikara* Bodenmais REG; *a doika* Train KEH nach SNiB II,272.

WBÖ IV,508. M.S.

Dalkerei

F. **1** Murkserei, Pfuscherei: *macht da dia a Dalgarei in da Kuchl!* Staudach (Achental) TS; *Dålkerei* „ungeschicktes Tun" Braun Gr.Wb. 82.
2: *Toökarai* „undeutliches Sprechen" Aicha PA.
3 Geschwätz, dummes Gerede: °*hör dei Dalkerei auf!* Mchn; *Dålkerei* Braun ebd.

WBÖ IV,508. M.S.

Dalkerling

M. **1**: °*dös is a richtiger Dåigaleng* „Mensch, der sich nichts traut" O'neukchn MÜ.
2 verkrüppeltes od. verstümmeltes Körperglied, °OB, °NB vereinz.: °*sei rechte Hand is a Doikerling* Högl BGD.

WBÖ IV,508. M.S.

dalkern, del-

Vb., undeutlich od. schwer verständlich sprechen, NB vereinz.: *dejggan* die ersten Sprechversuche Außernzell DEG.

WBÖ IV,508, 1449.

Komp.: [**um-ein-ander**]**d.** herumprobieren, -murksen, °OB, °NB vereinz.: °*der dalkat allaweil aso umanånda* Eining KEH.

[**ver**]**d.** verpfuschen, vermurksen: °*de Zenzl hot den Kuacha vadoigat* Wildenroth FFB. M.S.

dalketzen, -ol-, -ul-

Vb. **1** undeutlich od. schwer verständlich sprechen, °OB vereinz.: *dalgatzn* lispeln, mit der Zunge anstoßen Wartenbg ED; „Stottern … *tuikətsn*" Gmund MB nach Maier südmbair. Mda. 197; *dolkezen, dulkezen* „fehlerhaft sprechen, indem man … ein Wort nur nach großer Anstrengung der Organe hervorzubringen vermag" Schmeller I,505.
2 †: *dolkezen, dulkezen* „im Sprechen den Speichel von sich spritzen" ebd.

Schmeller I,505.– WBÖ V,894. M.S.

Dalketzer

M.: °*a Dalketzer* undeutlich, mit Zungenschlag sprechender Mensch N'bergkchn MÜ. M.S.

dalkicht, -el-, -ul-, dalkig
Adj. **1** ungeschickt, dumm, albern.– **1a** ungeschickt, unbeholfen, °Gesamtgeb. vielf.: *°a Toikade mit zwoa linke Hend* Stephanskchn RO; *°dös hat er daigat gmacht* Altenbach LAN; *°des is a ganz dalgata Ding* „ungeschickter Bursche" Ursulapoppenricht AM; *A'... Dalketi', daappigi, Na'da is's aus ... Ab'r a'... Rührigi ... Da is's a' Lebn* KOBELL Schnadahüpfeln 77; *Daicket* PRASCH 17.– Phras.: *hǫsd hoid wiidà ned bẹdd fià de Dǫigàddn!* „sagt die Mutter zur Tochter, wenn diese sich aus Ungeschicklichkeit weh getan hat" KAPS Welt d.Bauern 84.– Auch mit der linken Hand geschickter, °OB vereinz.: *°der is dalket* Linkshänder Frasdf RO.– **1b** dumm, einfältig, °OB, °NB, °OF mehrf., °Restgeb. vereinz.: *°a delggata Bua* „ein bißchen beschränkt" Ohlstadt GAP; *°red niat so dalkert daher!* Rgbg; „der Sohn, der im Kopf ein wenig schwach war und ... der *dalkete Hansl* genannt wurde" PEINKOFER Werke I,143; „Blödsinnige ... *dalket*" OP um 1800 VHO 52 (1900) 246.– **1c** albern, kindisch, °OB, °OP mehrf., °Restgeb. vereinz.: *°bi do nöt goar so deuckert!* Passau; *°a doikats Månnsbuid* Ried FDB; *Der Reischl ... hat ... über den dalkad'n Ei'fall g'lacht* FRANZ Pegasus 51.– Schnaderhüpfel: *Du doikata Bua Du bist voia Faxn Wia kå denn im Winta A Bleame waxn* RASP Bgdn. Mda. 45.
2 schüchtern, verzagt, °OB, °NB vereinz.: *°so an doikatn Burschn heirat i net, do woaß i mir scho an andern* Hzkchn MB; *dalkert* „zaghaft" [4]ZEHETNER Bair.Dt. 89.
3 unverschämt, respektlos, OB vereinz.: *der hot mi doikat agred* Chieming TS.
4: *°a dalkets Kind* „nett, liebenswert" Thiershm WUN.
5 ungelenk, mißgebildet, verkümmert.– **5a** ungelenk, steif, °OB, °NB, °OP, °SCH vereinz.: *°der håt a so a dåikats Gehwerk* St.Leonhard LF; *va da Kejtn weand pFinga dåikat* Mittich GRI.– **5b** verwachsen, verkrüppelt, °OB, °NB, °OP vereinz.: *°dös is a Dalketer* „krüppelhafter Mensch" Pfarrkchn.– **5c** verkümmert, °OB, °NB, °OP vereinz.: *°a doigade Zwetschgn* Zwiesel REG; *D'Bleemla stenga dalket* SCHWÄGERL Dalust 145.
6 mit einem Sprachfehler behaftet, schwer verständlich.– **6a** mit einem Sprachfehler behaftet, °OB, °OP vereinz.: *°a duiggada Mensch kimmt oft ebbas net z'sång, wås gscheider waar wie des Gschmatz von di andern Leit* Lenggries TÖL.– **6b** undeutlich od. schwer verständlich, °OB mehrf., °NB, °OP, °OF, °MF vereinz.: *°da Bua ko mit da Språch net recht außa, dea red doikat* Ziegelbg RO; *°der hot da a dalkats Gred* O'viechtach; *dàlkəd* SCHMELLER I,505.
7 verdorben, verletzt, mißlungen.– **7a** überreif, faulig, verdorben, °OB, °NB, °OP, °OF, °SCH vereinz.: *°der hot ma a Kistn delggade Epfl bråcht* Beratzhsn PAR.– **7b**: *°doikata Nogl* „eingerissener Fingernagel" Hengersbg DEG.– **7c** mißlungen, °OB, °NB vereinz.: *°dös is wieda ganz ebs Daikats woarn* „etwas ganz Mißratenes" Passau.
8: „Er hat das Hemd verkehrt an ... *doekad*" Baiersdf RID nach SNiB II,84.
9 teigig.– **9a** spundig, °SCH mehrf., °Restgeb. vereinz.: *°des Brot is toigi* Pöttmes AIC; „schlecht gebacken, spindig, klitschig: *dålkata Häffaknia(d'la*" BRAUN Gr.Wb. 82; „nicht wohl ausgebacken, z.B. ... eine *dalkete* Mehlspeise" DELLING I,112; *dz prot ... Jnwendig naß vnnd delggent, vnnd nit nach notdurfft außgepachen* 1506 MHStA GL Landshut 60,fol.23[v]; *eilf verschupfte und gantz talckete Leib-Brodt* SELHAMER Tuba Rustica I,98.– **9b** weich wie Teig, v.a. von Birnen u. Äpfeln, °OB, °NB, °OP, °OF vereinz.: *°de Birn is scho dolgat* Vilzing CHA.
10 feucht, welk.– **10a** feucht (vom Heu), °OB, °NB, °OP vereinz.: *°dös Ha is nu dealggad* Falkenbg TIR.– **10b** welk: *°der Salat is delggat* „nicht mehr frisch" Mötzing R; „welk von Gras ... *talkəd*" Lengenfd LL SBS XII,209f.
11: *doikat* „hochbusig, vollbusig" HELM Mda. Bgdn.Ld 56.

DELLING I,112; HÄSSLEIN Nürnbg.Id. 55; PRASCH 17, 24; SCHMELLER I,505; ZAUPSER 76.– WBÖ IV,504f., 1446. M.S.

Dalle, Dale, -en
F. **1** Vertiefung im Gelände, Erdboden.– **1a** Talsenke, °OB, °NB vereinz.: *°Dohle* „weit ausgedehntes, nicht tiefes Tal" Kohlgrub GAP.– **1b** Mulde, Unebenheit, °OB, °NB, °OP, °MF vereinz.: *Doön* Vertiefung im Acker Gottsfd WEG; *dǭln* „Vertiefung im Wege" Birkhf EIH nach WEBER Eichstätt 63; *Dole* „Erdvertiefung" HÄSSLEIN Nürnbg.Id. 57.– **1c** Ackerfurche, NB vereinz.: *de Doin* „Furchenrinne" nördl.PA.
2 auch M. (TS), Delle, eingedrückte Stelle, °OB, °SCH vielf., °Restgeb. vereinz.: *hätts di net mit Rafm eiglossn, hättst koan Doin* Staudach (Achental) TS; *°Dåin* „Druckstelle am Apfel" Aicha PA; *Er håt si' ə˜ Dàln i˜'n Kopf gfälln* SCHMELLER I,498; *dear kχefl hǫd a dalln* nach SCHWEIZER Dießner Wb. 197.

3 Einbuchtung an der Schläfe od. Wange, OB, NB, OP vereinz.: *dea håt da Dåina ön Gsicht!* Klingenbrunn GRA.
4: *doln* „Starenkobel" KOLLMER II,90.

Etym.: Germ. Bildung zur selben Wz. wie →*Delle*; WBÖ IV,494.

HÄSSLEIN Nürnbg.Id. 57; SCHMELLER I,498.– WBÖ IV,493f.

Abl.: *-dallen.*

Komp.: [**Obst**]**d.**: °*Obstdaln* „eingedrückte Stelle am Obst" Deusmauer PAR.

[**Sicker**]**d.**: *Sikadaln* feuchte, sumpfige Stellen im Acker Tutzing STA. M.S.

dallen →*dahlen.*

-dallen

Vb., nur im Komp.: [**der**]**d. 1**: °*dadajd* „eingedellt" Langdf REG.– **2**: „zerknittert" ebd. M.S.

dalli

Interj., oft in Wiederholung, dalli, °OB, °OP vereinz.: °*dali, dali!* „schneller!" Thanning WOR; *Also, aweng dalli! Hul an Schnäischorer!* SCHEMM Dees u.Sell 167.

Etym.: Aus polnisch *dalej* 'weiter, los, vorwärts'; KLUGE-SEEBOLD 178.

WBÖ IV,501f. M.S.

dällig, krank, schadhaft, →*tädlig.*

Talon

M., Kartenstock, °OB, °NB, °OP vereinz.: °*da Talion* „die drei nicht ausgeteilten Karten beim Tarock" Pittenhart TS; *Taloon* „Kartenrest ... Stock" BRAUN Gr.Wb. 641.– Phras.: „er fragte ... ob sie ... *einen 'Taillon' mit ihm machen* [Karten spielen] wollten" MEIER Werke I,498 (Natternkrone).

Etym.: Aus frz. *talon* 'Rest'; KLUGE-SEEBOLD 905.

WBÖ IV,512. M.S.

Talp, Mumps, →*Tölpel.*

Talpe

F. **1** †: *Die Talpen* „Pfote" OP SCHMELLER I,603.
2: *Doibbei* „kleines Butterlaibl" SOJER Ruhpoldinger Mda. 10.

Etym.: Mhd. *talpe* swf., wohl germ. Wort idg. Herkunft; vgl. WBÖ IV,513.

SCHMELLER I,603. M.S.

Dam, †Dänlein

M., (junges) Reh, (junger) Hirsch, Fleisch davon, in heutiger Mda. nur Dim.: *a Damal* Kitz Kchdf PAN; *Dánl* „Damwildpret, Dämlein, Damthier" SCHMELLER I,512; *Die dammen sint vnstreithaft* KONRADvM BdN 158,6; *platoceros 'donel, dendl'* AVENTIN I,392,19 (Gramm.); *31 stuckh dentl vnd Küh* Mchn 1698 MHStA FA Fasz. 433,fol.56ʳ.

Etym.: Ahd. *tâmo*, mhd. *tâme* swm., *tâmel* stm., lat. Herkunft; vgl. KLUGE-SEEBOLD 179 (Damhirsch).

PRASCH 17; SCHMELLER I,512f.– WBÖ IV,1484.

Komp.: [**Reh**]**d.** Rehkitz, °OB, °NB vereinz.: °*as Reachdamal* Wildenroth FFB. E.F.

†Täm

wohl N., Geschrei: *ein solches Geschrey und Thäm gewesen* 1476 GEMEINER Chron. III,574.

Etym.: Wohl onomat; vgl. WBÖ IV,516.

SCHMELLER I,506.– WBÖ IV,516. E.F.

[**Weh**]**dam**, Schmerz, →*-tag.*

Tamariske

wohl F., Deutsche Tamariske (Myricaria germanica): „Den Strauch ... nennt man in hiesiger gemeiner Sprache *Tamarischn*" Landau Wochenbl. des landwirthschaftlichen Vereins in Baiern, München 1814, 560.

Etym.: Mhd. *tamarisc* wohl stf., aus lat. *tamariscus*; DUDEN Wb. 3850.

WBÖ IV,517. E.F.

†damasieren

Vb., in Damastmusterung herstellen: *1 Tafeltuch damasirt* Rohrdf RO 1800 Bayerld 5 (1894) 275. E.F.

Damáske, -sche, Daunsche, Masche

F. **1** Zwetschge, Pflaume, °OP, °MF mehrf., °OB, °NB, SCH vereinz.: *Tomaschn* „klein, blau" Essenbach LA; °*Maschn* „große, gelbe Pflaumen"

Erbendf NEW; *Daundsche* „blaue Pflaumenart mit bittgerer Haut“ Heimatkalender für die Oberpfalz 22 (1998) 129; *Masche* „eine Art groser Pflaumen oder Zwetschgen“ Hässlein Nürnbg.Id. 95.
2: °*Dauntscherl* „Schimpfwort“ mittl.OP.

Etym.: Aus lat. (*prunum*) *damascenum*; DWB XVI, 1104.

Ltg: *måšn* u.ä. OP, MF (dazu FFB, WS), *-au-* (NM), *damåšn* u.ä. (FS, LL, MÜ, RO; KEH, LA, VIB; RID), *dra-* u.ä. (EBE, ED, IN, M, PAF), *daun(d)šn* OP, *daundšgn* (OVI).

Hässlein Nürnbg.Id. 95; Schmeller I,1680.– WBÖ IV, 517f.

Komp.: [**Hunds**]**d.** schmackhafte Fantasiespeise für einen heiklen Menschen: *woart … dir koch' i' … Hundsdaunschala* Oberpfalz 80 (1992) 142. E.F.

Damást, †-sk(at), Dámas(t)
M. **1** Damast, OB, OP, SCH vereinz.: *da Damāst* Fürnrd SUL; *Der Damask* Schmeller I,506; *bis da Gorchina* [PN] *amal ant tout* [sich sehnt] *naou ihrn Damast!* Schmidt Säimal 96; *ain weissen Rogk von Damaschkt* wohl 1502 Dorner Herzogin Hedwig 203.
2 †: „Ganz verschieden davon [Damast] ist der *Dáməss* … eine Art Unterfutterzeuges“ Schmeller ebd.

Etym.: Aus it. *damasco*, nach der Stadt *Damaskus*; Kluge-Seebold 178.

Schmeller I,506.– WBÖ IV,518f.

Abl.: *damasieren, damasten.*

Komp.: †[**Bauern**]**d.** in Atlasbindung hergestellter Leinendamast: *1 dännische Hauben von Bauern Damaschkat* Rauschensteig WUN 1670 Singer Kloaida-Schrank 152.
WBÖ IV,519. E.F.

damasten, †damask(at)en
Adj. **1** aus Damast: *a damastas Häuberl* Peinkofer Werke II,172; *demaskates mesgwannt* 1443-1474 Urk.Juden Rgbg 45; „die Gottesmutter mit einem *roth damascen Rockh*“ Erding 1758 Mitterwieser Weihnachtskrippen I 24.
2 †wohl aus Futterstoff: *1 grau tüchener Manns Rock mit damissenen Unterfutter* Tölz 1800 StA Mchn, BrPr. 11265.
Schmeller I,506.– WBÖ IV,519f. E.F.

Tambosi
wohl M.: *Dambosi* dummer Mensch Salzbg BGD.

Etym.: Wohl nach einem PN. E.F.

Tambour
1 M., Trommler: „Ein blutsauberer *Tambur* schlegelte, daß das Fell an der Trommel hüpfte“ Bayerld 28 (1916/1917) 203; *drei Spielleith 1 fl und zwei Tamporr à 45 kr* 1756 Bergmaier Ruhpolding 98.
2 †(Genus?), Tambourin, Trommel: *Pusawn, tamburn mit saws, dy gaben in den wolcken widerhale* Füetrer Poytislier 30,4f.

Etym.: Aus frz. *tambour*; Pfeifer Et.Wb. 1410.

WBÖ IV,536.

Komp.: †[**Stadt**]**t.** Stadttambour: „Bei öffentlichen Bekanntmachungen … wurde er zu Beginn des 18. Jahrhunderts noch von einem *Stadttambour* begleitet“ Fischer Verwaltung 507. E.F.

Dame
F. **1** Dame, vornehme Frau, °OB, °OP vereinz.: °*öitz woas a Waal in da Stood, öitza mechts a Daame spüln* Altenstadt NEW; *Die Dám* „im Munde des Volkes meist verächtlich oder ironisch“ Schmeller I,506; *Dame? Auf der Trambahn gibts koa Dame!* Weiss Schmankerln 20.
2 Spielkarte, Spiel.– **2a** Dame, °OB, °NB, °OP, °SCH vereinz.: °*Dame* „nur beim Skat“ Poppbg SUL.– **2b** Solo im Schafkopf, bei dem nur Ober Trumpf sind, °NB, °OP vereinz.: °*i dou a Dame* Steinach SR; „Das Ober-Solo … in der Oberpfalz … unter dem Namen *Dame*“ Peschel Schaffkopfen 43.

Etym.: Aus frz. *dame*; Pfeifer Et.Wb. 199f.

Schmeller I,506.– WBÖ IV,520-522.

Abl.: *-dameln, -damen, damig.*

Komp.: [**Garde**]**d.** **1** †weibliches Mitglied des Hofstaats: *in züchtigem Anstande … wie eine Garde-Dame* Bayer. National-Ztg 6 (1839) 781; *Gardedame. Madame Anna Susanna Faßmannin* Churbaier. Hof- u. Staats-Kalender für das Jahr 1773, München 75.– **2** Frau, die Mädchen zum Tanz führt, OB vereinz.: *Gardedame* Bruckmühl AIB.
Schmeller I,1020.– WBÖ III,523 (Quardi-).

[**Herz**]**d.** **1** Herzdame, Spielkarte, °OB, °NB vereinz.: °*Herz-Dame* „beim Kartenlegen symbolisiert sie die Angebetete" Vilsbiburg; *Z'letzt kriegst doch die Herzdam' und neben derer steht der Carreau-Zehner* Fliegende Bl. (München) 79 (1883) 189.– **2** geliebte Frau: *daß's nur eine richtige Herzdam' für mich geben sollt'* ebd.

WBÖ IV,523.

[**Hof**]**d.** Hofdame: „die *Hofdame* Freyin v. Rotenhan" Der Bayer. Landbote 7 (1831) 1373.– Phras.: *dö kimt daher wia a Hofdam* östl.NB.– Übertr. vornehme Frau: *dös war a feine Hofdam, wenns dinn war* Fischbachau MB. E.F.

Dameise → *Ameise.*

Damel → *Thomas.*

Däm(e)lein
N., junges Schaf: *Damei zöi, zöi, zöi* Lockruf für Schafe KienbgTS.

Etym.: Abl. von → *dami*[2]; WBÖ IV,516.

SCHMELLER I,506.– WBÖ IV,516f.

Komp.: [**Schaf**]**d.** dass., °OB, °NB, °OP vereinz.: *Schåfdamerl* Rotthalmünster GRI. E.F.

dameln → *taumeln.*

-dameln
Vb., nur im Komp.: [**auf**]**d.** refl., sich schön machen, herausputzen: °*wia si die wieder aufdamelt hat!* Schaufling DEG. E.F.

-damen
Vb., nur im Komp.: [**auf**]**d.** **1** refl., sich schön machen, herausputzen, °OB, °NB, °OP, °MF, °SCH vereinz.: °*die hat si gscheit aufdamt* Griesbach; „kommt eine Frau nach Thaining [LL] hineingefahren, ganz *aufgedamt*" LEOPRECHTING Lechrain 130.– **2** refl., sich stolz zeigen: °*dea damt si auf* Marktl AÖ.– **3** refl., aufbegehren, sich widersetzen, °OB, °NB, °OP vereinz.: °*tua di net aufdama, sunst kriagst a Fotzn* Fornbach PA.– **4** zurechtweisen, zusetzen: °*den Schwätzer hobi richte afdamt* Fronau ROD; *laß mich nur machen, ich will ihm schon recht aufdammen* DELLING I,32; *aufdamen (einem)* ZAUPSER 12.– **5** †: *Aufdaama* „durch Bestechungen die Augen verblenden" ebd. Nachl. 9.– **6** †im Damespiel einen Stein zur Dame machen: *Aufdámə~* SCHMELLER I,506.– Abl. von → *Dame*; vgl. Schwäb.Wb. I,369.

DELLING I,31f.; SCHMELLER I,506; WESTENRIEDER Gloss. 26; ZAUPSER 12, Nachl. 9.– WBÖ IV,524, 1128-1130. E.F.

Damerl → *Thomas.*

dami[1]
Interj., Ausdruck der Verwunderung, meist in Wiederholung, °OB vereinz.: *dami, dami – ja wos is denn des?* Manching IN; *Dami! Dami!* „spottendes Lob, wenn jemand ... z. B. auf seinen Puz eitel ist" WESTENRIEDER Gloss. 96; *Tami tami!* ZAUPSER 76.– Spruch: *Dámi, dámi, schlagt də' Táttá* [Papa] *d· Mámi!* SCHMELLER I,506.

Etym.: Aus einer mit *daß mich* beginnenden Beteuerungsformel; ebd.

DELLING I,113; SCHMELLER I,506; WESTENRIEDER Gloss. 96; ZAUPSER 76. E.F.

dami[2]
Interj., Lockruf für Schafe, meist in Wiederholung u. Abwandlungen, OB, °NB vereinz.: *dami geh mäh* Aspertsham MÜ; °*dami-dami* „damit lockt man Lämmer herbei" Gangkfn EG; *dámi, lámi!* SCHMELLER I,506.

Etym.: Onomat.; WBÖ IV,517.

SCHMELLER I,506.– WBÖ IV,516f.

Abl.: *Däm(e)lein.* E.F.

Damian
M., dummer, ungeschickter Mensch, Tölpel, °OB, °NB, °OP, MF vereinz.: °*wos möchstn mit dem Daamian?* Nußdf RO; °*du Damian du bleda!* Winklsaß MAL; „*Ausgerechnet Damian hoasst er* ... = ungeschickte Person" MM 11./12.11.2000, J2.

Etym.: Weiterbildung zu → *damisch* in Anlehnung an den PN *Damian*; vgl. WBÖ IV,528.

WBÖ IV,528. E.F.

damig
Adj.: *daame* „Mädchen erwachsen werdend" Spr.Rupertiwinkel 18. E.F.

tamig, feucht, modrig, → *täumig.*